OUR LONG MARCH IN THE COURSE OF CRIMINAL DEFENSE

刑辩进行时

经典刑事案例选编

TYPICAL CRIMINAL CASES HANDLED BY
OUR CRIMINAL DEFENSE ATTORNEYS

贵达律师事务所◎编著
朱山　康军◎主编

法律出版社 | LAW PRESS
北京

图书在版编目(CIP)数据

刑辩进行时:经典刑事案例选编/贵达律师事务所编著;朱山,康军主编. -- 北京:法律出版社,2023
ISBN 978-7-5197-8380-8

Ⅰ.①刑… Ⅱ.①贵… ②朱… ③康… Ⅲ.①刑事犯罪-案例-中国 Ⅳ.①D924.305

中国国家版本馆CIP数据核字(2023)第190382号

刑辩进行时
——经典刑事案例选编
XINGBIAN JINXING SHI
—JINGDIAN XINGSHI ANLI XUANBIAN

贵达律师事务所 编著
朱 山 康 军 主编

策划编辑 邢艳萍
责任编辑 邢艳萍
装帧设计 鲍龙卉

出版发行 法律出版社
编辑统筹 法律应用出版分社
责任校对 朱海波
责任印制 刘晓伟
经　　销 新华书店

开本 710毫米×1000毫米 1/16
印张 25.5 **字数** 350千
版本 2023年11月第1版
印次 2023年11月第1次印刷
印刷 北京中科印刷有限公司

地址:北京市丰台区莲花池西里7号(100073)
网址:www.lawpress.com.cn
投稿邮箱:info@lawpress.com.cn
举报盗版邮箱:jbwq@lawpress.com.cn

销售电话:010-83938349
客服电话:010-83938350
咨询电话:010-63939796

书号:ISBN 978-7-5197-8380-8　**定价**:98.00元
凡购买本社图书,如有印装错误,我社负责退换。电话:010-83938349

贵达律师事务所总所刑辩团队简介

随着司法改革的不断深入，特别是以审判为中心的刑事诉讼制度改革的不断推进，为落实司法部党组提出的“大幅度提高刑事案件律师的辩护率”“推动实现刑事辩护的全覆盖”的目标，充分发挥律师在刑事案件审判中的辩护作用，推进人权司法保障、促进司法公正、保障律师的辩护权、充分发挥律师的专业监督作用，2018 年 4 月 14 日，贵达律师事务所正式成立贵达刑事辩护中心。在刑辩中心领导下（现执行主任康军博士），贵达律师事务所总所刑辩团队现有成员 25 名，其中专职律师 21 名，兼职律师 1 名、实习律师 3 名。现总所刑辩团队主任为张国佳，团队副主任为王松、曾超，团队秘书长为孙蓬璟。

刑辩中心和总所刑辩团队紧紧围绕“品牌律所、品牌团队、品牌律师、品牌产品”建设目标，抓紧抓好“刑辩中心、刑辩团队两位一体”贯彻落实，积极制定方案，明确分工，压实责任，把全面依法治国顶层设计转化为推动刑辩中心和总所刑辩团队建设的生动实践，着力于中心、团队品牌建设，整合人员、优化服务。团队自成立以来办理了众多疑难重大案件。

编审委员会

序　言

我国律师制度恢复重建已40余年，律师事业取得了长足的发展。全国律师现已发展到约60万人，贵州全省律师亦发展到近1.5万人。在改革开放的历史大潮中，贵达律师事务所走过了光荣的岁月，从2000年成立之初的几名律师发展到如今拥有近400名专业律师，1个总所、15个分所的规模。当前，贵达律师事务所正从贵州走向全国，从大西南辐射华夏大地。在全国律所竞争激烈的今天，贵达律师事务所发出了贵州的声音，展示了贵州律师的形象。

在专业化与分工精细化的背景下，有人将刑事辩护比喻为律师职业王冠上的明珠。如是，则因刑辩律师在当事人面临牢狱之灾时付出努力，维护着当事人的权利和尊严。面对庞大而坚固的国家机器，刑事辩护于艰难中，才更能体现一名刑辩律师的修为、能力与坚韧品格。刑事辩护的艰难在当今的中国有特殊的意蕴，它集中体现了传统的司法方式在向现代司法文明转型过程中所遇到的矛盾和困难。刑事领域中的人权保护不仅是律师工作的目标，更是一个国家法治文明的重要体现。国家法治在进步，但刑辩律师仍须负重前行。

贵达律师事务所有这样一群刑辩律师，朱山、唐仲尼、毕健、陈剑、康军、付永盛、张国佳、贾开文、沈桂旺、刘凡勇、谢荣刚、黄俊……他们坚持法律人追求公平正义的初心，活跃于刑事辩护领域。今天他们又梳理了自己办案过程中的专业交锋、理论争议、心得体会等汇编成册，以“辩护思路——基本案情——辩护意见——法院认为——办案心得”为逻辑主线，编写了

《刑辩进行时——经典刑事案例选编》一书。本书收录了职务犯罪、涉民营企业及民营企业家犯罪、新型犯罪等领域的典型案例。在职务犯罪类别中，又根据涉案主体身份的不同，细分为党政机关工作人员职务犯罪、司法机关工作人员职务犯罪、国有企业工作人员职务犯罪三个专业领域。

立足于具体案件办理过程中存在的问题但又不局限于就案论案，该书在案例汇编的基础上总结出的案件要点值得我们关注。例如，针对实践中存在的“代为保管”型受贿罪既遂、未遂的区分，如何应对贿赂犯罪中“主观定罪”，诈骗类犯罪“非法占有”目的的认定，刑民交叉案件中如何准确区分经济犯罪和民事纠纷的界限，刑行混同案件中行政相对人信赖利益的保护，“禁止类推原则”在刑事犯罪中的适用，具体案件中如何综合运用法理、情理与事理，“讨债型”寻衅滋事罪罪与非罪、此罪与彼罪的界限，如何看待刑事案件中的“程序倒流”，行政违法事实调查立案与刑事犯罪事实立案是否可以直接相互转化，同案针对同一被告人同时适用坦白与认罪认罚是否存在重复评价等实体、程序问题，值得律师界同仁共同探索解析。

本书通过回溯案件事实，深挖每个案件中的争议焦点，并运用法理对每起案例的典型意义进行提炼，再于办案心得中分析说明。尤其针对具体案例的指导示范意义、个罪与类罪的关系、此罪与彼罪的界限、证据分析与量刑分析、类案分析定位、案件程序疑问等维度进行理论释疑并阐述办案心得，以期为类案办理贡献思路与方法，可供法律人参阅、借鉴并引发深入思考。不过，本书仍存在观点不成熟、说理不充分等问题，有待改进。然而，对实务操作者显然也不宜在学术上苛责，而且该所律师也处于常思常学常新之中，贵达律师事务所今后亦将定期推出系列案例及其总结，应能不断提升思辨水平。

案例是法律人尤其是律师实务的“活教材”，贵达律师事务所始终秉承“贵在勤勉尽责、达成法治理念”的宗旨，按照刑事辩护专业化、精准化、规范化的要求，注意应对刑辩的重点、痛点、难点问题，注意从每一起案件的办理中探析法理总结经验，再运用到案件办理之中，通过案例汇编为刑事辩护“赋能”，相信贵达律师事务所的全体律师能够不懈前行，以刑事辩护促进国家法治建设，不断作出新的贡献。

龙宗智

2023 年 3 月

目 录

第一章

职务犯罪

第一节　党政机关工作人员职务犯罪

1. 重大贿赂犯罪案件如何把握辩护尺度

——原中共Y省委副书记仇某涉嫌受贿从轻辩护案

【辩护思路】针对重大贿赂犯罪案件，辩护人如何在保证行业执业水准和恪守律师执业规范的基础上确定刑事诉讼的会见方案、辩护方案，如何把握与办案机关沟通的尺度是重点。在具体提供法律服务的过程中，既要尊重被告人本人的意见，又要体现辩护人自身基于对案件事实和法律的理解进行独立辩护的职能。在办案过程中涉及与办案机关的关系问题，一方面，要保障党中央的反腐斗争依法顺利进行，作为法律共同体，要共同维护法律的正确实施；另一方面，办案机关也应尊重辩护人本身的角色和定位，依法保障辩护人的诉讼权利，充分听取辩护人的辩护意见，适时依法提出针对性法律意见，维护当事人的合法权益。

一、基本案情

2015年3月15日，中央纪委国家监委网站发布消息称原中共Y省委副书记仇某涉嫌严重违纪违法，接受组织调查。2015年6月17日，最高人民检察院指定G省人民检察院对仇某涉嫌受贿犯罪线索进行初查。2015年7月

30日，最高人民检察院将仇某涉嫌受贿案件指定G省人民检察院管辖。同日，G省人民检察院以涉嫌受贿罪对仇某立案调查，后对仇某依法采取强制措施。

犯罪嫌疑人仇某在侦查阶段未聘请辩护人，2015年8月14日，G省M市法律援助中心指派贵达律师事务所朱山律师、樊朝彬律师承办本案法律援助事宜，于本案侦查阶段、审查起诉阶段和审判阶段担任仇某的辩护人。

公诉机关指控：2008年至2015年，仇某在担任中共Y省委常委、K市委书记、Y省委副书记期间，利用职务便利，为他人谋取利益，索取或收受刘某某、欧某某、张某某、吴某某、汪某某、胡某某、赵某某、卢某某、段某某、周某某、张某1、谢某某、李某某13人财物，折合人民币2434.55万元。

具体事实如下：（1）涉嫌索取、收受刘某某价值1764.63万元的财物（具体包括涉嫌收受价值1188.4万元的字画、价值449.25万元的家具、120万元现金、6000美元、2000欧元、价值0.54万元的砚台）；（2）涉嫌收受欧某某价值263.67万元财物（含价值48万元虎皮一张）；（3）涉嫌索取、收受张某某价值150.21万元财物（其中包含13.6万美元、2000欧元、价值8.06万元的家具和1.78万元的砚台、价值50万元的象牙）；（4）涉嫌收受吴某某105万元银行卡；（5）涉嫌收受汪某某价值51.92万元的财物；（6）涉嫌收受胡某某价值50万元的象牙；（7）涉嫌收受赵某某价值15.4万元的财物；（8）涉嫌收受卢某某价值10万元的银行卡；（9）涉嫌索取段某某价值8.8万元的家具；（10）涉嫌收受周某某8万元；（11）涉嫌收受张某1价值7.3万元的金条；（12）涉嫌收受谢某某7万元；（13）涉嫌索取李某某价值3.12万元的工艺品。

2016年12月15日，G市中级人民法院对仇某受贿一案公开宣判，判处仇某犯受贿罪，判处有期徒刑14年6个月，并处没收个人财产人民币200万元；扣押在案赃款赃物折合人民币2433.98万元及其孳息，予以追缴，上缴国库。仇某当庭表示服从判决，不上诉。该判决已生效。

二、辩护意见

（一）侦查阶段的辩护

基于本案的特殊性，2015 年 8 月 2 日，辩护人向侦查机关申请会见仇某。侦查机关以本案属于重大贿赂犯罪为由，决定不许可会见。辩护人提交会见方案首先确定了律师办案的基本原则，收集有关仇某的个人资料信息以及案涉 J 省、Y 省的有关信息，并着手申请会见事宜，同时向侦查机关了解、核实仇某涉嫌罪名、关押地点等基本案情。2015 年 9 月 24 日，再次申请会见犯罪嫌疑人，获准安排于 9 月 28 日会见。

首次会见主要进行了以下工作：第一，询问有关案件基本信息，主要了解、掌握涉嫌受贿的基本事实；第二，了解、掌握仇某归案情况和向办案机关交代涉嫌犯罪事实的情况；第三，向仇某提供涉及受贿犯罪的《刑法》有关规定和《刑事诉讼法》有关规定的法律咨询，并就我国《刑法》包括最新的《刑法修正案（九）》中关于从轻、减轻处罚等宽大处理方面的规定进行了宣讲；第四，告知其要正视我国依法治国的大势，在维护自身合法权益的基础上，配合司法机关查明案情，使案件得以公正、公开、顺利地审理，希望其对组织负责、对自己负责、对家庭负责，要相信法律、相信组织、相信司法，也请相信辩护人。

通过会见仇某，对案情有了基本的了解。2015 年 12 月 4 日，辩护人根据已经了解的案情，向办案机关 G 省人民检察院提出了书面辩护意见。具体如下：（1）本案犯罪嫌疑人收受的名人字画、家具、玉石制品、砚台和珍贵野生动物产品（制品）等名贵物品，应依法委托有资质的鉴定机构和价格认定机构鉴别真伪和认定价格；（2）犯罪嫌疑人具有坦白、悔罪的罪轻情节；（3）根据会见了解情况，犯罪嫌疑人个别涉案事项不属于受贿；（4）犯罪嫌疑人的涉案事项，尚未使国家和人民利益遭受特别重大经济损失。并提请侦查机关依法全面、客观地收集犯罪嫌疑人有罪或者无罪、罪轻或者罪重的证据材料，依法予以审查、核实与确认，在制作侦查终结报告和起诉意见书时，如实予以反映，移送审查起诉机关，以便审查起诉机关和法院对本案作出公正、合法的裁决。

（二）审查起诉阶段的辩护

基于G省法律援助中心的指派，辩护人继续为仇某受贿一案审查起诉阶段提供辩护。

辩护人首先在办案机关G市人民检察院拿到了本案的起诉意见书并依法复制了卷宗材料（侦查卷宗54卷、同步录音录像光碟38张）。仔细研究起诉意见书和卷宗材料，寻找辩护空间，形成初步的辩护观点和思路。

2016年3月29日上午，辩护人到羁押地Q城监狱再次会见仇某。本次会见作了以下工作：（1）核实有关起诉意见书中侦查机关指控的受贿事实和相关事实，主要包括对涉案赃物（字画、家具、珠宝玉石以及动物制品）的鉴定意见和评估价格有无异议，对刘某某的索贿指控有无异议，对涉案物品（包括涉罪财物、违法财物和合法收入）分别一一予以核实，等等；（2）告知辩护人对本案的基本看法和主要的辩护思路，并征求意见；（3）提供有关诉讼程序进程和其他相关的法律咨询。

2016年4月中旬，辩护人与办案机关G市人民检察院办案人员就仇某案交换意见，嗣后提交了书面的辩护意见，具体如下：（1）关于刘某某的贿赂，不属于索贿；（2）关于对涉案赃物虎皮和象牙的价值认定所依据的原林业部①《关于在野生动物案件中如何确定国家重点保护野生动物及其产品价值标准的通知》（林策通字〔1996〕8号，已失效）、原国家林业局②《关于发布破坏野生动物资源刑事案中涉及走私的象牙及其制品价值标准的通知》（林濒发〔2001〕234号）不能类推适用于受贿赃物的价值认定；（3）部分受贿指控依法不成立；（4）犯罪嫌疑人存在坦白、认罪悔罪、配合侦查机关

① 1998年机构改革后更名为国家林业局。
② 2018年机构改革后撤并为国家林业和草原局。

追缴了全部赃款赃物、没有给国家和人民利益造成重大经济损失等法定和酌定从轻处罚的情节。并就犯罪嫌疑人在中纪委审查期间检举揭发了多名省部级、副省部级领导的犯罪线索，请公诉机关依法查证核实，认定是否属于立功或重大立功。

2016 年 5 月 31 日，G 市人民检察院就仇某受贿一案提起公诉。公诉机关采纳了辩护人关于刘某某贿赂事实中仇某不构成索贿、仇某具有坦白、认罪、悔罪等从轻处罚情节的辩护意见。

（三）审判阶段的辩护

2016 年 6 月 20 日，受 G 市法律援助中心的指派，辩护人就仇某受贿一案审判阶段继续为仇某提供法律援助，担任其辩护人。

2016 年 7 月 13 日下午，辩护人在 Q 城监狱再次会见仇某，主要就本案的辩护思路和意见与仇某进行交流，其中就涉案赃物虎皮、象牙的价值认定问题是否提出来、重大立功表现问题以及之前的工作表现是否单独提出来等问题进行了深入的交流。另外，对于第二天召开的庭前会议，告知其相关注意事项和问题。

2016 年 7 月 14 日，法院、公诉人、辩护人和被告人在 Q 城监狱召开庭前会议，主要就本案证据进行了证据展示和质证，明确了以下几点：被告人和辩护人对管辖无异议、不申请“排非”、同意指定法律援助律师、对事实部分展示证据均无异议，就正式开庭时如何举质证达成一致意见。

2016 年 8 月 22 日上午，辩护人在 G 省国安厅看守所再次会见仇某，为正式开庭做准备。这次会见，一是进一步就辩护思路进行交流沟通；二是对辩护人提出的量刑意见进行沟通；三是就被告人最后陈述相关事宜向仇某提出律师的建议，根据多次会见和案件材料反映的事实，建议其结合自己的从政经历和家庭情况充分展示其愧对组织和家庭的认罪悔罪的真实心态。

2016 年 8 月 25 日上午 9 时，仇某受贿一案在 G 市中级人民法院正式开庭审理。辩护人出庭为被告人仇某辩护。在法庭辩论阶段，辩护人依法发表辩护词，对于公诉机关指控被告人的犯罪罪名和犯罪事实不持异议，但认为:（1）被告人涉案财物物多钱少，且未供仇某自己和家庭挥霍，主观恶性相对较小;（2）仇某具有坦白情节;（3）仇某认罪态度好，真诚悔罪，并配合司法机关追缴了全部赃款赃物;（4）仇某未给国家和人民利益造成重大经济损失;（5）仇某在纪检审查期间检举揭发他人犯罪，在量刑时应予酌情考虑从轻处罚，并建议法庭在10年以上有期徒刑量刑幅度的下限内给予被告人量刑处罚。

三、裁判观点

法院认为，被告人仇某身为国家工作人员，利用职务上的便利，为他人谋取利益，利用职权、地位形成的便利条件，通过其他工作人员职务上的行为，为他人谋取不正当利益，索取、非法收受他人财物，其行为已构成受贿罪。公诉机关指控罪名成立。辩护人所提仇某具有坦白、认罪认罚、全部退赃情节的辩护意见成立，予以采纳，法院对于辩护人的部分辩护意见予以了采纳。该案宣判后，被告人未上诉。

四、办案心得

被告人仇某收受他人财物，受贿金额特别巨大，但值得注意的是，本案中并不存在仇某索贿的情节，就索贿情节而言，值得作简要探讨。

根据最高人民检察院的观点，认定索贿应当着重把握以下三点:（1）与普通受贿不同，索贿不需要“为他人谋取利益”。司法解释规定受贿数额在1万元以上达不到“数额较大”时，具有“多次索贿”情节的应当追究刑事责任。（2）国家工作人员在他人未有给予财物的明示或暗示时，利用职务便利主动提出财物要求的，构成索贿型受贿罪，后再根据是否实际取得或控制财物及未得逞原因来区分既遂、未遂、中止。（3）索贿不能单纯认定为带有胁迫性质的“强要财物”，应当包含上述第（2）点的行为表现。索贿的理解与认定可以分为两个方面：第一个方面是只要国家工作人员利用职务便利主动提出具体明确的财物要求，就构成索贿；第二个方面是在国家工作人员索要财物之前或提出之时，行贿人已经明示或暗示要给予财物。第一层次属于积极层面的认定，即只要国家工作人员因职务关系主动向他人要财物，不管是一般的索要财物，还是强迫性的勒索财物，都是索贿，都应从重处罚，只不过从重的尺度依其“索取”的恶劣程度有所不同。第二层次属于消极层面的否认，国家工作人员即使主动提出财物要求，但之前行贿人已经明示或暗示过要给予财物，包括此前有概括性的表示，就认定为索贿，因为在这种情形下受贿方已经不具有主动性，按照普通的收受型受贿处理即可。因此就本案实际情况而言，仇某的受贿情节上，因行贿人已经明示给予财物，因此认定仇某存在索贿情节缺乏合法性和合理性。

本案中，辩护人依法向侦查机关申请会见，但侦查机关以本案系重大贿赂案件为由不予会见，笔者认为，以“重大贿赂犯罪案件”为由限制辩护律师会见权利的法理基础，存在以下几点：

1. 根据本案案发时间，依照 2012 年《刑事诉讼法》第 38 条的规定，对于重大贿赂犯罪案件，侦查期间辩护人申请会见在押犯罪嫌疑人的，应当经侦查机关许可。2012 年修订的《人民检察院刑事诉讼规则（试行）》（已失效）第 45 条规定：“对于重大贿赂犯罪案件，犯罪嫌疑人被羁押或者监视居住的，人民检察院侦查部门应当在将犯罪嫌疑人送交看守所或者送交公安机关执行时书面通知看守所或者公安机关，在侦查期间辩护律师会见犯罪嫌疑人的，应当经人民检察院许可。有下列情形之一的，属于特别重大贿赂犯罪：（一）涉嫌贿赂犯罪数额在五十万元以上，犯罪情节恶劣的……”结合仇某受贿数额来看，本案当属特别重大贿赂犯罪。人民检察院可以就案件客观情况，综合考虑是否允许辩护律师会见犯罪嫌疑人，换言之，检察院在是否准许律师会见的这一环节中具有一定的裁量权，导致本案中辩护律师没能顺利会见仇某。

2. “特别重大贿赂案件”社会危险性大，因此类案件涉案金额高，人员范围广，同时不排除还涉及其他犯罪，因此不对律师会见予以限制可能导致其他危害结果。

3. “特别重大贿赂案件”侦办难度高，且多为结构复杂的共同犯罪。随着我国经济的快速发展，贪污贿赂犯罪的手段日新月异，此类犯罪的手段行为从原有的单一给付进一步演变为占有改定、约定受贿等形式，犯罪的特征更加隐秘，因此侦办难度不断加大。为减少案件侦办的阻碍，侦查机关会对辩护律师的会见加以限制。

但笔者认为，对于上述所提到的问题，从相关法律规定来看，不难提出反证：

1. 2012 年《刑事诉讼法》明确将“重大贿赂犯罪案件”与“危害国家安全犯罪”、“恐怖活动犯罪”并列。但在刑事拘留后通知家属的问题上，却又在第 83 条规定了“危害国家安全犯罪”“恐怖活动犯罪”中在犯罪嫌疑人被拘留后通知家属可能有碍侦查的，可以不通知。并不包括“重大贿赂犯罪案件”。故从 2012 年《刑事诉讼法》第 37 条本身的文义来看，“重大贿赂犯罪案件”不能笼统认定与“危害国家安全犯罪”“恐怖活动犯罪”是一个等级。因此不排除“重大贿赂犯罪案件”被“特别”化，故以此类案件的特殊性为由限制律师会见客观上缺乏一定的合法性和合理性。

2. 社会危险性大不应当作为一个“兜底”的裁量理由。相较于贿赂犯罪，诸如侵害人身权利犯罪、毒品犯罪更具危险性，但这些类型的犯罪没有被特定列为属于限制会见的案件。

3. 认定会见犯罪嫌疑人可能有碍侦查存在一定的“有罪推定”嫌疑，刑事诉讼的结构是控、辩、审三方共同构筑的，辩护人与其他两方是平等的，而会见权是律师行使辩护权利的一个重要标志，也是刑事诉讼法保障人权的切实体现。因此依法保障辩护律师的会见权本就是刑事诉讼法的应有之义。故过于宽泛地适用“有碍侦查”的理由，一方面没有体现立法精神，另一方面透露了检察机关对律师群体的不信任，也变相导致了辩护律师在手持公权力的检察机关面前趋于劣势。因此宽泛认定“有碍侦查”缺乏合理性。

本案辩护人在面临上述会见限制时，采取了相应的措施，确保辩护工作能够具体落实和开展。辩护人通过书面递交会见方案，同时明确会见原则，不断与办案机关协调沟通，交换意见，最终得以获得准许，及时与仇某进行了会见，了解了相关情况。

值得注意的是，本案案情重大，犯罪嫌疑人身份特殊，在全国范围内具有较大影响。虽从案件本身情况来看，犯罪事实整体清楚，证据确实、充分，对于公诉机关指控仇某的罪名和事实辩护人不存在异议，辩护人主要从仇某存在法定、酌定的从轻、从宽处罚情节上出发，为仇某进行罪轻辩护，且辩护意见部分得到法院采纳。笔者认为，刑事辩护的成功与否不应当唯结果论，原因在于，部分刑事案件因在案证据充分，足以证明犯罪嫌疑人（被告人）的犯罪事实，在此情况下，争取无罪、罪轻的结果均存在非常大的难度，若单以结果论，案件的办理无疑是失败的，但需要明确的是，辩护工作的开展追求的是落实罪刑法定原则，同时能够最大限度保障犯罪嫌疑人（被告人）的人权。在本案中，辩护人在全面审查证据后，认为对仇某受贿罪的定性不存在异议，但就认定其受贿金额方面，辩护人认为部分金额不应当纳入受贿的事实中。故提出罪轻辩护的辩护策略。从办案效果来看，本案的全过程中，面对如此巨大的阻碍，在辩护人的努力下，仍然得以会见仇某，并且在了解案件情况后提出具体辩护意见，且部分得到法院的采纳，可见仇某的辩护权利得以全面保障，综合来看，也不失为刑事辩护的一种成功。

辩护人作为仇某受贿一案的辩护律师，依法履行了辩护职责，为被告人仇某提供了较为充分的法律援助工作。

对于该类重大职务犯罪，辩护律师应恪守律师职业规范，充分发挥律师辩护职能，既要充分维护被告人的合法权益，又要保障法律的正确实施，实现案件的公正审理。

同时，在具体提供法律服务的过程中，既要尊重被告人本人的意见，又要体现辩护人自身基于对案件事实和法律的理解进行独立辩护的职能。对于这样的重大反腐案件，在办案过程中涉及与办案机关的关系问题，一方面，要维护法律的正确实施，要尊重办案机关依法进行的诉讼行为，不应影响案件侦查、公诉、审理的顺利进行；另一方面，办案机关也应尊重辩护人本身的角色和定位，依法保障辩护人的诉讼权利，充分听取辩护人的辩护意见。

作者简介

朱　山

无党派人士，1989 年毕业于西南政法学院刑事侦查专业，获法学学士学位，2002 年获该校法律硕士学位。1994 年取得律师资格，1989 年 7 月至 1994 年 5 月在贵州省司法警校任教，1994 年 5 月至 2000 年 12 月为贵州省经贸涉外律师事务所（后更名为心海律所事务所）律师、证券部主任；自 2000 年 12 月创建贵达律师事务所至今，任该所主任，一级律师。

樊朝彬

贵达律师事务所兼职律师、高级专家，贵州大学法学院副教授、硕士生导师，专注于民商事法学理论研究和民商事诉讼与非诉讼法律实务。

2. 贪污罪中分案处理机制探析

——王某某被控贪污罪、挪用公款罪无罪辩护案

【辩护思路】2021年以来，刑事案件无罪判决率达到新低，无罪辩护空间越来越小，同时自监察法颁布以来，职务犯罪案件的无罪辩护难度显著增加。面对我国刑事案件无罪率低，贪污犯罪案件无罪率更低的现状，实现有效的无罪辩护更具挑战。就此类案件的辩护而言，应当注意审查程序方面是否符合法律规定，以及虽然程序符合法律规定，但对于此种程序的适用是否能够最大限度保障被告人权益。

一、基本案情

2011年年底至2016年年底，被告人王某某利用担任G省A局局长的职务便利，伙同该局下属B研究中心负责人罗某某、总工程师梁某，由罗某某与梁某代表B研究中心与C公司、D公司、E勘察院三家单位分别签订虚假工程合同，被告人王某某、梁某在虚假合同拨款凭证上签字同意后，以支付勘察费的名义套取B研究中心的资金共计人民币183.3万元，该部分资金中132.756万元由王某某、梁某、罗某某共同贪污。2016年1月至2018年7月，梁某在被告人王某某安排下，作为A局受托人，与F公司签订虚假工程合同，套取A局课题化验测试费共计人民币6.12万元。

2013年10月18日，被告人王某某在担任A局局长期间，利用职务便利，借用A局下属的G公司公款24.2379万元，用于购买房改办分配给其的个人住房。

公诉机关指控王某某伙同梁某、罗某某以签订虚假项目合同套取B研究中心公款后共同贪污132.756万元；王某某利用其作为G省A局局长职务之便利，安排下属签订虚假合同骗取G省A局课题化验测试费6.12万元的行为构成贪污罪。王某某在担任G省A局局长期间，利用其职务上的便利，借用A局下属企业公款24.2379万元，用于购买房改办分配给其的个人住房，其行为构成挪用公款罪。一审判决被告人王某某犯贪污罪，判处有期徒刑5年，并处罚金人民币30万元；犯挪用公款罪，判处有期徒刑6个月，数罪并罚，决定执行有期徒刑5年3个月，并处罚金人民币30万元。王某某贪污公款个人所得款项发还G省A局。

王某某不服一审判决，依法提起上诉。二审法院经审理后认为：一审判决认定王某某成立贪污罪、挪用公款罪的事实清楚、证据确实充分。裁定驳回上诉，维持原判。该裁定已生效。

二、辩护意见

本案辩护人的总体辩护方案是通过无罪辩护以争取被告人无罪的处理结果。对于无罪的辩护意见二审法院未予采纳，认定原判定罪准确，量刑适当。辩护人的辩护意见虽然未得到法院采纳，但在本案办理过程中的办理思路仍然具有一定的参考意义。

（一）针对一审法院认定的王某某犯贪污罪，辩护人认为事实不清、证据不足，且部分事实认定错误，针对一审法院认定王某某挪用公款犯罪系事实认定错误，辩护人拟作无罪辩护

1. 在程序方面，辩护人认为，将同案犯梁某与王某某分案审理系程序违法

第一，公诉机关指控王某某贪污罪，若该指控成立，则梁某在本案中的地位和作用非常重要，系本案同案犯、主犯之一，同时还是实行犯。结合在案证据，就王某某是否存在贪污的客观行为仅有梁某等人的供述或者

证言，没有客观证据予以印证，一审将梁某与王某某分案审理，在程序上剥夺了王某某与梁某当庭对质的权利，剥夺了王某某辩护的权利，属于程序违法。

第二，一审合议庭未依法启动非法证据排除，属于程序违法。根据王某某陈述，其在审查起诉阶段就提出在被留置期间遭到刑讯逼供，导致其作出与客观事实不符的有罪供述。王某某在一审阶段的辩护人已根据《刑事诉讼法》（2012 修正）第 58 条规定提出非法证据排除申请，并提供相关线索和材料，即能够证明非法证据排除的必要事由，一审合议庭应当依法启动非法证据排除程序，但一审法院以公诉机关对证据合法性作出了说明为由拒不启动非法证据排除的行为，属于程序违法。

2. 在实体方面，辩护人认为一审认定王某某犯贪污罪事实不清，证据不足，在案证据相互矛盾，存在较多疑点，无法排除合理怀疑，尚未达到《刑事诉讼法》所规定的事实清楚、证据确实充分的证明标准，未形成完整的证据链

第一，王某某供述资金性质与同案犯梁某供述资金性质相互矛盾，一审未查明。梁某供述称，案涉签订的合同所包含的项目内容早已完工，款项已经结清。这与梁某后续提到的签订合同是为了“占为己有”前后矛盾。

第二，一审认定王某某构成贪污的主要证据为主观证据，没有直接客观的证据证明，违背了《刑事诉讼法》（2012 修正）第 53 条重证据、重调查研究、不轻信口供的原则。根据同案犯罗某某、梁某的供述中提到的犯罪的实行行为，如制作表格等事实，仅有被告人的供述证明，但没有其他电子数据、书证、物证予以证明，故仅依靠供述并不能达到排除合理怀疑的证明标准，辩护人认为一审未查清这一事实，故一审判决认定事实不清、证据不足。

第三，一审认定王某某对“套取的资金”有贪污的主观故意与客观事实矛盾，该认定事实不清。根据梁某的供述，王某某曾提出将套取的资金用于解决工作所产生的相关费用，且客观上“套出来的钱”也确实用到“相关费用”

中，则与王某某主观认识一致，证明王某某针对套取的资金没有贪污的主观故意。

第四，案涉贪污资金去向不明。案涉贪污资金去向仅有主观证据，没有客观证据予以印证，王某某当庭提出其“分钱”的供述是不客观、不真实的，而一审法院并未查明相关资金流向。

故一审认定王某某犯挪用公款罪系事实认定错误。王某某具有博士研究生学历，因其未享受到当地的免费一套住房的政策，才得以分配到案涉房屋，且在案证据证明王某某并非挪用公款犯罪的主体，单位为王某某办理房屋过户登记，是履行单位意志，因此一审法院认定王某某犯挪用公款罪属于事实认定错误，王某某不构成挪用公款罪。

（二）关于对王某某的量刑意见

辩护人建议二审合议庭充分考虑上述辩护意见，依法裁判，宣告王某某无罪。

三、裁判观点

上诉人王某某身为国家工作人员，指使、伙同他人以虚假手段、骗取公款的行为构成贪污罪；利用职务上的便利，挪用公款归个人使用，数额较大，超过 3 个月未归还的行为构成挪用公款罪，依法应数罪并罚。王某某及辩护人所提“王某某行为不构成贪污罪、挪用公款罪”的上诉理由和辩护意见不能成立，不予采纳。在共同贪污犯罪中，王某某系犯意提起者，系主犯。王某某已退缴个人贪污数额，在量刑时酌情从轻处罚。原审已对王某某作出适当量刑。原判定罪准确，量刑适当，审判程序合法。

四、办案心得

根据《刑法》《刑事诉讼法》的规定，结合审判实践，对贪污罪、挪用公款罪进行无罪辩护，主要从三个角度进行切入，一是结合刑法及相关司法解释，主张涉案行为不符合犯罪构成要件；二是根据法律规定的追诉标准，主张涉案行为存在出罪事由；三是根据刑事诉讼法证据裁判规则，主张案件事实不清、证据不足，不构成犯罪。

（一）涉案行为不符合犯罪构成要件，挪用公款罪存在主体不适格问题

需要注意的是，挪用公款罪的主体比贪污罪主体范围要窄。在贪污罪中，受国家机关、国有公司、企业、事业单位、人民团体委托管理、经营国有财产的人员，利用职务上的便利，侵吞、窃取、骗取或者以其他手段非法占有国有财物的，以贪污论。该规定是一种法律拟制，只适用于贪污罪，而不适用于其他犯罪。因此，对于受国家机关、国有公司、企业、事业单位、人民团体委托管理、经营国有财产的人员，利用职务上的便利，挪用国有资金归个人使用构成犯罪的，应当依照《刑法》第 272 条第 1 款规定的挪用资金罪定罪处罚，而不构成挪用公款罪。

在实体层面上，针对一审法院认定王某某构成挪用公款罪，辩护人通过查阅卷宗发现，王某某并非本案中挪用公款犯罪的主体，同时结合整个案件事实来看，王某某的行为并不符合挪用公款罪的构成要件，因此不应当认定其构成挪用公款罪。

（二）对于贪污罪，未达到《刑事诉讼法》所规定的事实清楚、证据确实充分的证明标准

证据是事实的基础，认定案件事实必须要达到案件事实清楚、证据确实充分，能够排除合理怀疑，才能认定案件事实。就本案而言，对于王某某与梁某、罗某某犯贪污罪的整个行为过程，在案证据客观上并没有形成完整的证据链条。具体在于仅只有言词证据，没有实物证据交叉印证，证据的真实性和可靠性不足，不能达到证据确实充分的标准，无法达到排除合理怀疑的证明标准，按照存疑有利于被告人原则，应当认定王某某不构成贪污罪。

虽然本案二审法院未采纳辩护人的辩护意见，裁定驳回上诉，维持原判，但本案的辩护人分别从实体、证据、程序上提出了充分的辩护意见，最大限度维护了当事人的正当合法权益。

作者简介

陈　剑

贵达律师事务所专职律师，法学学士，中国政法大学民商法学同等研究生学历结业。中共贵达总支书记，高级合伙人，管委会执行主任，贵州省法学会矿产资源法学研究会理事，贵州省企业联合会副秘书长，贵州省法学会犯罪学研究会理事，贵州省涉案企业合规第一批第三方监督评估机制专业人员。担任贵州省纪委省监委、金沙县人民政府、茅台集团文旅公司等多家单位法律顾问。

3. 如何准确认定受贿金额

——梁某被控受贿金额特别巨大案

【**辩护思路**】准确认定受贿未遂金额对被告人的宣告刑期有极大价值，司法实践中常有律师在办理受贿案件时认为，认定受贿未遂的金额越大越有利于降低被告人的宣告刑，但实际上并非如此。在某些特殊案件中，制定辩护方案时恰当认定未遂金额才能给被告人争取最大的刑事诉讼利益，防止出现认定受贿未遂金额越大宣告刑反而更重的严重后果。

一、基本案情

2017 年至 2019 年，被告人梁某利用担任 F 市 A 区土地征管办公室主任职务上的便利，接受刘某请托，为刘某在征地补偿审批、征地补偿款拨付等方面谋取利益。2019 年 1 月，为感谢被告人梁某的帮助，刘某按事前约定，给被告人梁某好处费 320 万元，被告人梁某予以收受，并约定由刘某代为保管。

2019 年 2 月，被告人梁某从上述好处费中支取 100 万元与刘某合伙养殖生蚝。2020 年 5 月，被告人梁某从上述好处费中支取现金 20 万元。案发时，剩余 200 万元好处费由刘某代为保管。

本案辩护人的辩护方案是通过量刑辩护来实现当事人权益的最大化。本案中，公诉机关指控被告人梁某构成受贿罪既遂，受贿金额为 320 万元人民币，建议法院判处梁某 11 年 6 个月有期徒刑。辩护人在查阅卷宗后认为，被告人梁某利用职务便利帮助刘某谋取利益并收受刘某贿赂款的行为构成受贿罪无异议，但梁某受贿既遂金额不应为公诉机关所指控的320万元人民币，而应为梁某实际控制的120万元人民币，剩余未由梁某实际控制的200万元人民币应当认定为受贿未遂。最后法院未采纳本辩护人的部分系受贿未遂的辩护意见，最终以受贿罪判处梁某有期徒刑10年6个月，并处罚金100万元人民币。该判决已生效。

二、辩护意见

鉴于被告人梁某对其实施的行为已经构成受贿罪没有异议，本案辩护的核心就在于如何综合全案情节对梁某的行为予以评价才能依法依规地实现当事人权益的最大化，为其争取到一个合情合理合法的判决结果。整体而言，本案中影响梁某最终刑期的焦点在于如何认定其受贿金额，对此有两种方案：方案一，认定梁某受贿既遂金额为120万元人民币，受贿未遂金额为200万元人民币；方案二，认定梁某受贿既遂金额为20万元人民币，受贿未遂金额为300万元人民币。辩护人最后选择的是方案一，为什么不选择方案二在后面进行分析。

总体辩护意见：被告人梁某的行为确已构成了受贿罪。其受贿既遂金额为120万元人民币，未遂金额为200万元人民币，而非公诉机关所指控的320万元人民币均构成受贿罪既遂。基于此，辩护人认为，在有期徒刑4年半至6年半区间内对梁某进行量刑方能实现罪责刑相适应。

就上述辩护意见论证分析如下。

（一）被告人梁某未实际收到也不能实际掌控的200万元行贿款应当认定为犯罪未遂金额

显而易见的是，本案属于典型的约定型受贿犯罪。在司法实务中约定型受贿犯罪常见的就是受贿人按照约定实际使用或者控制了一部分行贿金额，还有一部分行贿金额按照约定还在行贿人的控制之下就因为意志以外的原因被查处，将后者认定为既遂金额还是未遂金额对于被告人之量刑结果具有重要影响。在司法实践中，不论是最高人民法院还是地方其他法院均适用同一裁判规则：在行贿与受贿双方之间已经就行贿款项的金额达成合意时，将还在行贿人实际控制之下、在双方合意范围之内的欲行贿款仅作为受贿人受贿未遂金额予以认定，并在此基础上对受贿人进行量刑。下面选取三个全国其他法院对与本案属同一类型化案件所适用之裁判规则予以例证分析：

1. 在 Y 省 K 市中级人民法院（2008）K 刑经初字第 ×× 号刑事判决书中，该判决书将约定受贿中未实际收到的 800 万元行贿款认定为受贿未遂金额。在该案中，受贿人与行贿人约定事成之后给其好处费 800 万元人民币，事成后受贿人与行贿人约定该 800 万元由行贿人暂时代为保管，待受贿人需要时可随时使用。为预防行贿人反悔，行贿人给受贿人打了一个欠条，直至案发受贿人没有使用该 800 万元。

2. 在 C 市第一中级人民法院（2018）Y 刑初 ×× 号刑事判决书中，该判决书将约定受贿中受贿人未实际收到行贿人李某的 9181 万元行贿款认定为受贿未遂，已经拿到手的 500 万元人民币则认定为受贿既遂。在该案中，受贿人与行贿人约定事成之后给其好处费 9681 万元人民币，事成后受贿人与行贿人约定该 9181 万元由行贿人暂时代为保管，待受贿人需要时可随时使用，直至案发受贿人没有使用该笔款项。

3. 在 B 市第二中级人民法院（2018）J 刑终 ×× 号刑事判决书中，该案将约定受贿中未实际收到的 74 万元行贿款认定为受贿未遂金额，已经拿到手的 166 万元人民币则认定为受贿既遂金额。在该案中，受贿人与行贿人约定事成之后给其好处费 240 万元人民币，事成后受贿人与行贿人约定未拿到手的 74 万元由行贿人暂时代为保管，待受贿人需要时可随时使用，直至案发受贿人没有使用该笔款项。

具体到本案中，被告人梁某和刘某约定的受贿金额是 320 万元人民币，但实际上梁某只从刘某处拿了 20 万元人民币。后被告人梁某和行贿人刘某均称将行贿中的100万元人民币用于投资养殖生蚝，这属于对行贿款物的使用，应当成立犯罪既遂。但对于梁某未收到的200万元受贿款则属于典型的犯罪未遂。

同案同判是司法审判的基本要求，上述三个约定型受贿案件与本案犯罪事实属于刑法评价上的同一类型，K市中级人民法院、B市第二中级人民法院、C市第一中级人民法院均适用的是同一裁判规则，辩护人认为法院对本案裁决时也应当适用该裁判规则。因此，按照同案同判的裁判规则，本案中梁某受贿既遂金额为120万元人民币，受贿未遂金额为200万元人民币，公诉人所指控的梁某受贿既遂金额为320万元人民币是错误的。

此外，从刑法法益保护的机能出发，个罪保护法益是否受到实质侵害对于判断行为是否符合个罪构成要件具有指导意义。通常认为，受贿罪的保护法益是国家公职人员职务行为的不可收买性，也即受贿者与行贿者之间的“权—钱”对价关系现实地损害了国家公职人员职务行为的廉洁性与公正性。同时，根据罪刑法定原则的要求，仅当受贿者与行贿者之间的“权钱交易”达到数额较大或具备其他严重情节时才能成立受贿罪。因此，同刑法条文规定的其他犯罪有所差别的是，受贿罪构成犯罪既遂不仅需要个罪保护法益受到侵害，还要求受贿者与行贿者之间的“权钱交易”已经现实地实现并且达至刑法分则条文规定的数额时才能成立。而当“权钱交易”仅处于约定状态而未现实发生时，仅能构成犯罪未遂。

根据《刑法》第23条之规定，犯罪未遂是指行为人已经着手实行行为，但由于意志以外的原因而未能得逞。具体到本案中，受贿人的实行行为是指其收受他人财物，并利用职务上的便利为他人谋取私利的行为，而犯罪未得逞可以理解为行贿人与受贿人之间的“权钱交易”合意已经达成，但由于犯罪分子意志以外的原因而使得行为人所追求的“权钱交易”结果未能得以实现。因此，虽然刘某与梁某已经就“权钱对价”的数额达成合意，但由于该部分数额尚未完全受到梁某的实际控制，所以本案的“权钱交易”实际上尚未完全完成，梁某的行为也未能完全达至刑法分则条文中“数额特别巨大”

的受贿行为类型所产生的法益侵害性，因此，对于本案中刘某所实际留存的200万元行贿款由于未能现实地交由梁某实际控制而只能认定为犯罪未遂。

（二）本案对梁某的量刑应当为有期徒刑4年半到6年半

如前文所述，辩护人认为梁某受贿总金额是320万元人民币，其中受贿200万元人民币属于犯罪未遂，受贿120万元人民币属于犯罪既遂，在此情形下，法院对梁某的量刑应当在有期徒刑4年半到6年半。

最高人民法院在2016年6月30日公布的第13批指导案例第62号案例中指出：在数额犯中，犯罪既遂部分与未遂部分分别对应不同法定刑幅度的，应当先决定对未遂部分是否减轻处罚，确定未遂部分对应的法定刑幅度，再与既遂部分对应的法定刑幅度进行比较，选择适用处罚较重的法定刑幅度，并酌情从重处罚；二者在同一量刑幅度的，以犯罪既遂酌情从重处罚。具体到本案中，梁某受贿既遂部分金额为120万元人民币，对应的法定量刑幅度在有期徒刑4年半以上6年半以下；受贿未遂部分金额为200万元人民币，同时，鉴于梁某认罪态度好，已经全部退赃，对应的量刑幅度也是有期徒刑4年半以上6年半以下。犯罪未遂部分与犯罪既遂部分对应的是同一量刑幅度。因此对被告人梁某应当在有期徒刑4年半至6年半内量刑更为适当。

三、裁判观点

被告人梁某身为国家工作人员，利用职务上的便利，收受他人贿赂370万元，数额特别巨大，为他人谋取利益，构成受贿罪。被告人梁某及其辩护人提出梁某受贿的370万元中有200万元始终由刘某控制，属于受贿未遂，梁某受贿数额应是170万元而非370万元的辩解和辩护意见与查明的事实不符，不予采纳。……判决被告人梁某犯受贿罪，判处有期徒刑10年6个月，并处罚金人民币100万元。该判决现已生效。

四、办案心得

本案法院虽未采纳辩护人的辩护意见，但该案在同类案件辩护中具有典型意义。

（一）重视会见当事人在办理案件中的作用

本辩护人接受委托后在第一时间会见被告人梁某，就监察机关移交给公诉机关证据材料的合法性、真实性与其交换意见，尽己所能帮助被告人了解在被羁押期间所享有的权利以及应履行的义务，进而帮助被告人更加了解自身的处境，以高端的职业素养让当事人感受到律师对被告人的真诚相待，进而拉近律师与被告人之间的距离，使得案件办理过程更加顺利。在此基础上，辩护人通过同被告人的沟通交流对案件整体的性质与办理思路有了更为清晰的认知，为案件辩护打下了基础，因此必须重视会见当事人在办理案件过程中的重要作用，因为只有在全面了解案情的基础上才能制定最佳辩护方案，也才有可能为被告人争取到最大的利益。

（二）与当事人的充分沟通是案件办理取得实效的关键

本案中的辩护方案是辩护人同被告人在会见沟通的过程中共同确定的，这是本案办理的关键所在。梁某曾是国家干部，在羁押期间对刑法也有一定的了解，在与被告人的多次沟通交流中，辩护人将本案办理的各种诉讼方案进行全面分析，并将各种诉讼方案的利弊明确告知被告人以后，辩护人与被告人共同确定了辩护方案。

本案中，公诉机关认为刘某代为保管的200万元人民币也属于梁某受贿既遂金额，所以，公诉机关指控的梁某受贿既遂金额是320万元人民币。由于被告人梁某与刘某合伙养殖生蚝的100万元人民币与常见的受贿既遂案例在行为类型上存在差异，该100万元人民币并未经过梁某的手，梁某只是认可该事实，因此，最开始梁某及另外一名辩护人认为本案犯罪既遂的金额只有20万元人民币，受贿未遂的金额是300万元人民币，因而，最初的辩护方案就是按照受贿未遂 300 万元人民币来进行辩护。

本辩护人接受委托后认为按照受贿未遂金额 300 万元人民币来展开辩护对被告人非常不利，其最终刑期跟受贿 320 万元人民币既遂金额差别不大，高概率是 10 年以上有期徒刑。根据《刑法》第 23 条第 2 款规定，“对于未遂犯，可以比照既遂犯从轻或者减轻处罚”，换言之，对未遂犯的宣告刑是“可以”比照既遂犯从轻或者减轻处罚，“也可以”不比照既遂犯从轻或者减轻处罚。这就意味着认定梁某受贿未遂金额为 300 万元人民币还是可能被宣告 10 年以上有期徒刑，而且这种可能性非常高。根据最高人民法院在 2016 年 6 月 30 日公布的第 13 批指导案例第 62 号案例中指出：在数额犯中，犯罪既遂部分与未遂部分分别对应不同法定刑幅度的，应当先决定对未遂部分是否减轻处罚，确定未遂部分对应的法定刑幅度，再与既遂部分对应的法定刑幅度进行比较，选择适用处罚较重的法定刑幅度，并酌情从重处罚；二者在同一量刑幅度的，以犯罪既遂酌情从重处罚。

该指导案例确定的裁判规则将被全国法院在审判中适用，对本案被告人梁某的量刑是非常有用的。按照该裁判规则，本案中若认定梁某受贿既遂金额为 120 万元人民币，受贿未遂金额 200 万元人民币，则无论采用二者中的任何一个金额对梁某进行定罪处刑，其宣告刑都在 10 年以下。由此，就出现了对受贿未遂金额 300 万元人民币的量刑比受贿未遂金额 200 万元人民币要高的情形。

最初，被告人梁某认为未遂金额越大对其量刑才越有利，但其忽视了本案犯罪金额的特殊性以及指导案例对既有既遂金额又有未遂金额犯罪时的量刑规则。经过后续多次同被告人的讲解和分析，被告人接受了本辩护人的意见。

（三）重视类案检索是本案的关键

在案件办理过程中，一定要检索全国同一类型案件适用的裁判规则，2020 年 6 月 1 日，最高人民法院审判委员会第 1802 次全体会议讨论通过了

《关于统一法律适用加强类案检索的指导意见（试行）》（法发〔2020〕24号），总结部分法院有益探索经验，完善类案检索机制，规范法官裁判权行使，统一法律适用。约定型受贿犯罪在现实生活中呈现为多种表现形式，早期全国各地法院对此类案件的裁判规则不统一，从而出现了同案不同判的案件，不仅不利于保障被告人的合法权益，还影响了司法的权威性。因此，在遇到此类案件时如何说服法官采用有利于当事人的裁判规则同样至关重要。在收集同类案件时，一方面要注意裁判法院的级别，提高所欲引用的类案裁判规则的权威性；另一方面也要注重从刑法理论的角度出发对案件的实体性质进行全面分析，进而增强辩护过程中的说服力，让法官更容易采信辩护观点。

本案具有一定指导意义，但需要指出的是，在同种情况下不同法院仍然存在同案不同判的情况，本案法院亦未采纳辩护人的观点。

作者简介

王开武

西南政法大学刑法学博士，贵达律师事务所高级合伙人、贵达律师事务所刑辩中心主任，贵州贵达（重庆）律师事务所律师。擅长处理刑事案件、刑民交叉及民商事法律事务，专注企业刑事风险防控。十年法院工作经验，曾办理过近500件毒品犯罪案件、职务犯罪案件、金融诈骗犯罪案件、互联网犯罪案件。

第二节　司法机关工作人员职务犯罪

1. 全额退赃对量刑的影响

——肖某某受贿获从轻处罚案

【辩护思路】对于犯罪事实清楚，证据确实、充分，被告人自愿作认罪认罚的案件，如何寻找辩护突破口是案件的关键所在。一般来说，经验丰富的刑辩律师会采取“罪轻”辩护方案，从案发原因、案件定性、犯罪构成、犯罪的社会危害程度、行为人自首、立功等多方面出发，整合案件全部量刑情节，寻找案件辩点，围绕依法可以从轻或者减轻处罚的量刑情节展开辩护，从而最大限度地保护当事人的合法权益。

一、基本案情

2002 年至 2021 年，肖某某利用其担任 G 省人民检察院反贪污贿赂局侦查处处长、反贪污贿赂局副局长、法律政策研究室主任、检察委员会委员、党组成员、反贪污贿赂局局长、副检察长等职务上的便利，为付某等 11 人在协调工程项目、子女入学、诉讼纠纷解决等方面提供帮助，为他人谋取利益。经 G 省监察委查实，肖某某本人或通过他人非法收受付某等 11 人给予的财物共计人民币 1001.267221 万元，其中 200 万元未遂。在监察委调查期间，肖某某积极配合调查，真诚悔罪，主动认罪认罚，除如实供述调查机关已掌握的受贿事实外，还主动交代了调查机关尚未掌握的大部分受贿事实，积极退缴、配合追缴犯罪所得。

法院依照《刑法》第64条，第67条第3款，第383条第1款第3项、第2款，第385条第1款，第386条，《刑事诉讼法》第15条，第201条第2款以及最高人民法院、最高人民检察院《关于办理贪污贿赂刑事案件适用法律若干问题的解释》第15条第1款，第19条之规定，判决被告人肖某某犯受贿罪，判处有期徒刑10年，并处罚金人民币100万元。对被告人肖某某受贿所得财物折合人民币共计10,012,672.21元及其孳息依法予以追缴，上缴国库。该判决现已生效。

二、辩护意见

辩护人通过研究案卷材料和法律规定后，同意公诉机关对于本案构成受贿罪的定性，与被告人及家属商议后同意被告人所签署《认罪认罚具结书》的主刑，仅就量刑部分发表辩护意见。后该案进入执行程序后，辩护人与执行法官积极沟通，帮助家属解决执行问题。

（一）自被告人归案以来，主动配合调查，既主动交代办案机关已掌握的事实，又主动交代办案机关尚未掌握的大部分事实，具有坦白情节

根据《刑法》第67条第3款规定：犯罪嫌疑人虽不具有前两款规定的自首情节，但是如实供述自己罪行的，可以从轻处罚；因其如实供述自己罪行，避免特别严重后果发生的，可以减轻处罚。在案证据显示，监察委查实的、检察机关指控的关于肖某某受贿的大部分事实系肖某某主动交代的，且被告人所作的多次供述均具有稳定性和一致性，认罪态度特别真诚，悔罪态度非常彻底，上述情节也得到了办案机关的书面认可，并出具了从宽处罚建议书，建议对其从宽处罚。

（二）肖某某到案后，主动认罪认罚，其家属代为积极退缴赃款，本人积极配合追缴犯罪所得，符合“认罚”从宽的规定

在辩护人多次会见被告人时，被告人都明确表态自愿认罪认罚，愿意签署《认罪认罚具结书》，在辩护人的见证下，被告人同公诉机关达成了认罪认罚一致意见，签署了《认罪认罚具结书》。根据最高人民法院、最高人民检察院、公安部、国家安全部和司法部《关于适用认罪认罚从宽制度的指导意见》中“认罚”的把握，“认罚”重点考察犯罪嫌疑人、被告人的悔罪态度和悔罪表现，应当结合退赃退赔、赔偿损失、赔礼道歉等因素来考量。结合本案，肖某某在监察委进行调查时就主动交代受贿事实，真诚悔罪；如实供述受贿笔数及事实，积极配合调查机关追缴犯罪所得。根据调查机关查封的相关财物，结合起诉书指控的受贿金额，可知被查封的财物足以覆盖受贿赃款，应当认定肖某某足额退赃，完全符合《关于适用认罪认罚从宽制度的指导意见》中关于“认罚”的规定，应当对其从宽处罚。

（三）检察机关指控的数项为行贿人谋取的利益，肖某某并未利用自身职务之便利，且未造成严重的危害后果

从起诉时指控的事实及在案的证据来看，起诉书指控的第一桩、第二桩、第三桩、第四桩、第五桩、第七桩、第八桩、第九桩犯罪事实，为行贿人所谋取的利益均与自身的职权职能无关，都是涉及工程项目和子女入学，辩护人并非否认上述8桩指控，而是强调上述事项的办理，被告人并未利用自身职位所带来的职务之便。根据在案事实及证据，可知多项涉及工程项目的收受财物的行为，系发生于肖某某担任某检察机关检察委员会委员时，该职务并不涉及工程项目的投标、建设、施工等建设业务。虽然收受财物的行为必然也侵害了国家公职人员的职务廉洁性，但相较于那些利用自身职权为他人牟利的受贿行为，其社会危害性显然较轻，刑罚要求罪责刑相适应，可对其酌情从宽处罚。

（四）公诉机关给出的罚金刑量刑建议过重，不符合宽严相济刑事政策的价值理念

对于公诉机关量刑建议书中的附加刑，辩护人认为过重，应当减少所判处的罚金。被告人年近六十，按照公诉机关的量刑建议，如果审判机关采纳，则10年之后，被告人已年近七十，出狱后将面临无养老金、丧失劳动力、无生活来源的窘境，生活将举步维艰。被告人几十年工作，兢兢业业，有功劳也有苦劳，恳请合议庭本着宽严相济的刑事政策，在法律适用时，充分体现法律温柔的一面，判处附加刑罚金50万~60万元人民币。

综上，辩护人建议合议庭充分考虑本案从宽处罚情节，判处被告人有期徒刑10年，罚金人民币50万~60万元，给予被告人更多的宽容，使其保持一如既往的真诚悔过，正如被告人最后陈述所言，作为一名曾经的政法干警领导，是羞愧的，但同时也希望合议庭给予其更多的关心和关怀，使其早日回归家庭。

三、裁判观点

被告人肖某某身为国家工作人员，利用职务上的便利，非法收受他人财物，为他人谋取利益，其行为违反了国家工作人员的职务廉洁性，已构成受贿罪且属数额特别巨大，依法应予惩处。公诉机关指控的事实清楚，证据确实、充分，指控罪名成立。关于辩护人提出被告人在本案多起事实中均未利用其自身的职务便利为他人谋利，社会危害性较轻的辩护意见，经查，被告人肖某某时任G省人民检察院反贪污贿赂局局长、副检察长等重要职务，检察机关对国家工作人员在履职的廉洁性方面均有监管、预防的职责，公诉机关对其利用职务上的便利的指控并无不当，故辩护人提出该辩护意见不能成立，不予采纳。对辩护人提出被告人肖某某在归案后具有坦白情节，且供述具有稳定性和一致性，认罪态度诚恳，建议从轻处罚的辩护意见，与查明的事实相符，予以采纳。公诉机关提出对其判处有期徒刑10年，并处罚金人民

币80万元的量刑建议，一审法院认为，对主刑的量刑建议适当，符合法律规定，予以采纳，对附加刑罚金人民币80万元的量刑建议，与查明的犯罪事实、数额、情节、危害后果等不相适应，故公诉机关提出罚金人民币80万元的量刑建议以及辩护人提出建议法庭对被告人判处50万~60万元罚金刑的辩护意见，不予采纳。鉴于被告人肖某某具有未遂情节，到案后除如实供述调查机关已掌握的收受罗某财物的受贿事实外，还主动交代了调查机关未掌握的大部分受贿犯罪事实，构成坦白，签署《认罪认罚具结书》，在家属的配合下积极退赃，受贿所得已全部追缴，依法对其从轻处罚。

四、办案心得

（一）如何看待职务犯罪中“积极退赃、主动交代赃款赃物去向，积极配合追缴工作”这一情节

首先，“主动交代赃款赃物去向，积极配合追缴工作”是否可以作为法定从轻、减轻处罚情节？职务犯罪案件中，我们经常会看见辩护人提出上述辩护意见。最高人民法院、最高人民检察院《关于办理贪污贿赂刑事案件适用法律若干问题的解释》（法释〔2016〕9号）第1条第2款第5项将“拒不交待赃款赃物去向或者拒不配合追缴工作，致使无法追缴的”作为量刑时从重处罚的依据。但是，该解释第4条同样规定，对于那些“贪污、受贿数额特别巨大，犯罪情节特别严重、社会影响特别恶劣、给国家和人民利益造成特别重大损失的，可以判处死刑。符合前款规定的情形，但具有自首、立功，如实供述自己罪行、真诚悔罪、积极退赃，或者避免、减少损害结果的发生等情节，不是必须立即执行的，可以判处死刑缓期二年执行……”根据该量刑考量因素可以看出，“积极退赃、主动交代赃款赃物去向，积极配合追缴工作”已经成为量刑时的重要考虑因素。

其次，“积极退赃、主动交代赃款赃物去向，积极配合追缴工作”的主体是否应当局限于被告人？对于被告人家属主动上缴了全部涉案款项的情节，

虽然不影响受贿罪的定性和数额的认定，但是，司法机关如何看待家属代为退赃的情形关系到被告人的最后量刑。家属主动退赃事实上节省了司法资源、避免了国家因此遭受更大的损失，本意是为被告人争取宽大处理。根据最高人民法院、最高人民检察院《关于办理职务犯罪案件认定自首、立功等量刑情节若干问题的意见》（法发〔2009〕13号）的规定，受贿案件中赃款赃物全部或者大部分追缴的，视具体情况可以酌定从轻处罚。犯罪分子及其亲友主动退赃或者在办案机关追缴赃款赃物过程中积极配合的，在量刑时应当与办案机关查办案件过程中依职权追缴赃款赃物的有所区别。职务犯罪案件立案后，犯罪分子及其亲友自行挽回的经济损失，司法机关或者犯罪分子所在单位及其上级主管部门挽回的经济损失，或者因客观原因减少的经济损失，不予扣减，但可以作为酌情从轻处罚的情节。根据上述司法解释，积极退赃与被动追缴在量刑上是有区别的，因此，辩护律师在进行罪轻辩护时要充分加以运用。

（二）如何明确认定职务犯罪中的“利用职务之便利”这一犯罪构成要件

1999年9月16日印发的最高人民检察院《关于人民检察院直接受理立案侦查案件立案标准的规定（试行）》（高检发释字〔1999〕2号）在贪污罪中指出，“利用职务上的便利”是指利用职务上主管、管理、经手公共财物的权力及方便条件。最高人民法院2003年11月13日印发的《全国法院审理经济犯罪案件工作座谈会纪要》（法〔2003〕167号）在受贿罪中指出，“利用职务上的便利”，既包括利用本人职务上主管、负责、承办某项公共事务的职权，也包括利用职务上有隶属、制约关系的其他国家机关工作人员的职权。由此可见，利用职务上的便利，是指行为人利用主管、管理、经手公共财物的职权及与职务有关的方便条件，既包括利用本人直接管理、经手公共财物的职务便利，也包括利用职务上有隶属关系的其他国家工作人员的职务便利，因为在后一种情况下行为人虽然未直接管理公共财物，但是具有主管公共财物的职务便利。

例如，最高人民法院指导案例11号——杨某虎等贪污案中裁判要点写明：

贪污罪中的“利用职务上的便利”，是指利用职务上主管、管理、经手公共财物的权力及方便条件，既包括利用本人职务上主管、管理公共财物的职务便利，也包括利用职务上有隶属关系的其他国家工作人员的职务便利。

所谓主管，是指国家工作人员拥有审查、批准、调拨、安排使用或者以其他方式支配自己管理的单位或系统内部的财物的职权。主管的特征是不直接接触公共财物，但拥有支配公共财物的权力及方便条件，如国有公司、企业的董事长、总经理、厂长对本单位的财物拥有支配权。

管理也称保管、经管，一般指行为人拥有保管、保护、看守公共财物的职权。主管与保管的区别在于，主管一般不直接接触公共财物，但拥有支配权，可以合法地指定或改变财物的用途与去向，行为人为了非法占有公共财物一般要通过第三者才能得逞；保管则没有支配权，但直接接触公共财物，无须经过第三者即可以直接实施非法占有公共财物的行为。

经手是指行为人有领取或支出公共财物的职权。经手与管理的区别在于，经手是暂时地合法地持有公共财物，也一样有直接保管的职权，故两者之间没有绝对的区别。

利用职务之便利系认定受贿罪等职务类犯罪必须考量的犯罪构成要件，准确把握关于认定利用职务之便利的相关法律规定、指导案例、具体情形有利于实现有效辩护。

（三）罪轻辩护应当从认罪认罚、退赃退赔、坦白等从轻、减轻情节上争取辩护的先机

实际上，刑事辩护实务中面临的绝大多数是这样的普通刑事案件，案件事实以及证据均没有争议，被告人本人也表示认罪认罚。在许多办案人员、当事人以及当事人家属的眼中，这样的案件委托或者不委托律师均可，有无律师辩护对案件处理结果并不会产生影响。面对这样的案件，作为辩护律师是真的无所作为，放任自流，还是通过积极寻找辩点，力争通过自己的辩护，使被告人获得较轻的处罚？是我们许多律师现实中时常面临的选择。作为一

名合格的辩护律师，不应当放弃任何一丝为被告人争取从轻、减轻处罚的机会，这是律师基本职业操守使然。

本案虽然被告人签署了《认罪认罚具结书》，但如果没有足额退赃退赔，在被告人受贿数额远高于特别巨大标准的情况下，检察机关也无法提出10年有期徒刑的量刑建议，被告人必然面临10年以上有期徒刑的处罚。针对这一情况，一方面辩护人积极联系家属，说服家属代被告人进行足额退赃；另一方面与办案机关也做好沟通工作。

其实，每一起案件都有其各自不同的特点，辩护人只要以高度负责的精神认真阅卷，深入审视案情，每起案件都可能有着独到的可辩之处，也就是说，寻常案件往往也有其非常的辩护之道，也可能通过正确的辩护思路和做法，而收到意想不到的辩护效果。

（四）为司法机关专家型“被告人”提供辩护更需要功底

本案的被告人毕业于国内重点大学法学专业，从事司法工作近40年，法学理论及事务经验丰富，为其提供刑事辩护服务，既是服务，也能在沟通交流中获得更多的提升，是一次难能可贵的办案“经历”。

作者简介

朱　山

无党派人士，1989年毕业于西南政法学院刑事侦查专业，获法学学士学位，2002年获该校法律硕士学位。1994年取得律师资格，1989年7月至1994年5月在贵州省司法警校任教，1994年5月至2000年12月为贵州省经贸涉外律师事务所（后更名为心海律所事务所）律师、证券部主任；自2000年12月创建贵达律师事务所至今，任该所主任，一级律师。

张国佳

贵达律师事务所执业律师，吉林大学法律硕士，曾办理某知名集团袁某某、谭某某、王某某，观山湖区人民政府丁某某，水矿集团王某某，盘江集团王某某等多起重大职务犯罪案件。担任多家单位法律顾问，具有丰富的诉讼及实务经验。

2. 坦白与认罪认罚并存下的从轻处罚幅度

——纪检委干部李某某被控受贿罪认罪认罚从轻处罚案

【辩护思路】本案被告人到案后主动供述犯罪事实，上缴了全部赃款，减少了损失。在提起公诉前，被告人在辩护人的见证下签署了《认罪认罚具结书》，明确表示承认指控的犯罪事实，愿意接受公诉机关提出的从轻处罚的量刑建议。据此，辩护人在本案中尽职履责，全面深刻提出被告人存在的认罪认罚、全额退赃、坦白等量刑情节，实现了从轻处罚的辩护效果。

一、基本案情

被告人李某某于2015年8月至2018年9月历任×县B镇镇长、党委书记，在任职期间，其利用职务便利，为他人在工程项目承接、工程款拨付、地基置换等方面谋取利益，先后收受B镇工程承包商王某某、蔡某某、江某某、谢某某和B镇地基置换请求人李某等人财物共计人民币129.3989万元。

李某某到案后，如实供述犯罪事实，退缴全部赃款，认罪悔罪并签署《认罪认罚具结书》。据此，法院判决被告人李某某犯受贿罪，判处有期徒刑4年零3个月，并处罚金人民币30万元（罚金限于判决生效后即缴纳）；被告人李某某退缴的违法所得129.3989万元，依法予以没收，上缴国库。该判决现已生效。

二、辩护意见

（一）被告人李某某具有坦白情节，依法可以从轻处罚

被告人归案以来，主动配合，主动交代犯罪事实和证据，具有坦白情节，且被告人多次供述均具有稳定性和一致性，认罪态度真诚，悔罪态度彻底，依法可以对其从宽处罚。

（二）被告人李某某退缴全部赃款，依法应当从轻处罚

李某某到案后，李某某将起诉书认定的犯罪金额全部予以退缴，应当认定其足额退赃，根据相关法律规定，应当对其从宽处罚。

（三）被告人李某某自愿认罪认罚，依法应当从宽处罚

被告人自始至终都明确表态自愿认罪认罚，愿意签署《认罪认罚具结书》，在辩护人的见证下，被告人同公诉机关对事实、量刑等达成一致意见，签署了《认罪认罚具结书》，根据相关法律规定，应当对其从宽处罚。

三、裁判观点

被告人李某某利用职务上的便利，非法收受他人财物，为他人谋取利益，其行为已构成受贿罪，Q县人民检察院指控被告人李某某犯受贿罪的事实清楚，证据确实、充分，罪名成立，法院予以确认。被告人李某某受贿数额巨大，应处3年以上10年以下有期徒刑并处罚金。被告人李某某到案后如实供述自己的罪行，有坦白情节，可从轻处罚。退缴全部赃款，可酌情从轻处罚。出庭检察员建议判处被告人李某某有期徒刑4年零3个月，并处罚金人民币30万元，与被告人的罪责相适应，法院予以采纳。辩护人提出被告人李某某有坦白情节，全额退缴全部赃款的辩护意见符合法律规定，予以采纳。

四、办案心得

（一）找准找全量刑情节，最大限度维护当事人正当合法权益

过程是衡量有效辩护的重要尺度。这具体体现在对整体案件事实的把握，尤其是对量刑情节的全面把握。在本案的辩护过程中，辩护律师在会见被告人之后，在审查起诉阶段见证被告人认罪认罚，保障被告人认罪认罚的真实性和自愿性。

对于坦白情节，被告人在到案之后，供述了本案的案件事实，依法成立坦白情节，对于全额退回受贿赃款，也成立退赃的情节，上述认罪认罚、坦白和退赃均得到法院的认可，实现了从轻处罚的辩护效果。

（二）本案同时适用坦白和认罪认罚并不存在重复评价的问题

第一，坦白和认罪认罚依据的法律规范性质不同，坦白规定在刑法中，属实体性规范；认罪认罚从宽处罚规定在刑事诉讼法中，系程序性规范。第二，坦白主要出于节约国家司法成本，让司法机关及时有效地实现惩罚犯罪、保护人民的刑法目的而设立。因此，行为人是否愿意接受相应刑罚处罚，不影响坦白的成立。而认罪认罚强调的是进入刑事诉讼程序后行为人对司法机关、监察机关评价行为的认可态度，将认罪认罚从宽处罚制度化，有利于推进繁简分流、优化司法资源配置，在更高层次上实现公正和效率相统一。

由此，行为人坦白后可以选择认罪认罚，也可以选择认罪不认罚，而无论行为人是否具有坦白情节，都有认罪认罚余地。因此，同时适用两项从宽处罚制度是符合法律规定的，不属于重复评价。

认罪认罚制度是2018年《刑事诉讼法》修改中确立的基础性制度，在职务犯罪过程中，做好认罪认罚工作能够有效地维护当事人的合法权益。就本案案情而言，被告人涉嫌受贿罪，并且金额巨大，对此如何做好认罪认罚工作，确保量刑的精准性是辩护律师的重要工作。在本案辩护工作中，辩护人

依据现有的坦白、全额退赃等量刑情节，充分与检察机关沟通，认真做好量刑磋商，使本案量刑符合罪责刑相适应的原则；此外，作为辩护人见证被告人认罪认罚的过程，也确保被告人的自愿性。

作者简介

张国佳

贵达律师事务所执业律师，吉林大学法律硕士，曾办理某知名集团袁某某、谭某某、王某某，观山湖区人民政府丁某某，水矿集团王某某，盘江集团王某某等多起重大职务犯罪案件。担任多家单位法律顾问，具有丰富的诉讼及实务经验。

第三节　国有企业工作人员职务犯罪

1. 代为保管型受贿罪既未遂的区分

——G 省大型著名酒业集团原董事长
逾亿元受贿部分认定未遂案

【辩护思路】受贿罪中，不论具体的行为类型，都以是否取得他人财物作为未遂与既遂的区分标准。取得他人财物必须是实际占有，行贿人代为保管受贿款的情形不能认定为受贿人实际占有。代为保管是指行贿人行贿之后由其本人继续保管受贿财物，并没有实际交付给受贿人，行贿人可以随时反悔将钱款另作他用，使得受贿人无法实际获得财物，受贿人是否最终获得财物存在很多的不确定性，依法不应认定为受贿既遂。

一、基本案情

2018 年 10 月，G 省监察委员会对袁某某涉嫌职务违法问题立案调查。办案过程中，办案人员从袁某某家中清点出黄金制品、手表、珠宝、字画等 1500 余件，其中不乏象牙等稀有物品，还有人民币、美元、英镑现金等若干。

公诉机关指控：袁某某利用特殊资源的审批权，为不法经销商违规从事茅台酒经营提供帮助。1994 年至 2018 年，被告人袁某某利用担任 G 省某知名酒厂副厂长，G 省某知名酒厂公司副总经理、副董事长、总经理、董事长，G 省某著名酒业公司董事长等职务上的便利，为王某1、周某某等人在获得茅台酒经销权、分户经销、增加茅台酒供应量等事项上提供帮助，直接或通过特定关系人非法收受王某1、周某某等31人财物，共计折合人民币11,298.866291万元。

法院根据被告人袁某某犯罪的事实，犯罪的性质、情节以及对于社会的危害程度，依照相关法律规定，判决被告人袁某某犯受贿罪，判处无期徒刑，剥夺政治权利终身，并处没收个人全部财产；对袁某某受贿所得财物及其孳息依法予以追缴，上缴国库。该判决现已生效。

二、辩护意见

本案辩护人的总体辩护方案为罪轻辩护。

（一）部分指控事实不清、证据不足

1. 起诉书指控的第二桩事实即袁某某通过刘某某收受周某某1450万元的证据不足

（1）主观定罪，无相应的客观证据予以印证，证据证明程度达不到确实充分，难以排除合理怀疑。

本桩起诉书指控受贿的金额为1690.8451万元，按照所谓行受贿双方的证言，该金额为行贿人公司2009～2018年利润总额的一半。然而，证实总利润3380万元的证据仅有周某某、王某1二人的言词证据，即该证据链条中用于证明基础事实的证据有且只有主观证据，而没有财务及税务资料或其他客观证据相印证，达不到证据确实充分的标准。

（2）核心证人证言缺乏真实性。

①周某某作为行贿人，其证言证实总利润为3380元，并且用情况说明的方式予以了说明，但将刘某某实际收受的金额加上袁某某收受的金额，所得总和并非周某某公司总利润的一半，周某某的证言不客观不真实。

②即便按照周某某关于逐年利润的证言，其利润的总额并非3380元，根

据周某某出具的情况说明，其2009年的利润总额实际上是180万元，而非80万元。

③将周某某与王某1的证言进行比对发现，二人关于利润的表述完全一致，从表面来看，二人之间的证言好像具有一致性，但从细节来看，二人关于利润的证言均是以10万为单位的总数，没有零头，且均以非常确定的表达方式予以证明，在描述2018年的利润时，均表述为“截至2018年11月”，如此统一，难以排除合理怀疑，难以确定证人证言的真实性。

2. 起诉书指控的第三桩：通过刘某某收受罗某某1555.7523万元的部分事实不清，证据不足，应当扣除张某敏转入张某桥账户中的182.1576万元；应当扣除罗某某转入黄某财账户的491.4万元及1，047，753元

（1）在案证据缺乏张某桥、黄某财关于其名下银行卡使用保管情况的陈述，证实二人名下的银行卡系刘某某保管使用的证据不足。

①公诉机关指控刘某某用张某桥、黄某财的银行卡收受“利润”，没有二人的笔录证实刘某某使用过其名下银行卡，二人的银行卡是否交由刘某某使用这一事实存疑，这直接影响上述银行卡收受的钱是否归刘某某所有，难以排除罗某某本身与二人有经济往来的可能性。

二人银行卡接收的财物性质不明，且没有充分的证据证实系刘某某所有。从银行卡的所有权来看，银行卡属于张某桥、黄某财所有，没有所有权人的确认，即便再多的证人证实是刘某某在使用，也是没有任何说服力的；从证据链条的闭合性来看，要证明张某桥、黄某财的银行卡是刘某某在使用，需要该二人予以证明，但在案证据缺乏二人的证言。

②公诉机关指控，罗某某支付的“利润”均系用张某敏的账号支付，但并没有相应笔录予以证实。同时，公诉机关出示的关于找不到黄某财的情况说明显然不符合常理逻辑。

（2）部分证言缺乏真实性。

①关于罗某某所办专卖店的盈利情况的证据只有主观证据而无任何书证予以证实。

②证人黄某1关于其尾号为8387的建设银行卡办卡时间的陈述前后不一致，且黄某1有2张卡均在R地建设银行办理，但其本人均未使用过，也不知情，显然不符合常理。

③一方面，证人甘某某在询问人员出示银行流水前后关于尾号7000的建设银行卡的使用情况的陈述前后矛盾。其陈述该卡一直由刘某某使用，直到2013年才由自己实际使用；但在询问人员出示相应银行流水后又陈述，2013年4月转入的钱与其无关，2013年该卡并非其实际使用。

另一方面，甘某某关于该卡使用情况的陈述客观上无法与相应流水印证。甘某某称该卡2010~2013年实际由刘某某使用，张某敏所转入3笔款项是2013年之前，其不认识张某敏、付某玲，不知道具体情况。但是，其账户流水显示，2013年后张某敏两次向该账户转账，付某玲亦在2013年后向其转账。

因此，刘某某是否在2013年之后就将该银行卡归还给甘某某事实不清，且该银行卡在归还之后所发生的转账因已不由刘某某实际支配控制使用，故不能认为是行贿款。

（3）资金性质未查明。

刘某某与甘某某等人长期有着业务往来，本案的其他证据也证实刘某某经常委托经销商为其销售茅台酒，因此二者间有资金往来实属正常。

综合本案证据来看，在公诉机关的大部分指控中，虽然刘某某的笔录和相关人员都在笔录中陈述委托卖酒的款与行贿款无关，但从证据能力出发，该部分证言不具有真实性、客观性，当证言出现大量不合理雷同的情况下，理当慎重采信。就本桩指控而言，难以排除资金往来系委托卖酒的酒款。

3. 起诉书指控的第四桩，部分事实不清，部分性质认定错误，相应金额理当扣减，即便认定，邹某某代为保管的600万元，也应当认定为受贿未遂

（1）基础事实不清。

①对于相关利润总额的事实没有客观证据相印证，不能在此基础上得出行贿人关于分一半利润给刘某某的结论是准确的。

此外，邹某某所陈述为刘某某保管的600万元，并未实际交付于刘某某，

刘某某也未实际支配和使用，不能认定为受贿。

②同本案大部分指控存在的问题一致，相应行贿人多次用于行贿的大额资金均没有取款记录，资金来源不明。

（2）邹某某证言难以确定真实性。

邹某某关于给刘某某的现金来源的陈述前后矛盾。根据邹某某的陈述，其用于行贿的现金都是平时销售茅台酒时攒下来的，但是其在证实交给刘某某的 100 万元时，说的是银行捆扎好的，其资金来源到底是平时销售所攒还是银行所取出，前后证言相互矛盾，不具有真实性。

4. 起诉书指控第八桩，事实不清，证据不足，行受贿双方关于送钱细节不能相互印证，行贿人的相应细节描述前后矛盾，不能排除合理怀疑

（1）关于 1994 年送钱的经过，李某 1 第一次陈述与袁某某关于放钱的地点、包装物、在场人物的供述不一致，二人之间的笔录存在多处矛盾。但在袁某某作出上述供述之后，李某 1 的笔录随之作了相应的调整，该修改内容与袁某某供述的内容高度一致。

（2）李某 1 证言中关于 2008 年六七月，送钱给袁某某后第二天是否又返回袁某某家中前后矛盾。

（3）李某 1 证言中关于 2008 年六七月，送钱给袁某某后当天晚上是否又返回袁某某家中及之后送袁某某东西的具体地点陈述前后矛盾。

（4）李某 1 多次在笔录中以非常笃定的语气证实其所送的多笔 100 万元的行贿款都是装在茅台酒箱里面，都是从 H 省乘飞机带到 G 市后所用。

首先从 H 省携带大额现金乘坐飞机本身极为不符合常理。其次根据常理，普通的茅台酒箱子根本装不下 100 万元现金，其证言违反基本常理，不具有真实性。

上述李某 1 证言的变化，虽然李某 1 以记忆错误进行了解释，但该解释并不合理，也不客观。其变更后的证言恰好与袁某某、刘某某的证言高度吻合，难以让人信服，难以排除合理怀疑。上述涉嫌的金额理当予以扣除。

5. 起诉书指控第十桩的证据难以排除合理怀疑

（1）袁某某与林某 1 关于送钱场合、送钱时间、钱款存放的位置等细节

高度雷同，难以排除合理怀疑，且二人的陈述甚至出现某宾馆装修期间仍吃饭送钱的说法，一个人记忆出现错误本可以理解，但两人都出现同样的错误，这显然就违背了基本的逻辑。

（2）林某1多次送钱，但无任何取款记录予以印证其现金来源，每次都是借车给被告人使用，但无车辆的信息资料等客观证据予以佐证。更进一步，在能记得如此“行贿细节”的情况下，林某1陈述不记得车牌号明显不符合常理。

6. 起诉书指控第十一桩部分事实不符合基本常理

姚某某所送现金资金来源不明，无相应取款记录。在购买金鼎时，其陈述用现金支付，显然不符合常理。专卖店在C市，姚某某在G省，购买金鼎的行为发生在S市，姚某某从Z市携带170万元现金到G省再到S市明显不符合基本常理。

此外，S市某珠宝首饰公司无法出具姚某某购买金鼎相关资料，姚某某也未出具购买发票等资料加以证明，姚某某2011年8月左右到S市购买金鼎的订票信息复印件不清楚，须查明姚某某8月到S市区订票信息的真实性。

7. 起诉书第十四桩被告人收受的手表难以确定准确价值

所送手表无购买发票凭证、无价值鉴定意见，无法确认其价值。在案证据虽然有购买手表的银行流水，但禹某某同时购买了两块手表，两块手表各自的价格究竟是多少，禹某某无法准确证实，因此送给袁某某的手表价格无法确认。

袁某某所述价格与禹某某相差大，根据2012年欧元汇率，53万元人民币换算为欧元大概为67,786欧元，与袁某某所说5万欧元矛盾。且禹某某的银行交易明细不能反映购买手表及价格。

此外，根据价格认定结论为797,700元，此价格认定依据是2016年版的《价格认定行为规范》，但依据证人证言该手表购买时间是2012年，不能以2016年市场价为参考依据，且价格与在案证言相差甚大，价格鉴定意见参考依据不能客观反映手表真实价格。

8. 起诉书指控第十五桩的证据存疑

（1）周某1与袁某某关于2011～2018年周某1八次送钱的时间、金额、所送物品均为春节前，10 万元和两条烟的陈述高度雷同，让人难以信服。

（2）所谓八次送钱中，在场证人黄某伟关于所送物品与周某 1、袁某某的陈述不一致，证据间相互矛盾。且黄某伟 2014 年因与周某 1 发生矛盾，把自己的股份转让给周某 1 之后退出公司经营，其没有理由继续和周某 1 一起送烟酒给袁某某。

9. 起诉书指控第十九桩的证据存疑

在周某盛分五次送给袁某某的 60 万元中，关于在场人物的陈述，周某盛与袁某某的陈述不一致，无法相互印证。证据之间出现多处矛盾，难以确定真实性。

（二）部分事实性质认定错误

1. 起诉书指控第九桩被告人已退还的存有 200 万元的银行卡，应当予以扣除

最高人民法院、最高人民检察院《关于办理受贿刑事案件适用法律若干问题的意见》（法发〔2007〕22 号）第 9 条规定，国家工作人员收受请托人财物后及时退还或者上交的，不是受贿。国家工作人员受贿后，因自身或者与其受贿有关联的人、事被查处，为掩饰犯罪而退还或者上交的，不影响认定受贿罪。

本案中，2006 年下半年陈某权送给袁某某一张有 200 万元人民币的银行卡，但袁某某于 2007 年 3 月就已退还，符合上述司法解释第 1 款的规定，不宜认定为受贿。

（1）退还的时间符合及时性的要求。虽然司法解释要求及时退还，但并未要求立即退还，也未对退还的时间作硬性要求。辩护人认为退还的时间长短应根据行为人工作频率，与行贿人有无见面机会，是否具有退还的时机进行综合考虑。本案中袁某某平时工作非常繁忙，行贿人又居住在 G 市，二人之间并非经常见面，二人的证词也充分证明二人在退还银行卡期间并未见面，退银行卡是极为私密的事情，必须见面才能退。退还虽然距收卡约半年的时

间，但应当认定其是及时退还的，符合上述司法解释第 9 条第 1 款的规定。

（2）袁某某证词中证实的害怕乔某案牵连而退回的说法不符合客观事实。事实证明，袁某某与乔某案并没有任何牵连关系，陈某权陈述其害怕受到乔某案牵连也没有任何证据予以佐证，完全是二人的假想。

（3）2014 年陈某权妹夫送了 100 万元给袁某某，袁某某也归还了，这充分说明，袁某某主观上没有收受陈某权钱财的故意。

（4）起诉书指控的为了掩饰犯罪而退还的证据不足，无任何客观证据相印证。在这一事实上，属于孤证，且任何退还的行为，理当都包含了害怕受到法律制裁的想法，这属于正常的主观想法，与掩饰犯罪而退还有着明显的区别。

2. 起诉书指控的第十三桩退回颜某某 70 万元、第十四桩退回禹某某 30 万元、第二十七桩退回陈某明 20 万元，均应当予以扣除

如前文论述，根据相关司法解释，对于收受财物后又退还的，只要符合及时退还和排除掩饰犯罪两个条件，均不应当认定为受贿。第十三桩退回颜某某 70 万元、第十四桩退回禹某某 30 万元、第二十七桩退回陈某明 20 万元，均符合该两个条件，虽然公诉机关出示了证据试图证实被告人系为了掩饰犯罪才不得已退回，但公诉机关出示的乔某、房某某、谭某某几人的立案决定书均不能证明被告人与上述几人的犯罪事实有任何关联性，因此，公诉机关关于被告人担心受上述几人的案件牵连而通过退回的方式予以掩饰的退钱动机不成立。

（三）部分金额即便认定为收受贿赂，也应当认定为受贿未遂

本案关于周某某代为保管的 1450 万元及邹某某代为保管的 600 万元并未实际交付给刘某某，因此即便认定该事实，也应当认定为未遂。

1. 起诉书指控第二桩，即便认定 1450 万元为受贿，也应当认定为受贿未遂

（1）根据《刑法》第 385 条第 1 款的规定，“国家工作人员利用职务

上的便利，索取他人财物的，或者非法收受他人财物，为他人谋取利益的，是受贿罪。”应当理解为实际取得他人财物的受贿才是既遂，反之视为未遂。

（2）取得他人财物必须是实际占有，行贿人代为保管受贿款的情形不能认定为受贿人实际占有。代为保管是指行贿人行贿之后由其本人继续保管受贿财物，并没有实际交付给受贿人。行贿人可以随时反悔将钱款另作他用，使得受贿人无法实际获得财物，受贿人是否最终获得财物存在很多的不确定性。本案中并没有实际取得该笔受贿款。

（3）辩护人认为，该笔款项完全可能存在因意志以外的因素而不能达到实际占有的可能性，周某某在证言中证实，其将保管的1450万元用于生意经营周转了，而非像刘某某在自述材料中证实的周某某对其说用了一张专门的银行卡为其保存。该种情形下，刘某某不具有对该笔款项的支配权和控制力，或者说支配权与控制力极为低下，不能认定其已实际掌控该笔款项。

因此，即便认定该1450万元构成受贿，也应当认定为受贿未遂。

2. 起诉书指控的第三桩，即便600万元认定为受贿，也应当认定为受贿未遂

（1）所谓保存于邹某某处的用于行贿的600万元不应当认定受贿：2018年12月袁某某已不再担任某知名集团职务，其职务不具有帮助邹某某的能力和威慑力，其对邹某某没有控制力，刘某某完全没有理由让其保管钱，该笔款项也完全不在刘某某的掌控之中，袁某某对该笔款项不具有任何控制力，该笔指控不符合受贿罪“权钱交易”的本质。

（2）即便认定袁某某具有受贿的故意，也因未实际掌握该笔款项而应当认定为受贿未遂，理由同上论述。

（四）应当查明刘某某以合伙经营名义出资的40万元的利润，将该利润从受贿金额中予以扣减

邹某某在成立经销商的时候，刘某某出资了40万元，该40万元邹某某

从 2007 年 3 月初使用到 2008 年年初。虽然刘某某于 2007 年 5 月谈到退股，但该资金邹某某毕竟以投资款名义使用了将近一年，在归还时，也未支付任何利息。因此，刘某某理当分得该 40 万元资金使用期间的利润，从某经销公司的经营特征来看，前期的资金到位后，后面基本不需要任何投入了，因此该 40 万元对于邹某某的经销公司来说，至关重要，由此产生的利润，理当分配给刘某某。

三、裁判观点

经查，因袁某某及刘某某客观上并未实际取得由周某某代为保管的 1450 万元、邹某某代为保管的 600 万元，故该两笔款项应该认定为受贿未遂，但应计入受贿总金额。

被告人袁某某身为国家工作人员，利用职务上的便利，为他人谋取利益，非法收受他人给予的财物共计折合人民币 1.1298866291 亿元，其行为已构成受贿罪，公诉机关指控的罪名成立。袁某某受贿数额特别巨大，并使国家和人民利益遭受特别重大损失，严重侵害了国家工作人员职务行为的廉洁性，应依法惩处。鉴于袁某某受贿的人民币 2050 万元系未遂；其到案后如实供述自己的罪行，主动交代办案机关尚未掌握的绝大部分受贿犯罪事实；认罪悔罪，积极退赃，受贿赃款赃物已全部追缴，具有法定、酌定从轻处罚情节，依法可以对其从轻处罚。

四、办案心得

历史与命运给了袁某某一切，又收回了一切，袁某某的一生是励志的一生，也是遗憾的一生。受案之初，辩护人反复思量，除了交流事实、法律、证据之外，该怎样走进袁某某的内心世界，能让他信任和依赖，这既是为了辩护，也是学习。所幸，在辩护期间及庭后两年多等待判决的时间里，得到了认可。刑辩律师应当尊重和爱护我们的当事人，辩护于辩护人来说是工作，于当事人来说是希望，没有一个涉嫌犯罪的人应当被辩护人抛弃，法律是我们的信仰，是当事人维护权利的武器！

该案因涉及茅台酒这一超越一般意义上的消费品而导致该案超越一般的正厅级干部职务犯罪案，社会关注度高，认定的事实具有典型意义，自袁某某始，某知名集团进行了大刀阔斧的整改。该案也首开G省职务犯罪审判认定未遂之先河，对于受贿人与行贿人达成合意，委托行贿人代为保管财物，这一新型受贿方式，辩护人提出应认定为未遂，审判机关最终采纳，这对于之后办案机关办理同类事实，认定罪行形态具有重要的案例价值。

（一）“代为保管财物”型受贿罪既未遂的区分

司法实践中，受贿罪既未遂判断的主流观点是以国家工作人员是否实际控制财物为标准。对于普通意义上的财物，比如现金、物品，是否实际控制容易理解，可以根据简单的交付理论解决未遂问题。但对于特殊的财物，比如登记财产、财产凭证、财产利益、伪劣物品，认定是否实际控制比较复杂，争议较大，在个案认定中需要具体问题具体分析。

在代为保管型受贿中，公诉机关倾向于认定行受贿双方已经达成合意，虽然财物实际由行贿人保管，但是受贿人可随时支取，受贿人已经实际取得该笔款项的实际控制权，应当属于既遂。但是“可以随时支取行为”应该理解为被告人可以随时要求行为人交付受贿款，实质上受贿人还未取得该受贿款的控制权。行受贿双方“承诺受贿”或“约定受贿”后行贿人“代为保管”应以要约、承诺明确性、资金及交接安排、着手兑现等事实进行客观验证，以判断受贿人是否实际控制财物。

（二）关于收受财物后退还的行为定性

在贿赂型犯罪中，时常出现受贿人收受他人财物后基于各种原因退还或者上交财物的情形，如何妥善区分具体行为的罪与非罪，一直是司法实践中争议的问题。

根据最高人民法院、最高人民检察院《关于办理受贿刑事案件适用法律若干问题的意见》（法发〔2007〕22号）第9条的规定，国家工作人员收受请托人财物后及时退还或者上交的，不是受贿。国家工作人员受贿后，因自身或者与其受贿有关联的人、事被查处，为掩饰犯罪而退还或者上交的，不影响认定受贿罪。即对于收受财物后又退还的，只要符合及时退还和排除掩饰犯罪两个条件，均不应当认定为受贿。

主观见之于客观，对于收受请托人财物后及时退还或上交，不认定为受贿的基础系国家工作人员主观上没有受贿故意。一方面，对于退还或者上交是否及时的判断，应根据行为人工作频率，与行贿人有无见面机会，是否具有退还的时机进行综合考虑；另一方面，在具体审查受贿人是否系“为掩饰犯罪”而退还财物时，应当综合审查所谓的害怕被牵连或查处的基础事实与已经被立案查处的人员的犯罪事实是否具有关联性，且任何退还的行为，理应包含了害怕受到法律制裁的想法，符合一般理性人标准，与掩饰犯罪而退还或上交有着明显的区别。

因此，在行为人同时满足及时退还、排除掩饰犯罪两个条件下，应当认定行为人不具有受贿的故意，而排除受贿罪的成立。但遗憾的是，本案中该观点最终未被法院采纳，但笔者认为对于类案辩护思路具有一定借鉴意义。

（三）关于如何应对贿赂犯罪中“主观定罪”的一些思考

以权钱交易为特征的贿赂犯罪，是职务犯罪主要的、典型的形态。此类犯罪是所谓“对合犯罪”，由于作案过程的“隐秘性”和案发的迟延，客观证据难以保存，通常只有行贿人与受贿人“一对一”言词证据，由此形成实践中贿赂犯罪证据体系及审查机制的主观性较强，倾向于“主观定罪”。

具体案件中，辩护人证明难，所提出的证据往往因为证据来源不合法而不被采纳，定罪过度依赖于受贿人供述和行贿人陈述，且职务犯罪尤其是贿赂案件的人证应用，基本采用书面人证方式，证人出庭申请难以被允许，难以通过证人出庭作证方式使证人证言可视化，对证人证言进行客观验证，大大增加了辩护难度。

基于言词证据的易变性、不稳定性，辩护人可以建立贿赂犯罪的客观证据审查机制，通过客体物事实（如贿赂款项的包装物）、权钱交易基础事实、行为逻辑事实（如结合双方通话记录、行程记录等认定贿赂时间、贿赂地点、在场人物的客观性、真实性）等进行客观验证，以客观的“细节辩”和“常识常理辩”方式攻击控方的证据锁链。

作者简介

朱　山

无党派人士，1989 年毕业于西南政法学院刑事侦查专业，获法学学士学位，2002 年获该校法律硕士学位。1994 年取得律师资格，1989 年 7 月至 1994 年 5 月在贵州省司法警校任教，1994 年 5 月至 2000 年 12 月为贵州省经贸涉外律师事务所（后更名为心海律所事务所）律师、证券部主任；自 2000 年 12 月创建贵达律师事务所至今，任该所主任，一级律师。

张国佳

贵达律师事务所执业律师，吉林大学法律硕士，曾办理某知名集团袁某某、谭某某、王某某，观山湖区人民政府丁某某，水矿集团王某某，盘江集团王某某等多起重大职务犯罪案件。担任多家单位法律顾问，具有丰富的诉讼及实务经验。

2. 掌握自首、立功等量刑情节对案件处理的重要性

——宋某被控受贿罪获缓刑处理案

【辩护思路】被告人宋某作为国有企业的主管人员因收取感谢费被指控涉嫌受贿罪。针对受贿罪，辩护人从无罪和罪轻两个层面发力，无罪层面重点论述被告人的主观认识，指出不能证明被告人主观上有受贿故意；罪轻层面分别提出自首、立功以及退赃等情节，并详细论述社会危害性条件，最终获得缓刑处理，探索出一条有效的职务辩护缓刑路径。

一、基本案情

2015 年至 2020 年，被告人宋某利用担任某某产权交易所有限公司总经理助理、副总经理等职务便利，在招投标过程中，为邓某、叶某、史某、石某 1、石某 2、戚某 6 人提供帮助，后收受以上人员感谢费共计 110 万元，宋某在接受监察机关调查期间，主动交代了监察机关尚未掌握的涉嫌受贿的犯罪事实，同时具有检举他人涉嫌受贿的犯罪线索，积极退赃、认真悔罪。

《刑法》第 93 条第 2 款规定："国有公司、企业、事业单位、人民团体中从事公务的人员和国家机关、国有公司、企业、事业单位委派到非国有公司、企业、事业单位、社会团体从事公务的人员，以及其他依照法律从事公务的人员，以国家工作人员论。"第 385 条第 1 款规定："国家工作人员利用职务上的便利，索取他人财物的，或者非法收受他人财物，为他人谋取利益的，是

受贿罪。”第386条规定：“对犯受贿罪的，根据受贿所得数额及情节，依照本法第三百八十三条的规定处罚。索贿的从重处罚。”第383条规定：“对犯贪污罪的，根据情节轻重，分别依照下列规定处罚……（二）贪污数额巨大或者有其他严重情节的，处三年以上十年以下有期徒刑，并处罚金或者没收财产……对多次贪污未经处理的，按照累计贪污数额处罚。犯第一款罪，在提起公诉前如实供述自己罪行、真诚悔罪、积极退赃，避免、减少损害结果的发生，有第一项规定情形的，可以从轻、减轻或者免除处罚；有第二项、第三项规定情形的，可以从轻处罚……”最高人民法院、最高人民检察院《关于办理贪污贿赂刑事案件适用法律若干问题的解释》（法释〔2016〕9号）第2条第1款规定：“贪污或者受贿数额在二十万元以上不满三百万元的，应当认定为刑法第三百八十三条第一款规定的‘数额巨大’，依法判处三年以上十年以下有期徒刑，并处罚金或者没收财产。”第19条第1款规定：“对贪污罪、受贿罪判处……三年以上十年以下有期徒刑的，应当并处二十万元以上犯罪数额二倍以下的罚金或者没收财产……”依据以上规定，法院判决被告人宋某犯受贿罪，判处有期徒刑2年6个月，缓刑3年，并处罚金人民币20万元（缓刑考验期从判决确定之日起计算，罚金在本判决生效之日起5日内缴纳）；被告人宋某已退缴受贿所得赃款人民币110万元及其产生孳息（该款暂存于X县财政局），依法没收，上缴国库。该判决现已生效。

二、辩护意见

（一）本案发生于特定时间和具体环境中，所涉及的行为系企业经营中的一种潜规则，行受贿双方的对向行为不是利用职权的典型受贿行为

本案被告人宋某所在某某产权交易所有限公司主要经营全省企业国有产权转让交易，政府采购代理、工程招标代理、权益类交易业务。2019年该公司开始以自身名义承接工程类型项目招标代理。在此类招标活动中，由公司实施组织安排，其中包括参与评标专家的选择、邀请及评标费用的支付。

对于参与特定招标活动的公司，面临着相关资质和条件的被选择和评比。由此，相关专家的意见是决定这些公司能否中标产生收益的关键。宋某在组织这些专家并对相关中标要求的具体化中提供实质化的帮助，这种帮助与利用职权的行为存在根本不同，实质为利用政府平台在招投标过程中获得企业的专家费。而专家费是相关专家的专业知识的付出后的劳务所得，没有违法犯罪问题。宋某在招标后收受的款项是相关公司的感谢费，是一种企业经营中普遍存在的潜规则，不是一种典型意义上的权钱交易。

（二）从案件所涉及的受贿罪的犯罪构成要件上看，宋某对于该行为在主观认识上行为时没有受贿故意，不认为是受贿

宋某主观上认为就是一种对于企业的帮助行为，没有受贿的罪过。宋某始终认为这是一种感谢费，不是权钱交易。这是一种事实行为在法律上的错误认识，但是行为时不具有罪过是案件的基本事实。

（三）宋某的行为没有对企业造成危害，对于招标工程的质量没有问题，客观上没有造成社会危害

宋某主动交代的 11 桩受贿事实中，所牵涉的企业在中标后没有产生工程质量的问题，参加评标的专家都具有所在专业领域的知识和能力，宋某的行为客观上没有对涉案的招标活动产生实质上的危害性影响。

（四）宋某具有特殊自首，积极全额退赃，有立功情节，在侦查阶段即认罪认罚，在审查起诉阶段已签署认罪认罚具结书。宋某作为特殊自首处理，是类似案件中较为典型的特殊自首，是完全接受组织处理的自首典型，在反腐倡廉上具有积极的宣传意义

宋某在公安侦查阶段主动交代侦查机关尚未掌握的其他案件事实，而且对于具体情况毫不隐瞒，以最大诚意向侦查机关交代问题，真诚向组织忏悔并在监委留置阶段最大限度地向组织交代，构成特殊自首并积极配合退赃。

其表现得到监委办案机关的高度肯定，其自首表现具有较好的典型示范意义。宋某所检举案件线索已经由相关机关确认立案，宋某已经构成立功。由此，宋某受刑罚处罚的主观恶性已经大为降低，按照特殊预防的基本原理，对其适用刑罚实刑的必要性已经消除。

综上所述，宋某一贯奉公守法，表现良好，为原所在单位的发展作出了重要的贡献，连年获评优秀工作者。宋某无犯罪前科，本案的发生与其法律认识错误有关。宋某到案认识到自己行为的严重性后，主动如实供述罪行，系特殊自首。主动全额退赃，无索贿行贿，未给国家单位造成损失，自愿彻底认罪认罚。请求法庭能结合其一贯表现、工作贡献，结合其特殊的家庭及身体状况，根据我们党“惩前毖后，治病救人”的方针，对其从轻、减轻处罚，以体现惩罚与教育相结合的刑事政策、罪责刑相适应的处罚原则。请求法庭秉持客观公正，对宋某从轻、减轻处罚，以实现本案三个效果的统一。在此，辩护人慎重地向法庭提出建议，对宋某的量刑在 2 年以下，并适用缓刑。

三、裁判观点

被告人宋某身为国家工作人员，利用职务上的便利，为他人谋取利益，非法收受他人财物共计人民币 110 万元，数额巨大，其行为已构成受贿罪，应依法处罚。公诉机关对被告人宋某犯受贿罪的指控，事实清楚，证据确实、充分，罪名成立，予以确认。

被告人宋某被公安机关采取强制措施后，如实供述了司法机关尚未掌握的罪行，应认定为自首，可对其从轻处罚；被告人宋某具有立功表现，依法可对其减轻处罚；案发后被告人家属已将其受贿所得赃款全部退缴，可酌定从轻处罚；同时被告人自愿认罪认罚，并签字具结，有一定的悔罪表现，依法可从宽处罚。被告人宋某的辩护人提出被告人具有自首情节，积极退缴全部赃款，并自愿认罪认罚，希望对被告人从轻、减轻处罚的辩护意见，符合本案客观事实，法院予以采纳。

综上，结合本案被告人犯罪事实、情节、悔罪表现及社会危害程度等，对被告人宣告缓刑对其居住社区没有重大不良影响，可对其宣告缓刑。公诉机关提出的量刑建议，符合本案客观事实和相关法律规定，法院予以采纳。

四、办案心得

（一）根据犯罪构成要件对行为人的行为进行定性分析是判断该行为罪与非罪的关键

认定事实靠证据，根据《刑事诉讼法》的规定，对定罪事实的证明标准系严格的证据标准，即“案件事实清楚，证据确实、充分，能够排除一切合理怀疑”。具体就受贿罪而言，通常只要被告人作了有罪供述，行贿人作了行贿陈述，司法机关一般就会指控其构成受贿罪，并对其定罪处罚。使用“一对一”的言词证据锁定受贿事实，成为司法机关的一般做法。但从事实认定来看，受贿人与行贿人之间作出了相同或者相似陈述，完全依据言词证据认定案件事实是否达到了刑事案件证明标准。言词证据具有不稳定性，表面上证据与证据之间是相互印证的，但实际上是属于虚假印证，仍然不能排除存在的合理怀疑。作为刑事辩护律师，要充分挖掘案件证据，剖析事实疑点，最大限度维护当事人的合法权益。

本案中被告人宋某的供述与辩解与行贿人邓某等 6 人的证人证言形成“一对一”的关键言词证据，被控构成受贿罪，本案辩护人从主客观统一原则出发，从行为时被告人宋某不具有受贿的故意，不具有主观上的罪过，不认为是受贿。行为人行为时认为这只是一种对企业的帮助行为，不是权钱交易，不能证明被告人主观上存在受贿故意。从该角度出发为被告人作无罪辩护。虽然观点未被采纳，但是通过无罪辩护的方式最大限度揭示案件事实认定中存在的问题，最大限度维护被告人的正当合法权益。

（二）对自首、立功、退赃等量刑情节的详细论证是帮助其获得宽缓处置的关键

缓刑是一种刑罚执行方式，适用缓刑原则上需要满足两个基本条件，在刑罚条件上是可能被判处拘役或3年以下有期徒刑；在社会危害性条件上，要满足犯罪情节较轻、有悔罪表现、没有再犯罪的危险、宣告缓刑对所居住社区没有重大不良影响。从刑罚结构来看，本案的受贿金额为110万元，按照最高人民法院、最高人民检察院《关于办理贪污贿赂刑事案件适用法律若干问题的解释》（法释〔2016〕9号）第2条的规定，量刑区间为3年以上10年以下，如何实现刑罚降档，认定自首与立功是关键。

对于本案中的自首，着重论述被告人在侦查阶段交代了办案机关不掌握的大部分案件事实，体现被告人主观恶性的极大降低，具有良好的示范典型意义；此外，被告人检举他人，并经有关机关立案侦查，成立立功情节，自首与立功的成立实现刑罚降档。

另外一点，对行为人社会危害性的评估主要包括以下几个方面，一是对行为人自身情况进行评估。主要考虑行为人身体状况、有无违法犯罪前科、家庭背景条件等，例如本案中对被告人身体不好、原工作表现积极负责。二是对行为人涉案后的表现进行评估。具体在本案中，阐述了被告人认罪认罚、全额退赃等情节，体现了被告人有良好的悔罪表现。三是对行为人主观恶性进行评估。主要考虑行为人涉案原因、罪过形态、行为手段的恶劣程度等。例如，本案被告人一直以为是为企业提供的帮助行为，不是权钱交易，不存在受贿故意的分析，以及被告人的行为也未造成危害后果。

此外本案的创新之处在于，把握案件办理的重点，在审查起诉阶段，通过与检察机关的充分沟通，在前期立功的基础上，通过认罪认罚程序，在量刑建议中建议适用缓刑，进一步有效维护当事人的合法权益，为有效辩护奠定坚实基础。

总之，在刑罚结构方面，通过自首、立功成功实现刑罚降档，从而满

足缓刑的刑罚条件；同时，从犯罪事实与后果、再犯可能性、悔罪表现、对社区影响等方面进行详细论述，透彻全面地阐述了其符合缓刑的社会危害性条件。通过上述分析最终使得被告人的行为被定性为犯罪的情况下被判处缓刑。

作者简介

康　军

法学博士，贵达律师事务所高级法律顾问，贵州大学法学院副教授、刑法教研室主任、硕士研究生导师，访美学者。现任贵州省监察委员会专家咨询委员会委员，贵州省人民检察院专家咨询委员会专家，贵州大学法律顾问，贵阳市公安局专家组专家，贵阳市中级人民法院案件质量评查专家，贵阳市人民检察院咨询专家，安顺市人民检察院咨询专家，贵阳市南明区人民检察院专家库专家，贵阳市花溪区监察委员会专家咨询委员会委员；贵州省律师协会副秘书长，刑事专业委员会副主任，“扫黑除恶”专项斗争律师辩护代理工作指导委员会副主任。

第二章

涉民营企业及民营企业家犯罪

第一节　民营企业家职务犯罪

1. 非法证据排除与适用的辩护效果

——余某某被控单位行贿罪二审发回重审案

【辩护思路】非法证据排除规则的确立，是现代刑事诉讼追求犯罪控制和人权保障双重目的并重的结果，是为了追求程序正义，尊重和保障人权，减少冤假错案。

本案的总体辩护方案是通过对公诉方指控的犯罪事实所涉及的在案证据以及其他未收集在案的证据进行梳理，还原控方指控的犯罪事实过程，通过证据瑕疵攻破检方指控，达到无罪辩护的目的。因本案属于对合型犯罪，虽然行贿方和受贿方因触犯不同罪名而分别立案侦查审理，但是证据的全面收集、全面质证是整个刑事程序的基础和原则。对于无罪辩护意见法院虽然未直接采纳，认定为单位行贿罪，但最终判处被告人有期徒刑1年，罚金20万元，与同类犯罪案件（犯罪金额）判刑结果对比，本案最终的刑罚考虑到了辩护律师在案件审理过程中提出的许多问题和意见，辩护工作得到了同行以及被告人及其家属的充分认可。

一、基本案情

公诉机关指控，2012年C市某建设工程有限公司（原C市某建筑工程有限公司，以下简称C市某公司）在不具备相应资质的情况下，为了承接A市二环路及中心城区污水管网、排水一期工程（以下简称A市二环路工程），在该工程招标前，公司法定代表人、被告人余某某找到A市城市建设投资公司董事长郭某某（另案处理），向其许诺若顺利承接该工程后将给予好处。后在工程招投标过程中，余某某通过组织C市某建设集团有限公司（以下简称C市P公司）等多家公司对该项目进行围标，在C市P公司顺利中标后，C市某公司通过挂靠该公司承接A市二环路工程。在此期间，郭某某对C市某公司及余某某的上述行为予以放任。2012年12月底的一天，余某某在A市某酒店二楼咖啡厅向郭某某行贿人民币现金20万元。2013年年初的一天，陈某江（另案处理）分别用两个纸箱子准备好现金200万元后，由余某某带至A市南马大道路边送予郭某某。

法院依照《刑法》(2020修正）第25条第1款，第69条第1款、第3款，第70条，第77条，第393条及最高人民法院、最高人民检察院《关于办理贪污贿赂刑事案件适用法律若干问题的解释》(法释〔2016〕9号）第19条第2款之规定，判决被告单位C市某公司犯单位行贿罪，判处罚金人民币50万元（罚金已缴清）。

撤销C市Y区人民法院（2015)C法刑初字第×××号刑事判决主文中“被告人余某某犯单位行贿罪，判处有期徒刑三年，缓刑四年”的缓刑部分。被告人余某某犯单位行贿罪，判处有期徒刑1年，并处罚金人民币20万元，加原判犯单位行贿罪判处有期徒刑3年，总和刑期有期徒刑4年，决定执行有期徒刑4年，并处罚金人民币20万元。该判决现已生效。

二、辩护意见

（一）余某某涉嫌单位行贿犯罪的关键证据缺失，存在非法证据，案件事实不清，证据明显不足

第一，余某某行贿资金与去向至今未查清。余某某送郭某某20万元仅有

陈某江听余某某说有此事属于传来证据。余某某供述是与陈某江商量后陈某江准备的钱，并安排一个小伙子送到A市某酒店二楼咖啡厅，该20万元资金来源及现场送“袋子”的小伙子至今未查明。陈某江供述与余某某供述不一致，不能相互印证。200万元行贿款来源问题，李某卫证言与陈某江供述之间缺乏关键的证言予以印证，对所谓200万元行贿款来源于李某卫的借款一事尚未形成完整的证据链予以证实。

第二，书证中陈某江银行账户显示，虽然其在2013年1月3日的确取出过210万元，但是第二日即1月4日陈某江又收到100万元，54分钟后又转出。辩护人认为，陈某江1月3日傍晚到达A市入住酒店，2013年1月4日上午陈某江在位于C市内的银行营业点转出100万元，该笔转出款必须经过陈某江本人经办，如此来看，陈某江何时赶回C市办理此笔业务？仍存在一个合理的怀疑，即2013年1月3日下午至1月4日上午陈某江本就不在A市内。

第三，关于运输200万元行贿款的军车（犯罪工具）是否于2013年1月3日从C市到达A市。陈某江供述其于2013年1月3日上午在C市取款210万元当日即与余某某一起用军车将其所取得200万元行贿款运至A市，如事实存在则应该有一辆军车于2013年1月3日经S站进入G省并在A市相应收费站出站到达A市。G省高速公路集团有限公司C路网中心入口通行记录查询报表、G省高速公路集团有限公司A路网中心通行记录查询报表证实2013年1月3日并没有一台从C市来G省的军车到达A市，结合陈某江2013年1月3日傍晚到达A市入住酒店，而在次日上午又出现在C市内的银行营业点亲自办理转出100万元款项的这一客观事实，充分证明陈某江供述2013年1月3日将200万元用于行贿的这一情况并不属实，该供述不能作为定案证据。

（二）余某某的有罪供述存在指供、诱供的情况，同录显示余某某的有罪供述均是在侦办人员控导下形成，属于应依法排除的非法证据，且不排除陈某江与郭某某的有罪供述也存在指供、诱供的情况

结合余某某5次讯问笔录分析，第一次至第三次讯问笔录及同录视频中余某某积极配合笔录，在办案人员有控制性引导、指供、诱供的情况下，再综合第四次和第五次讯问笔录及同录视频分析，特别是第五次讯问余某某明确供述将送特产说成送钱是办案人员这样说的，并非其本人这样说。由此，余某某在被指供、诱供背景下前后供述不一致，既符合常理，也符合基本逻辑。

同录视频中显示，侦查人员读第二次送钱讯问笔录内容给余某某听，余某某说道："陈某江安排我们还是为公司嘛，免得说是他个人拿的嘛。"侦查人员回复道："因为前面我们已经讲过，你公司不可能去准备送钱，总得有一个人去准备，不管是张三还是李四，因为公司是陈某江在负责，所以他来准备。"由此，侦查人员所讲内容一定是在讯问开始之前已经达成共识，这段讯问笔录记录与同录内容不一致，充分证明陈某江准备200万元送给郭某某并非办案查实的情况，而是通过排除法的方式"选择的结果"。

另外，余某某第五次讯问笔录中否认了向郭某某送钱，该次讯问的同录视频还显示了余某某对以前承认送钱的原因进行了说明，即"你们说（里面）送的是钱，我就说是钱"。鉴于此，余某某的讯问涉嫌指供和诱供，应当认定为非法证据并依法排除。

郭某某供述不稳定，前后供述完全不一致，本案只截取了部分郭某某有罪供述的证据，但未将全部郭某某供述作为本案证据予以审查质证。

本案涉嫌行贿犯罪，是对合型犯罪，郭某某是受贿方，对郭某某本人涉及该笔受贿的证据公安机关应当全面收集并作为证实本案犯罪事实的证据。郭某某案件已公开开庭审理，其供述前后完全不一致，但在案证据中仅有郭某某2016年4月11日讯问笔录和2016年7月8日讯问笔录。辩护人认为该证据不完整，属于片面或是部分截取有罪的供述。根据相关刑诉法律的规定，对于郭某某到案后涉及余某某被控单位行贿罪相关事实的全部供述与辩解一并提交，而不是选择性入卷。这种根据指控内容和目的截取一段予以提交的方式，违背了我国《刑事诉讼法》（2012 修正）第 52 条关于全面收集证据的规定。

（三）C 市某公司构成单位行贿罪事实不清、证据不足，程序违法

C 市某公司并未承接《起诉书》所指控的涉案工程项目。本案涉案工程项目是由 A 市某建设投资公司作为发包方，承接该工程项目的合同相对方并非 C 市某公司。而且一审已经查明 C 市某公司与 C 市 P 公司没有任何书面挂靠协议，C 市某公司在该涉案工程项目中的责、权、利无从体现。同时，涉案工程项目建设过程中涉及的诸多资金流转，无证据证实进入 C 市某公司的银行账户之中，或者从 C 市某公司的银行账户转出。

C 市某公司并未实施任何行贿行为。C 市某公司作为享有独立人格主体地位的法人，依法独立享有民事权利和承担民事义务。是否属于单位行贿的判断标准是：（1）是否体现公司这一独立法人的意志；（2）行贿资金是否属于公司资本；（3）行贿谋取的利益是否属于公司所得。即使在本案中有所谓的行贿行为，但是没有证据证实行贿资金是 C 市某公司所出，也不能证实谋取的利益由公司所享有，同样也没有证实体现 C 市某公司意志形成过程的证据。

（四）本案不存在谋取不正当利益的事实

根据最高人民法院、最高人民检察院《关于办理行贿刑事案件具体应用法律若干问题的解释》（法释〔2012〕22 号）第 12 条规定：“行贿犯罪中的‘谋取不正当利益’，是指行贿人谋取的利益违反法律、法规、规章、政策规定，或者要求国家工作人员违反法律、法规、规章、政策、行业规范的规定，为自己提供帮助或者方便条件。”该条第 2 款规定：“违背公平、公正原则，在经济、组织人事管理等活动中，谋取竞争优势的，应当认定为‘谋取不正当利益’。”

涉案工程项目招标前余某某并未向郭某某许诺好处。根据余某某的供述，其从未在工程招标前对郭某某有过许诺行为，所谓许诺仅有郭某某供述形成的孤证，且郭某某对此问题已经在其公开开庭时坚决予以否认。另外，根据一审法庭发问情况，余某某在中标前从未与郭某某单独见面，许诺的具体时间、地点、背景等客观情况，仅凭郭某某一两次已经翻供的笔录中的某一句话来证实本案关键事实，本辩护人认为这是明显的事实不清。

本案中没有围标的事实。现有证据显示，C 市某公司和另一投标人 G 省某公司均系本公司工作人员准备的投标资料和参与投标，各自独立完成，保证金也是上述公司自行缴纳，余某某即使表达过合作意向，但并未达成任何具体的合作协议，更谈不上共同进行围标，事实上也无相互串通投标报价，损害招标人或者其他投标人利益的行为发生。即使有为上述公司投标人员在 A 市住宿、餐饮一并支付的行为，也并非直接对应所谓围标行为。

即使有所谓赠送行为，余某某也并非谋取不正当利益。根据刑法对行贿犯罪定罪的要求，只有行贿人为谋取不正当利益的才构成犯罪。余某某的所有庭前供述，均对赠送郭某某行为的动机有着稳定且清晰的表述，即为了请 A 市某公司作为业主方及时协调公安机关处理村民违法阻工及工程款正常拨付。上述动机所涵盖的事由并非不正当利益，而是合法且合理的请求。也是 A 市某公司应当履行的合同义务。在余某某多次讯问的笔录中，其均表示在郭某某的帮助下主要是协调处理村民阻工的事情，请郭某某尽快解决该事宜。可见余某某向郭某某赠送的东西无论是土特产还是其他财物，其主观目的均非谋取不正当利益。

综上所述，辩护人认为余某某涉嫌单位行贿犯罪事实不清、证据不足，应当作出无罪判决；即便认为余某某有送财物的行为，因其并未谋取非法利益，理应不作为犯罪予以考虑，应免予追究刑事责任。以上辩护意见，提请合议庭在评议时予以充分考虑。

三、裁判观点

被告单位C市某公司为谋取不正当利益，向国家工作人员两次行贿，共计220万元，其行为已构成单位行贿罪。被告人余某某作为被告单位的法定代表人，直接实施行贿行为，其行为亦构成单位行贿罪。公诉机关指控被告单位C市某公司、被告人余某某犯单位行贿罪的罪名成立，法院予以确认。被告单位的辩护人提出C市某公司未承接A市二环路工程，C市某公司与中标的C市P公司无任何书面挂靠协议，工程建设过程中的资金也未流入C市某公司的账户，无证据证实C市某公司实施了行贿行为，C市某公司不构成单位行贿罪；无充分证据证实余某某组织相关人员对A市二环路工程进行围标，也无充分证据证实余某某向郭某某行贿220万元。被告单位C市某公司及被告人余某某无罪的辩护意见，经庭审查明，被告人余某某系被告单位的法定代表人，直接代表被告单位对外行使职权，其为了被告单位获得不正当利益，在不具备工程资质的情况下违规挂靠其他公司承接工程项目，给予国家工作人员现金220万元，谋取不正当竞争优势，该事实有受贿人及行贿人余某某、陈某江的供述相互印证，有银行流水及证人证言证实行贿款的来源，证据确实充分，足以认定，故该辩护意见不能成立，不予采纳。被告人余某某及其辩护人提出指控余某某向郭某某行贿220万元证据不足，余某某有罪供述系非法取得，不能作为定案证据；A市二环路工程项目招标前，余某某与郭某某未单独接触，余某某不存在围标事实，行贿款来源与去向不清，余某某无罪的辩护意见，经庭审查明，在A市二环路工程项目招标前，被告人余某某便与郭某某接洽，此后余某某又找到C市P公司等进行围标后承接到该项目，该事实有经庭审质证、认证的相关书证，证人证言及被告人余某某供述相印证，被告人余某某虽翻供，但经法庭召开庭前会议对其有罪供述进行审查，已确定其有罪供述系合法取得，应当作为定案证据予以采纳，故该辩护意见不能成立，不予采纳。鉴于被告人余某某因犯单位行贿罪于2015年8月28日被判处缓刑，在缓刑考验期限内发现尚有漏罪未判决，应当依法撤销缓刑，数罪并罚。

四、办案心得

（一）单位行贿罪的辩护要点

单位行贿罪，是指单位为谋取不正当利益而给予国家工作人员以财物，或者违反国家规定，给予国家工作人员以回扣、手续费，情节严重的行为。从犯罪构成要件来分析，本罪的构成要件包括以下几点。

1. 本罪的犯罪主体是单位

与传统的自然人（个人）犯罪相比，单位（法人）犯罪是现代《刑法》根据社会发展的特性而设立的特殊主体类型的犯罪。单位，在现实生活当中主要表现为公司、企业等由多人为同一利益目的而设立的组织。公司、企业、事业单位、政府机构都需要在社会生活中从事相应的民事行为，因此法律赋予这些单位组织特定的人格，法律上称为“法人人格”。具有独立法人人格的单位与组成它的组织人员都是可以从事特定行为的主体，享有相应的权利，承担相应的义务。因此，同具体的个人一样，法人组织需要为自身的行为承担相应的法律后果。基于法人制度，《刑法》明文规定了可以由单位构成的犯罪，即单位可以是犯罪主体，本案的单位行贿罪即属于其中之一。

如何认定某一犯罪行为是由单位实施？正如上述所言，单位，即法人组织都有属于其本身的独立人格和基于该人格所形成的独立意志。但是单位本身是一个不具有生命特征，不具有思维活动的非生物体，其之所以有所谓的“人格”是基于法律拟制，而基于该人格形成的意志则是由组成该组织的人员的共同意志之体现，称为单位意志。例如，公司对外投资需要召开股东会，由股东会全体成员表决确认后形成单位作出特定民事行为——投资的意志。因此，单位意志背后隐藏了人的集体意志转化为单位个体意志的过程。故如果是基于单位内部全体人员的意志集合或者能够代表单位集体作出决定的人的意志而作出的行为，就可以认定是单位实施的行为。

2. 主观罪过是为单位谋取不正当利益的故意心态

"为单位谋取不正当利益"，即是指"谋取不正当利益"是单位的意志，而不是单位中某个人或者某部分人获取私人利益的主观目的。除了"谋取不正当利益"的意志来源于单位，而"不正当利益"这一违法所得也必须归属于单位集体。因此经过公司、企业等单位的决策机构表决通过后，并由相关负责人（如法定代表人、公司高管）执行，最终该决定产生的"不正当利益"归属于单位整体，便属于单位谋取"不正当利益"的情况。

3. 本罪的客观行为是通过向国家工作人员提供财物，或者违反规定给予国家工作人员回扣、手续费，并以此获取违反法律、政策、行业规范等规定的不正当利益

何为"不正当利益"？最高人民法院、最高人民检察院《关于办理行贿刑事案件具体应用法律若干问题的解释》（法释〔2012〕22号）第12条对于"不正当利益"的定义是"指行贿人谋取的利益违反法律、法规、规章、政策规定或者要求国家工作人员违反法律、法规、规章、政策、行业规范的规定，为自己提供帮助或者方便条件"，即获得利益与提供获取利益的便利条件的行为本身违反相关法律规定。在本案中，公诉方指控被告单位在不具备相应资质的情况下，通过向国家工作人员行贿进而获取建设工程的承包权。仅就指控的事实而言，在招投标过程中破坏公平竞争秩序和规则，行贿单位获得承包权就属于违反法律的"不正当利益"。而国家工作人员向不具备相应资质的行贿单位提供了承包工程的便利条件，也属于违反法律规定的行为。

4. 本罪侵犯的客体是侵害了国家工作人员职务行为的廉洁性、不可收买性、公正性

单位行贿罪的行贿对象应当是国家工作人员，如果对象是非国家工作人员，那么该行贿行为并未侵犯国家工作人员职务行为的廉洁性、不可收买性，构成的罪名是对非国家工作人员行贿罪。

（二）本案中非法证据的排除与适用

虽然我国对于非法证据排除的相关规定较多，无论是从法律、司法解释、部门规章上，还是侦查、审查逮捕和审查起诉、审判各个阶段，均有相应的规定，但作为刑辩律师，在实务操作中却很难启动。在这一成功排除非法证据之前，笔者也经历过失败，有的证据是稍纵即逝的，需要及时去发现和掌握。因此，对于申请非法证据排除而言，笔者认为：

首先，应熟悉我国相关法律法规。作为一名刑辩律师，对于法律法规的熟悉是基础和前提。虽然现行规定较为繁杂，涉及证据的规定也较多，且因法律的滞后性，无法对新兴的事物和证据收集手段及时全面规定，但只有熟悉现行有效的规定、弄清其法律渊源和立法背景，才能灵活适用法律，从而更好地维护当事人的合法权益。

其次，要有一颗百折不挠的决心。正是因为侦查的秘密性，以及司法惯性，作为律师的权利范围有限，启动非法证据排除程序难度很大。此时，刑辩律师要有一颗百折不挠的决心，尽可能穷尽一切合理合法的办法来收集证据和线索，要相信非法证据排除规则并非只是规定，在实务中亦是能够启动的。

最后，要善于从细微之处抓住重点。因为案件材料系侦查机关制作，从形式上很难直接发现问题，因此，就要求刑辩律师不仅要从大方向把握，也应注意相应细节。比如在本案中，辩护人通过寻找控方证据中存在的瑕疵（获取证据方式的法律瑕疵、犯罪事实与证据之间的脱节），同时还以检方指控的犯罪事实为基础，通过分析犯罪行为的过程、行为可能或者必然会留下的痕迹等方面，提请检察院、法院收集补充相关证据，用以印证犯罪行为发生的全过程。本案中正是找到了较为关键且难以排除合理怀疑的情况，第一，补充高速公路特定路段通行车辆的行车记录，该份证据证明检方指控行贿行为发生当日，并没有“一辆（载有 200 万元行贿款）军车从 C 市开往 A 市”；第二，行贿款来源、中转的发生时间仍不明确，检方指控陈某江取出 200 万元行贿款后，于当日傍晚从C市到A市准备用于行贿，但是，另一份证据又证明陈某江于次日早上在C市内亲自办理转账业务，这两个行为发生的时间不符合常理。通过对证据与事实的细致分析，最终争取到了本案较为理想的判决结果。

证据是诉讼的核心，是公正的基础，非法证据对司法公正具有极强的破坏性，非法证据一旦形成，就会对案件的办理造成难以弥补的程序性伤害，刑事诉讼很容易偏离“公正与公平”轨道，置刑事被告人于证据劣势，很容易制造冤假错案，从而令刑事司法失去社会公信力。本案中辩护人通过运用非法证据排除规则，及时提出本案证据存在的问题，在维护当事人合法权益的同时彰显了“程序正义”的文明之光。

作者简介

陈 剑

贵达律师事务所专职律师，法学学士，中国政法大学民商法学同等研究生学历结业。中共贵达总支书记，高级合伙人，管委会执行主任，贵州省法学会矿产资源法学研究会理事，贵州省企业联合会副秘书长，贵州省法学会犯罪学研究会理事，贵州省涉案企业合规第一批第三方监督评估机制专业人员。担任贵州省纪委省监委、金沙县人民政府、茅台集团文旅公司等多家单位法律顾问。

2. 犯罪情节显著轻微、危害不大的把握

——陆某某涉嫌职务侵占罪侦查机关撤销案

【辩护思路】 职务侵占罪是由“数额较大”确定的基本犯罪构成，职务侵占犯罪数额的大小直接反映其社会危害程度，在其他因素相同的情况下，犯罪数额较小的情形下争取微罪撤案的处理结果，以实现案件有效辩护。

一、基本案情

2016年2月，T县J村成立T县J村和善盟生经济发展专业合作社，该合作社由J村50余名农户出资加入，选举陆某某、令狐某某、杨某某、杨某、黎某某5人作为代表出面办理工商营业执照，陆某某为合作社理事长，杨某某、令狐某某、杨某、黎某某等人为理事。陆某某、杨某某、令狐某某、杨某、黎某某5人承诺在合作社工作不要报酬，待3年过后所有社员按照比例分红，并制定了合作社的相关章程。该合作社成立以后于2016年2月10日与T县J镇人民政府签订某公路樱花种植工程施工承包合同，该合同由合作社承包，陆某某、杨某某、令狐某某、杨某、黎某某5人具体负责该工程。该工程总计216,100元，J镇人民政府先后两次将款项打到合作社的对公账户上，令狐某某等人收到该款项后，相约于2017年1月的一天到杨某位于J镇的家中，到杨某家中5人先将该工程的成本费扣除，将合作社赚取的8万余元提2000元到合作社的账目上对社员公布，提出在樱花种植工程中政府干部

王某某对合作社很关心，要给王某某2000元，剩下的钱由5人平分，每人分得15,399元。至此，陆某某等5人利用自己系合作社管理人员的身份，将按照合作社章程中规定为合作社全体成员共享的利润私自瓜分，其行为已构成职务侵占罪，在全部嫌疑人归案后，其亲属已将违法所得的钱退还到J镇人民政府，由J镇人民政府代为保管。

二、辩护意见

就本案而言，根据辩护人向陆某某本人了解，并查看了相关材料，辩护人认为：本案事实基本是清楚的，但陆某某等嫌疑人分掉的款并非“公款”，因此本案性质不应当认定陆某某等人犯职务侵占罪，本案应当依照法律规定作撤案处理。具体理由如下：

根据《刑法》（1997修正）第271条的规定，构成职务侵占罪必须满足以下条件，一是要求行为人是“非法占有”，二是要求“非法占有”的是本单位的财物，即占有的是公款而非私款。缺乏上述两个要件，不能认定为职务侵占，从本案事实来看，显然上述两个条件都是缺乏的。

（一）8万余元的性质不应当认定为公款

从资金来源来看，该笔资金来源于以合作社名义签订合同承揽的樱花栽种工程，但该工程事实上的权利义务主体应当是陆某某等人。从表面来看，合作社是该项目的主体，但实质上的主体应当是陆某某等人。该工程获得的利润，虽然首先进入合作社的账户，但该款实际上并非公款，因为陆某某等人只是借用合作社的主体身份，事实上的合同义务均由陆某某几人在负责履行，包括前期资金、机械、人员工资的投入等。况且在向合作社分3次借款时，也都按照合作社的规定支付了相应的利息。

因此，虽然钱款是从合作社的账户上过，但不能据此认定该款为公款，而应当考察真正享有该款所有权的主体是谁。同样的事情如没有资质的个体挂靠有资质的公司，以有资质的公司名义对外签署合同，合同权利义务的真实主体是个体而非名义上的公司，所获得的收益，自然也只能归个体所有。

（二）陆某某等人是合法占有利润，而非非法占有

刑法意义上的占有合法性的判断以民法意义上占有合法性的判断为基础，如果取得一个财物是合乎民事法律规定的，则显然不属于刑法调整的社会关系，不属于刑法的范畴。就本案而言，陆某某等人取得 8 万余元的收益，从照债权来源来看，属于合同之债，是民法明确规定的债的来源方式。该款基于民事合同约定，承担履行栽种樱花的合同义务后，依法获取的收益。

承前所述，栽种樱花的工程，所有的投入均由陆某某等人承担，合作社没有任何的投入，其他社员也没有任何的投入。陆某某等人只是利用了合作社的合同身份。由此产生的利润显然应当归属于陆某某等人而非合作社。据此，应当认定陆某某等人分掉 8 万余元利润完全符合法律规定，是合法占有而非非法占有。

再有，该项目所聘请的工人大多为合作社股东及股东家属，但从事樱花栽种的所有股东及家属都是按天获得了工资的，作为负责资金投入，负责工程统筹、管理、安排的陆某某等人却无法获得任何收益，这显然也是不公平公正的。虽然几人曾承诺一年内不领取工资，但该“一年内不领取工资”理当理解为在正常工作强度、正常工作投入的情况下不领取工资，而非像该工程高强度、高投入、高风险的情况下也不领取工资，况且该工程陆某某等人还是事实上的权利义务主体。

《刑法》（1997 修正）第 271 条第 1 款规定：“公司、企业或者其他单位的人员，利用职务上的便利，将本单位财物非法占为己有，数额较大的，处五年以下有期徒刑或者拘役；数额巨大的，处五年以上有期徒刑，可以并处没收财产”；最高人民法院、最高人民检察院《关于办理贪污贿赂刑事案件适用法律若干问题的解释》（法释〔2016〕9 号）第 11 条第 1 款规定：“刑法第一百六十三条规定的非国家工作人员受贿罪、第二百七十一条规定的职务侵占罪中的'数额较大''数额巨大'的数额起点，按照本解释关于受贿罪、贪污罪相对应的数额标准规定的二倍、五倍执行。"《刑事诉讼法》(2012 修正)第 15 条第 1 项规定："有下列情形之一的，不追究刑事责任，已经追究的，应当撤销案件，或者不起诉，或者终止审理，或者宣告无罪：(一)情节显著轻微、危害不大，不认为是犯罪的。"《公安机关办理刑事案件程序规定》(2012 修订)第 183 条第 1 款第 2 项规定："经过侦查，发现具有下列情形之一的，应当撤销案件：……(二)情节显著轻微、危害不大，不认为是犯罪的。"

依照上述规定，辩护人认为，本案事实清楚，但不应当认定为犯罪行为，同时，即便分掉 8 万余元的行为是职务侵占行为，鉴于陆某某多年来为村里所作的贡献及考虑本案未给合作社造成任何的损失，反而获得了利息收取的情况，以及陆某某积极地上缴了所分得的财物的情节，也应当认定陆某某犯罪情节显著轻微，不构成犯罪，在侦查阶段如果发现不构成犯罪的，应作撤案处理。

三、公安机关认为

我局办理的 T 县陆某某等人涉嫌职务侵占案，因情节显著轻微、危害不大，根据《刑事诉讼法》(2012 修正)第 15 条之规定，决定撤销此案。

四、办案心得

撤案是侦查终结的一种处理方式，是指侦查机关对已经立案侦查的案件，经过全面侦查，根据已经查明的证据和事实，认为犯罪嫌疑人没有犯罪，或者情节轻微不构成犯罪，或者依据法律规定不需要追究刑事责任的，依法终止追究其刑事责任的一项诉讼活动。我国《刑事诉讼法》(2018 修正)第 16 条规定了 6 种侦查机关应当撤销案件的情形：

1. 情节显著轻微、危害不大，不认为是犯罪的；

2. 犯罪已过追诉时效期限的；

3. 经特赦令免除刑罚的；

4. 依照刑法告诉才处理的犯罪，没有告诉或者撤回告诉的；

5. 犯罪嫌疑人、被告人死亡的；

6. 其他法律规定免予追究刑事责任的。

据此，撤案依不同的情形可以分为三类，即绝对撤案、微罪撤案和疑案撤案。实践中，具有争取价值的是第 1 种情形和第 6 种情形。针对第 6 种情形，可以考虑的有，一是犯罪嫌疑人未达到刑事责任年龄，无须承担刑事责任；二是无刑事责任能力的精神病人无须承担刑事责任；三是犯罪嫌疑人存在阻却犯罪的正当化事由，比如正当防卫，紧急避险，职务行为等；四是有证据证明犯罪嫌疑人无作案时间，或有其他证据可以证明犯罪嫌疑人不构成犯罪，无须追究刑事责任；五是犯罪嫌疑人自愿如实供述涉嫌犯罪的事实，有重大立功或者案件涉及国家重大利益的，经最高人民检察院核准，公安机关可以撤销案件。

针对微罪撤案的情形，实践中争议较大，通常这种情况的犯罪嫌疑人的行为是具备一定犯罪特征的，情节是否显著轻微，通常会掺杂办案人员的主观判断在里面。具体而言，因家庭关系、邻里纠纷等民间矛盾激发的轻罪案件，部分后果轻微的过失犯罪，主观恶性较小、社会危害性不大的未成年人犯罪，犯罪数额不大、情节轻微、有自首或立功情节、认罪态度好、积极退赃等法定、酌定情节的轻罪案件等均可能得到撤销案件的结果。

就本案陆某某等人所涉嫌的职务侵占罪获得无罪撤案的处理结果，一方面，《刑法》（1997 修正）第 271 条第 1 款规定："公司、企业或者其他单位的人员，利用职务上的便利，将本单位财物非法占为己有，数额较大的，处五年以下有期徒刑或者拘役；数额巨大的，处五年以上有期徒刑，可以并处没收财产。"可见，职务侵占罪是由"数额较大"确定的基本犯罪构成。职务侵占犯罪数额的大小直接反映其社会危害程度，在其他因素相同的情况下，犯罪数额越大，其社会危害性越大；反之，其社会危害性越小。陆某某等人涉案金额仅 8 万余元，数额相对较小，犯罪情节较轻微。另一方面，本案是否符合职务侵占罪的犯罪构成也值得商榷。

本案中，在侦查阶段未能查阅案件卷宗材料的情况下，辩护人通过与犯罪嫌疑人会见详细了解案件基本情况，行使一定的调查取证权并及时与承办人员交换意见，确定侦查阶段无罪辩护的方案，提出本案属于绝对不构成犯罪的情形，即使构成犯罪也应该因为犯罪情节轻微而撤销案件，最终为嫌疑人争取到微罪不诉的结果。本案值得思考：

职务侵占罪行为对象的确定。

与盗窃罪、诈骗罪等普通侵财犯罪有别，职务侵占罪所侵犯的客体是本单位的财产权利，所侵犯的对象是本单位的财物。因此，正确判定职务侵占罪所侵害的客体对象，正确理解本单位的财物的内涵与外延至关重要。具体而言，职务侵占罪的行为对象不应包括股权，股权是财产性利益，其不是“本单位财物”，而是归属于特定股东即出资者个人的财产权益。

职务侵占罪与盗窃罪等普通侵财犯罪的这一区别也使得本案在对陆某某等人所占有的款项是属于合作社的财产还是属于陆某某等“原始股东”的个人财产的认识上产生了很大的争议。辩护人认为，案涉工程获得的利润，虽然首先进入合作社的账户，但该款实际上并非合作社财物，因为陆某某等人只是借用合作社的主体身份，事实上的合同义务均由陆某某几人在负责履行，包括前期资金、机械、人员工资的投入等。陆某某等人作为案涉工程投入的“原始股东”，理应享有相应合同利益，其“占有”的款项系股东个人的股权性利益，而非合作社的“公款”，退之，对侵占其他股东股权（而非本单位财物）的行为如果确有定罪必要的，也应由被害股东根据我国《刑法》（1997 修正）第 270 条的规定以（普通）侵占罪提起自诉。同时，应注意职务侵占罪中的刑民交叉问题，保持刑法的谦抑性。

作者简介

张国佳

贵达律师事务所执业律师，吉林大学法律硕士，曾办理某知名集团袁某某、谭某某、王某某，观山湖区人民政府丁某某，水矿集团王某某，盘江集团王某某等多起重大职务犯罪案件。担任多家单位法律顾问，具有丰富的诉讼及实务经验。

3. 单位犯罪中行为人主观恶性考量

——唐某某被控单位行贿罪获有期徒刑 1年6个月

【辩护思路】仔细研读卷宗，结合当事人的实际情况，从法律角度作出准确判断，合理确定辩护方案，在犯罪定性不存在疑问的情况下，通过综合考量被告人存在的法定、酌定从轻、从宽处罚情节，紧扣刑事司法政策，争取被告人1年6个月的轻罪处理结果。

一、基本案情

公诉机关指控：

（一）向时任G省A州副州长、B市市长乙行贿的犯罪事实

1. 2001年被告人唐某某以C公司的名义通过招拍挂获得B市某一项目，2006年9月，被告人唐某某找到乙（时任A州B市市长），请求其帮忙解决某一项目的征地拆迁和调整建设容积率等问题，后被告人唐某某为感谢乙的帮忙，同时为今后在公司经营中能获得乙的继续关照，于2007年春节前至2013年春节，先后6次向乙行贿73万元人民币。

2. 2007年，B市委、市政府决定对B市经济开发区某广场170亩土地进行开发，在此期间被告人唐某某经人介绍与D公司法人陈某相识，双方商议，由D公司参与上述土地的使用权招拍竞买，在取得该土地的使用权后，D公司进行酒店建设，C公司进行房地产开发，具体事宜由陈某负责对接。D公

司最终取得该土地的使用权，后C公司陆续支付陈某近3500万元，但陈某承诺的五星级酒店迟迟不开工建设。后C公司对酒店与房地产开发一并负责。2009年，被告人唐某某为解决前述项目容积率问题，同时为了缓解修建五星级酒店的资金压力，希望政府同意让五星级酒店建设和剩余土地的房地产开发能够同步进行。2009年四五月某日，被告人唐某某向乙行贿50万元人民币。10天后的一个晚上，被告人唐某某再次到乙家，向乙行贿50万元人民币。

3. 2012年，B市委、市政府规划对B市K片区第一期995亩土地的开发权进行招拍挂。被告人唐某某联合在某地的湖南人成立E公司，并与B市政府签订了关于该片区投资框架协议。E公司摘牌取得B市K片区995亩土地的开发权。为了能够尽快取得政府承诺给予的企业发展扶持资金，以及在项目过程中调整容积率、代建城市道路、调整道路标高等事项上得到乙的关照，被告人唐某某于2012年9月的一天晚上到乙家楼下，安排公司员工向乙行贿50万元人民币。2012年10月的一天，被告人唐某某又安排公司员工到乙家，向乙行贿50万元人民币。

（二）向时任G省A州政府秘书长丙行贿的犯罪事实

2007年下半年的一天，被告人唐某某到丙（另案处理）家找到丙，希望公司今后能得到丙的帮助和关照，向丙行贿20万元人民币。

公诉机关向法院提交了与案件相关的书证；证人乙、丙、丁、戊、己、庚等人的证言；被告人唐某某的供述和辩解、视听资料等证据，认为被告单位C公司、D公司、被告人唐某某的行为已触犯《刑法》（2011修正）第393条之规定，构成单位行贿罪，提请法院依法予以惩处。

《刑法》（2011修正）第393条规定：“单位为谋取不正当利益而行贿，或者违反国家规定，给予国家工作人员以回扣、手续费，情节严重的，对单位判处罚金，并对其直接负责的主管人员和其他直接责任人员，处五年以下有期徒刑或者拘役……”第67条第3款规定：“犯罪嫌疑人虽不具有前两款规定的自首情节，但是如实供述自己罪行的，可以从轻处罚……”第52条规定：

“判处罚金，应当根据犯罪情节决定罚金数额。”第53条规定：“罚金在判决指定的期限内一次或者分期缴纳……”第64条规定：“犯罪分子违法所得的一切财物，应当予以追缴或者责令退赔；对被害人的合法财产，应当及时返还；违禁品和供犯罪所用的本人财物，应当予以没收。没收的财物和罚金，一律上缴国库，不得挪用和自行处理。”依照上述规定，法院判决：被告C公司犯单位行贿罪，判处罚金人民币300万元。被告D公司犯单位行贿罪，判处罚金人民币100万元。被告人唐某某犯单位行贿罪，判处有期徒刑1年6个月。

本案中：

被告单位C公司对指控其犯单位行贿罪的事实和罪名无异议。

被告单位C公司辩护人田某对指控C公司送钱的事实不持异议，但提出以下辩护意见：公诉机关指控C公司犯单位行贿罪事实不清，证据不足，C公司送钱的目的并不是获取不正当利益，主要理由如下：（1）J区项目最初开发时未约定容积率，拆迁是合同约定政府义务，不能因为有容积率调整和完成拆迁等结果就认定C公司取得不正当利益；（2）公诉机关未提供证据证实在J区项目中C公司送钱给乙的目的是同步开发和调整容积率，唐某某和C公司均未提过这个要求；（3）送给丙20万元不应认定为犯罪行为，因丙当时经济困难，唐某某基于对老乡的关照以公司名义送给他20万元，不应认定为单位行贿的犯罪金额。如果认定C公司构成犯罪，公司也愿意为唐某某的个人行为承担一定的法律责任，但希望法庭念及公司目前经营困难，在罚金上对公司减少处罚。

辩护人肖某对指控C公司送钱给乙、丙的事实无异议，但提出以下辩护意见：（1）向乙行贿的173万元中C公司主观上没有谋取不正当利益的意图，客观上也未谋取到不正当利益，送钱是为了得到一些方便，但这种便利是否就是认定为行贿的构成要件法律并未明确规定；（2）调整容积率虽然会导致公司利益的增加，但增加的利益并不当然就是不正当利益，要看调整程序是否合法。

被告单位D公司对指控其犯单位行贿罪的事实和罪名均无异议。

被告单位D公司辩护人对指控D公司送钱给乙的事实无异议，提出以下辩护意见：（1）送钱给乙纯属无奈之举，是被索贿；（2）返还扶持资金是政府的义务，公司并未取得不正当利益；（3）公诉机关未提供证据证实调整容积率违反约定。综上，公司的行为不违法、不违约，不应构成单位行贿罪。

被告人唐某某对公诉机关指控其送钱给乙、丙的事实无异议，但提出送钱给乙的目的是促使政府按约定履行义务，避免公司因为政府拖延工期受到损失，并非为了获取不正当利益，送钱给丙是因为与其关系好，都是湖南老乡，见他经济困难才赞助他20万元，从未想过从丙那里获取好处，自己也未因C公司找丙帮过忙。

被告人唐某某的辩护人对定性不持异议，提出是否认定唐某某为了公司获得不正当利益而向他人行贿由法庭裁决，如果认定其构成单位行贿罪，也应充分考虑唐某某是为单位牟利而对其从轻处罚。且希望法庭考虑被告人唐某某如实交代自己的犯罪事实，有坦白情节，主观恶性较小，平时表现一贯良好，对社会有贡献，现已年满70周岁，其家属也愿意积极缴纳罚金等情节，对其在1年至1年半有期徒刑的幅度内量刑，并可适用缓刑。

本案辩护人的总体辩护方案是通过罪轻辩护，结合被告人如实交代自己的犯罪事实，有坦白情节，主观恶性较小，已年满70周岁等情节，提出1年至1年半有期徒刑的量刑建议，争取缓刑处理结果。法院认为辩护人量刑建议适当，予以采纳，最终判决被告人唐某某犯单位行贿罪，判处有期徒刑1年6个月。该判决已生效。

二、辩护意见

（一）公诉机关指控被告人唐某某犯有单位行贿罪，辩护人对此定性不持异议

（二）被告人唐某某具有以下从轻处罚的量刑情节

1. 唐某某归案后如实交代了自己的基本犯罪事实，构成坦白；唐某某在法庭上自愿认罪，认罪态度好，具有悔罪表现。这对司法机关查清本案和追

究受贿人的刑事责任起到了积极的作用。

2. 唐某某涉嫌的是单位行贿罪，属于单位犯罪。单位犯罪从刑法理论上来讲，主要处罚的对象是单位，同时给予直接负责人处以相对个人犯罪较轻的刑罚。因此，根据这一刑法理论，也应该对唐某某从轻处罚。

3. 本案中，D 公司谋取的利益正当、确定。C 公司在 K 片区项目向乙送了 100 万元，主要目的是让 B 市政府早日返款；C 公司因为 J 区送的 100 万元的主要目的是让 B 市政府尽早落实关于调整容积率的政府专题常务会的会议纪要，这谋取的也是正当利益。由此可见，唐某某的行为虽然构成犯罪，但其犯罪目的不仅是为了谋取不正当利益，更主要的是为了谋取正当利益，这也是对唐某某从轻处罚的量刑情节。

4. 在本案中，被告人未获得非法利益，也未给国家造成实际的经济损失，犯罪情节较轻，社会危害性相对较小。

5. 唐某某犯罪的主观恶性比较小。他主要是在开发 B 市的两个招商引资项目过程中送钱给乙，主观目的是使这些项目尽早得到顺利建设。由于这些项目需要投入大量的资金，唐某某利用其在 B 市良好的口碑进行融资，资金压力比较大。相反，从法庭调查的情况以及通过上网搜索我们不难发现，乙在 B 市的口碑极为恶劣，多年来一直被当地商人实名举报，曾扬言：“在 G 省范围内，能告倒我的人还没生出来。”这说明他在当地非常强势、霸道和贪婪，和大量商人均有不正当的经济来往，收受上千万元的贿赂，造成了 B 市的法治环境、政治环境极差。因此，在 B 市经商想做到守法经营是一件很困难的事情。乙职务犯罪一案已移交司法机关立案处理，恳请合议庭核实这一情节是否属实。在如此恶劣的处境下，C 公司和 D 公司为了使其开发的项目得以尽早顺利建设，为了缓解巨大的资金压力，迫不得已才送钱给乙。党的十八届四中全会指出，加快建设社会主义法治国家，其中以依法行政、建立法治政府为核心。我们希望这一目标早日实现，让更多的商人在良好的法治环境下守法经营，避免唐某某式的悲剧再次发生。

6. 唐某某为当地社会经济发展作出卓越贡献，且认罪态度良好。唐某某和他的公司已经向社会捐赠了巨额钱财，而且多年来一直在为B市的城市建设作出较大的贡献，表现一贯良好。法治所追求的是确保社会的长治久安，惩戒犯罪最终也是维护社会的和谐、稳定，本案所涉两个项目系B市招商引资项目，皆因唐某某涉案已全面停工，给公司造成了巨大的经济损失。为了尽快恢复建设，不影响B市的经济发展，也应对唐某某从轻处罚，让其早日回归社会，为B市的经济建设作出更大的贡献，并且C公司、D公司以及唐某某同意，愿意积极缴纳罚金，认罪态度良好。唐某某当前已70岁高龄，年老多病，身体状况不容乐观，为了体现刑法的人道主义精神，也应该酌情对其从轻判处。

（三）对唐某某的具体量刑建议和刑罚的执行建议

建议判处其1年至1年半的有期徒刑，由于被告人唐某某的犯罪情节较轻，自愿认罪并具有悔罪表现，所犯的是非暴力犯罪没有再犯罪的危险，宣告缓刑对其所居住的社区没有不良影响。因此，辩护人建议合议庭对其宣告缓刑。

由于唐某某年老多病，身体状况很糟糕，因此，唐某某本人已向法院提出对其是否患有严重疾病进行诊断的申请，法院已接受申请并联系遵义医学院附属医院进行诊断。根据唐某某的身体情况来看，患有严重疾病的可能性比较大。如果经诊断其的确患有严重疾病，且合议庭最终判处其实刑，辩护人根据《刑事诉讼法》（2012修正）第254条之规定，建议合议庭依法作出对其暂予监外执行的决定。

唐某某是H省的人，从老家H省来G省已经有三十多年了。多年来，他不仅在城市建设、招商引资、劳动就业、税收等方面为B市的经济建设作出了巨大贡献，同时积极参与社会公益活动，大量捐款捐物。但由于受到B市恶劣的法治环境、政治环境的影响，在开展部分具体建设项目的过程中遇到困难，迫不得已送钱给乙，从而触犯了我国刑法。因此，辩护人恳请合议庭排除各方面的干扰，充分考虑并采纳辩护人的上述辩护意见，依法对唐某某从轻判处，使其在本案中不管是在实体方面还是在程序方面均能真正地感受到公平和正义。

三、裁判观点

被告C公司、D公司及被告人唐某某在房地产开发过程中，为获取方便和谋取不正当利益，多次向国家机关工作人员行贿，被告人唐某某作为上述两公司的法定代表人，亦应承担单位行贿的刑事责任，故对被告C公司、D公司及被告人唐某某均应以单位行贿罪论处。公诉机关指控被告C公司、D公司及被告人唐某某犯单位行贿罪的事实清楚，证据确实、充分，依法予以确认。关于被告人唐某某的年龄问题，法院认定其为年满70周岁以上的老年人。关于被告C公司、D公司辩护人及被告人唐某某提出两公司向乙行贿并非为了获取不正当利益，而是为了促使政府履行合同约定的义务的辩护意见，法院不予采信。对于被告C公司辩护人及被告人唐某某提出送给丙的20万元是出于赞助朋友，不应计入单位行贿金额的辩护意见，法院不予采信。关于被告人唐某某的辩护人提出被告人唐某某系为单位谋利益、在本案中主观恶性小、一贯表现良好等辩护意见，与法院查明的事实相符，法院予以采信。本案中，被告人唐某某在归案后如实供述了犯罪事实，庭审中自愿认罪，量刑时依法可从轻处罚；被告人唐某某系年满70周岁的老人，量刑时可酌情从轻处罚。被告单位主动缴纳罚金，量刑时亦可对被告人唐某某酌情从轻处罚。辩护人的量刑建议适当，法院予以采纳，但辩护人提出对被告人唐某某适用缓刑的建议不当，法院不予采纳。

四、办案心得

对于刑事案件的办理，在阅卷工作中要着重投入精力，全面审查案件证据，了解案情，寻找辩护思路。就步骤上而言，首先应当明确在案证据能否符合公诉机关指控的犯罪的构成要件，进而达到《刑事诉讼法》所明确的证明标准，以此选择无罪或者罪轻辩护的路径。就本案实际情况而言，在案证据足以证明唐某某客观存在犯罪行为以及犯罪事实，就认定其构成单位行贿罪的定性不存在疑问，在完成前述审查后，应当进一步审查在案证据中是否存在法定、酌定的从轻、从宽处罚的情节。例如，嫌疑人（被告人）到案经过中是否存在主动到案（成立自首），到案后是否如实供述自己的罪行（成立坦白），是否揭发他人犯罪、同案犯共同犯罪外的其他犯罪（成立立功），是否存在主观恶性较小，是否存在认罪态度良好等情形，为罪轻辩护提供合法性与合理性依据，具体论述如下：

第一，主观上为履行单位意志的产生的行贿行为相较于自然人行贿行为恶性较小。客观上唐某某是为C公司在房地产开发项目上的利益而产生的犯罪实行行为，也就是说，唐某某是履行单位意志，其主观上追求的效果系该利益归于公司所有，若对此行为以比喻的方式进行明确，可称为“帮助单位谋取不正当利益”，因此相较于自然人行贿是直接为本人谋取不正当利益的情况而言，显然履行单位意志的行贿行为主观恶性更小。

第二，本案行贿行为虽已经既遂，但就社会危害性而言可作为酌情从轻处罚的切入点。单位行贿罪，是指单位为谋取不正当利益而给予国家工作人员以财物，或者违反国家规定，给予国家工作人员以回扣、手续费，情节严重的行为。因此，本罪不要求“不正当利益”一定实现，即行贿人给付财物，将财物置于受贿人的占有之下的犯罪行为既遂，故本罪客观上属于行为犯。但同种罪名的范围内，实际情况不同也将产生不同的量刑结果，这也是罪轻辩护的切入点。本案中，唐某某虽实施了行贿行为，但客观上诸如返还扶贫资金、调整容积率的行为不能完全，甚至不能认定为造成国家经济损失，因此从这一角度出发，客观上能够成为为唐某某罪轻辩护的一个视角。

第三，结合社会经济发展与惩治犯罪的关系，寻求轻罪辩护。我国目前的刑事司法领域立法活动都在贯彻落实宽严相济的刑事政策，明确刑法是保障社会经济稳定发展的必要手段，因此在查办刑事案件中，办案机关也要充分结合当地社会经济发展实际，作出对案件合理的裁量。本案中，唐某某所成立的企业为当地经济发展作出巨大贡献，虽为开发房地产事宜实施了相应犯罪行为，但客观上所谋取的“不正当利益”也助力了当地建设。同时若为了查办案件而导致一个企业的衰败，进一步影响甚至阻碍了当地经济发展，客观上违背了打击犯罪的初衷，以及宽严相济的刑事政策，因此为了保护民营经济的发展，对唐某某从轻处罚，使其尽早回归社会，是必要之举。

第四，被告人认罪态度良好，积极退赃退赔。该情形属于刑事案件罪轻辩护中常出现的情节，故针对此部分事实是否在案件证据中体现应当予以关注。本案中唐某某对单位行贿的事实不持异议，认可公诉机关指控的犯罪事实，同时承诺积极履行缴纳罚金的义务，可见其认罪态度好，积极退赔，对其量刑上应当予以酌情考虑。

办理刑事案件中，审查证据，就案件证据是否形成完整证据链，符合犯罪构成要件的办案思路是传统、有效的路径，但在构成犯罪认定不存在疑问的情况下，罪轻辩护便成为下一步应当思考的重点，同时也是能够为被告人争取更好的案件结果的契机。本案在足以认定唐某某犯罪事实成立的情况下，通过罪轻辩护的思路，提出被告人客观存在的法定、酌定从轻处罚的情节，进一步为被告人取得更轻的量刑，在刑事案件罪轻辩护中极具代表意义。除了前述所提到的法定、酌情从轻、从宽处罚情节，当前罪轻辩护还应当考虑到立法精神，社会发展实际，进一步论述罪轻辩护的合理性，充分结合法治与德治，从而符合时代要求，最终以良好的案件结果反哺到我们的法治建设当中。

作者简介

谢荣刚

2001年取得律师资格证，2002年至今在贵达律师事务所执业，合伙人，专业刑事辩护律师，贵州省政法委案件评查专家库专家。曾任两届贵阳市律师协会法律援助委员会主任、贵州省律师协会刑事专业委员会委员、贵阳市人民监督员、贵州省法学会犯罪学研究会理事等。

第二节 民营企业经营涉及的犯罪

1. 诈骗类犯罪非法占有目的的认定

——熊某被控合同诈骗上亿元、拨开迷雾真相触目惊心案

【辩护思路】“非法占有目的”是行为人的主观心理活动，应当通过行为人的客观外在表现行为来认定，具体案件中应该综合审查行为人有否实际履约行为，有无积极创造履行条件，有否逃避承担违约责任，有否大肆挥霍合同相对方的财物无力偿还或卷款逃之夭夭，有无伪造证件、虚构事实、编造谎言，以虚假的身份和虚假的担保等手段欺骗相对人的行为等。

一、基本案情

被告人熊某系原A市D学校、B公司法定代表人。2005～2011年，G省经济适用住房建设发展中心（以下简称省经房中心）与被告人熊某、D学校签订项目授让协议，双方约定将A市C中学授让给D学校进行自筹自建。为建设开发该项目，被告人熊某、D学校以及熊某之后设立的B公司与G省E公司、G省F公司签订了拆迁建房协议、开发合作协议；与H公司签订相关合作、承包协议；与建设公司签订施工合同，收取工程保证金；收取H公司、I公司投资款。在项目开发期间，被告人熊某刻制相关印章，以C中学、B公司等名义销售“C中学项目”回迁安置房、教师用房及C小区“J组团”回迁

房、经济适用房，收取相关购房人的购房款。

2011年11月，省经房中心与D学校、E公司签订退出协议，确认被告人熊某、D学校退出正在开发的项目，由E公司承接项目。由于熊某退出项目，省经房中心、I公司、建设公司、相关购房人先后向公安机关报案，称被告人熊某涉嫌诈骗犯罪，请求公安机关立案调查。2012年8月28日，A市公安局对熊某涉嫌合同诈骗省经房中心及购房人一案立案侦查，同年10月26日在北京抓获被告人熊某，后送A市第一看守所，于2013年1月25日对熊某、李某抽逃出资案立案侦查。

G省A市人民检察院以（2013）×检刑诉第×××号起诉书指控被告人熊某犯合同诈骗罪，A市中级人民法院于2014年6月4日作出（2013）×刑二初字第××号刑事判决认定熊某犯合同诈骗罪，由于涉案金额巨大量刑极重。宣判后，被告人熊某不服，提出上诉。G省高级人民法院于2014年12月3日作出（2014）×高刑二终字第××号刑事裁定，以事实不清、证据不足，发回重新审理。A市人民检察院指控被告人熊某采用虚构事实与他人签订合同的方法，骗取他人财物近亿元非法占有，应以合同诈骗罪追究其的刑事责任。A市中级人民法院于2015年1月6日立案，并于同年4月8日公开开庭审理。

法院依照《刑法》（2011修正）第72条、第280条第2款，《刑事诉讼法》（2012修正）第195条第1项、第3项，最高人民法院《关于适用〈中华人民共和国刑事诉讼法〉的解释》（法释〔2012〕21号）第241条第1款第2项、第5项之规定，判决如下：

被告人熊某犯伪造事业单位印章罪，判处有期徒刑3年，缓刑3年。该判决现已生效。

二、辩护意见

辩护人认为：公诉机关关于被告人熊某构成合同诈骗罪的指控事实不清、

有罪证据不足；本案现有证据不但足以证明熊某的行为不构成合同诈骗罪，而且充分反证熊某才是本案最大的受害者。

（一）该案以下重要有罪事实不清

1. 省经房中心与D学校达成的开发C中学项目的授权协议中，对于授权给D学校自行处置的回迁安置房（或称经济适用房）的栋数、面积、套数不清。

2.C中学项目涉及的回迁安置房具体套数、面积不清。

3. 熊某以C中学项目处等名义所售的房屋套数不清、所收取的价款不清、已清退的购房款数目存疑。

起诉书指控熊某以C中学项目处等名义售房共196套、共收取价款26,023,248元及所清退的购房款数目，系根据G黔元会计司法鉴定机构出具的鉴定意见得出，但是该鉴定意见系依据省经房中心提供的统计清单得出，而非根据原始售房协议及收款依据得出，即根据与本案有利害关系的省经房中心出具的统计结果作出的，故该结论当然存疑而依法不应采信。

4. 熊某退出C中学项目时他的投资、收益结算结果不清：全案未收集熊某退出C中学项目前投资额、已完成项目收益（包括熊某退出前是否已建好3栋经济适用房、该项目收益）等相关证据；仅以该案实际受益方E公司2012年12月3日出具的《情况汇报》，即认可D学校及熊某直接投入已超1100余万元（该投入单所列“处理12块拆迁安置地约计240万元”同时佐证了省经房中心所述回迁房的119套套数、面积存在虚报的情况）；未反映2010年（D学校/熊某负责该项目期间）政府因修建北京东路影响该项目而赔偿2300万元的款项被E公司截取的事实。

5. 熊某以B公司名义对J组团项目的投资（包括拆迁、建房工程及已完成拆迁、工程价值）不清。

6. I公司以何条件进入J组团、实际开发了多少经济适用房的事实不清。

综上，因本案上述重大事实显然不清，对熊某是否构成合同诈骗罪不能排除合理怀疑。C中学项目实际涉及多少经济适用房？熊某退出该项目时回迁安置房实际是多少？其退出时投资、收益价值的具体数额等基本事实对判定熊某主客观上有无诈骗购房户购房款的故意、客观上有无诈骗行为的事实至关重要；上述C中学项目基础事实及B公司对J组团的投入、形成的价值以及I公司承接J组团项目的情况等基础事实对判断熊某主客观上是否存在涉嫌诈骗H公司、I公司、何某、陈某投资款、保证金的目的和行为至关重要。

本案所涉以上如此重要的、须查证的基本事实均不清楚。

（二）现有证据已充分证明公诉机关对熊某构成合同诈骗罪的指控不能成立

1. 关于第一笔指控

本案已有证据能确定的基本事实是：

（1）熊某对C中学项目有巨额投入。（2）C中学项目有可售经济适用房房源。熊某退出C中学项目时已建好3栋经济适用房；E公司承接该项目后又在现场另行建好2栋经济适用房，并实际销售了全部5栋经济适用房。（3）熊某退出C中学项目时妥当安排了退还购房户购房款的情况。

综上，熊某虽然以拆迁安置名义与购房户签订合同售房，但合同双方均清楚知晓该协议性质，不为欺骗；熊某收取购房款后并未卷款潜逃，而是用于该C中学项目及J组团投资，无非法占有之目的；熊某售房时有权处置C中学项目的大量真实房源；因利害关系人E公司及省经房中心为达享有巨额利益的目的等原因迫使熊某退出项目，其在退出时对清退购房款作出了有效安排，且实际履行了大部分；至于未履行部分非因熊某存在非法占有的行为，而是因其他人的不当甚至违法犯罪行为而导致。因此，熊某以拆迁安置名义销售房屋的行为因不符合合同诈骗罪的构成特征而不应构成犯罪。

2. 关于第二笔指控

本案已有证据能确定的基本事实是：

B公司与F公司签订有拆迁建房协议，熊某依约履行了拆迁建房义务；

熊某以省经房中心名义与实质是何某的公司签订合同的行为虽不当，但双方事实上均认可合同主体是熊某的 B 公司，不存在欺诈、误导；该合同性质仅是意向性协议；保证金本质为借款；何某事实上已进场施工；该合同因其他原因未能进一步履行后，双方对退还保证金事宜进行了新的约定。

综上，熊某以 B 公司名义收取何某 200 万元工程保证金的事实，是基于 B 公司与 F 公司的协议而签订的意向性工程协议，当事人各方均清楚明了该保证金实质是借款；已有证据已充分证实熊某确实已依据与 F 公司的协议进场拆迁、施工，仅因后来熊某被迫退出该项目，其作为实际受害人无法履行协议而导致未能退还所收何某该款项。熊某的行为显然不具有非法占有该 200 万元保证金的主观目的和诈骗的客观行为，当然不构成合同诈骗罪。

3. 关于第三笔指控

本案已有证据能确定的基本事实是：熊某与 F 公司拆迁建房协议履行时，F 公司因不能支付相关款项而与熊某协商由熊某承接其 J 组团剩余项目后，熊某与其合作伙伴 B 公司股东胡某商议，由胡某引荐 H 公司合作，三方协议由 H 公司及胡某具体负责该项目；后胡某擅自支配他用 H 公司投资款导致合作不成，熊某退还 H 公司 1900 万元款项（其中 500 万元为个人款项）。显然，即使熊某、胡某有伪造省经房中心印章签订合同行为，但受害人一方实际认可的是熊某、胡某及 B 公司，而熊某、B 公司开发 C 中学项目及 J 组团剩余项目客观存在（受害人方 550 余万元款项系支付该项目拆迁、工程款即是铁证）；该项目各方实际是以 H 公司名义进行，且为受害人一方以协议方式授意胡某具体负责项目（包括资金的调用等）；胡某不按照各方协议约定履行自己的职责却擅自挪用受害人资金，导致受害人一方利益受损，无关熊某。该案无论是起因，抑或过程、结果，全部行为导致受害人一方利益受损的是其信任的胡某，与熊某无关，非但如此，熊某还以自己个人款项弥补受害人损失，熊某的行为没有任何非法占有的主观目的及诈骗的客观行为。

4. 关于第四笔指控

本案已有证据能确定的基本事实是：熊某与 F 公司约定开发 J 组团书面

协议签订后，引资I公司合作，I公司支付B公司熊某对价3000万元，其后因熊某合作伙伴胡某的恶意转款并改变用款性质行为而导致合作不能。相关证据充分证明了熊某先有与F公司承接开发J组团剩余经适房项目协议，再与I公司签订开发合作协议，且I公司后与F公司协议约定开发项目与熊某前协议约定一致；I公司支付熊某3000万元款是获取该合作项目50%股份的对价；熊某合作伙伴胡某将其中1990万元本应支付F公司的合作款项调走，再假以借的名义给F公司，是导致熊某不能履行各方协议的根本原因。关于熊某出具虚假拆迁、赔款等名义支取或欲支取该2000余万元款项的行为本身虽有不当，但该款却是其应获收益（I公司对该巨额资金不履行必要的核实即行支付的不符合常理行为亦可印证）。

5. 关于第五笔指控

本案已有证据能确定的基本事实是：收取实际上的陈某工程保证金100万元，该陈某已实际进场施工，仅因熊某因胡某的恶意行为而导致退出该项目，熊某为此与陈某就该保证金等向陈某出具归还承诺，且该保证金已由I公司进场开发后支付陈某。熊某收取保证金所依据的工程客观存在，且受害人已实际进场施工，仅因其他原因导致熊某退出该项目未能全部履行其与受害人合同，在此情况下，熊某出具还款承诺，显属民事性质。因熊某退出前已实际进场对J组团有大量投入且尚未与F公司结算，I公司接手该项目后退还该保证金完全是代偿性质。故本案熊某非但不是合同诈骗犯罪嫌疑人，反而是受害人。

综上所述，本案公诉机关起诉熊某5桩合同诈骗犯罪均不能成立。恳请重审法院本着“以事实为依据，以法律为准绳”的原则，作出宣告熊某不构成合同诈骗罪的判决。

三、裁判观点

被告人熊某在签订、履行合同过程中，虽然采取了一定程度的欺诈手段与他人签订合同，收取购房款，但其所获得的资金主要用于相应工程项目，现有证据不能证实被告人熊某主观上具有非法占有的故意。公诉机关指控被告人熊某犯合同诈骗罪的事实不清，证据不足，罪名不成立，法院不予确认。但是，被告人熊某在签订合同过程中，伪造“G省经济适用住房建设发展中心”印章，其行为已构成伪造事业单位印章罪，应依法处罚。综合被告人熊某犯罪情节和有悔罪表现，对其适用缓刑没有再犯罪的危险且对其所居住社区没有重大不良影响，可对其适用缓刑。

四、办案心得

本案公诉机关指控被告人熊某采用虚构事实与他人签订合同的方法，骗取他人财物非法占有，应以合同诈骗罪追究刑事责任。就本案而言，应当审查在案证据，结合公诉机关指控的犯罪事实综合认定熊某的行为是否成立合同诈骗罪。

（一）法律规定及构成要件

《刑法》（2011修正）第224条规定：“有下列情形之一，以非法占有为目的，在签订、履行合同过程中，骗取对方当事人财物，数额较大的，处三年以下有期徒刑或者拘役，并处或者单处罚金；数额巨大或者有其他严重情节的，处三年以上十年以下有期徒刑，并处罚金；数额特别巨大或者有其他特别严重情节的，处十年以上有期徒刑或者无期徒刑，并处罚金或者没收财产：（一）以虚构的单位或者冒用他人名义签订合同的；（二）以伪造、变造、作废的票据或者其他虚假的产权证明作担保的；（三）没有实际履行能力，以先履行小额合同或者部分履行合同的方法，诱骗对方当事人继续签订和履行合同的；（四）收受对方当事人给付的货物、货款、预付款或者担保财产后逃匿的；（五）以其他方法骗取对方当事人财物的。”

根据法律规定，合同诈骗罪是指以非法占有为目的，在签订、履行合同过程中，采取虚构事实或者隐瞒真相等欺骗手段，骗取对方当事人的财物，数额较大的行为。合同诈骗罪是以签订经济合同为名，达到非法占有公私财物的目的。

本罪的犯罪主体是一般主体；主观方面要求具有非法占有的目的；客体是国家对合同的管理制度和所有权制度；客观方面法律直接规定了 5 种法定的具体行为方式。是否构成合同诈骗罪，关键在于客观方面是否实施了 5 种法定的具体行为及主观方面是否具有“非法占有的目的”。

（二）“非法占有的目的”

第一，可参照最高人民法院《关于审理诈骗案件具体应用法律的若干问题的解释》（法发〔1996〕32 号，已失效）第 2 条所规定的 6 种情形来加以具体认定，包括：“（一）明知没有履行合同的能力或者有效的担保，采取下列欺骗手段与他人签订合同，骗取财物数额较大并造成较大损失的：1. 虚构主体；2. 冒用他人名义；3. 使用伪造、变造或者无效的单据、介绍信、印章或者其他证明文件的；4. 隐瞒真相，使用明知不能兑现的票据或者其他结算凭证作为合同履行担保的；5. 隐瞒真相，使用明知不符合担保条件的抵押物、债权文书等作为合同履行担保的；6. 使用其他欺骗手段使对方交付款、物的；（二）合同签订后携带对方当事人交付的货物、货款、预付款或者定金、保证金等担保合同履行的财产逃跑的；（三）挥霍对方当事人交付的货物、货款、预付款或者定金、保证金等担保合同履行的财产，致使上述款物无法返还的；（四）使用对方当事人交付的货物、货款、预付款或者定金、保证金等担保合同履行的财产进行违法犯罪活动，致使上述款物无法返还的；（五）隐匿合同货物、货款、预付款或者定金、保证金等担保合同履行的财产，拒不返还的；（六）合同签订后，以支付部分货款，开始履行合同为诱饵，骗取全部货物后，在合同规定的期限内或者双方另行约定的付款期限内，无正当理由拒不支付其余货款的。”

第二，可参照最高人民法院《关于在审理经济纠纷案件中涉及经济犯罪嫌疑若干问题的规定》(法释〔1998〕7号,已于2020年被修改)第2条规定,行为人具有下列情形之一的,应认定其行为属于以非法占有为目的,利用经济合同进行诈骗:(1)明知没有履行合同的能力或者有效的担保,采取下列欺骗手段与他人签订合同,骗取财物数额较大并造成较大损失的:虚构主体、冒用他人名义、使用伪造、变造或者无效的单据、介绍信、印章或者其他证明文件的、隐瞒真相,使用明知不能兑现的票据或者其他结算凭证作为合同履行担保的、隐瞒真相,使用明知不符合担保条件的抵押物、债权文书等作为合同履行担保的、使用其他欺骗手段使对方交付款、物的;(2)合同签订后携带对方当事人交付的货物、货款、预付款或者定金、保证金等担保合同履行的财产逃跑的;(3)挥霍对方当事人交付的货物、货款、预付款或者定金、保证金等担保合同履行的财产,致使上述款物无法返还的;(4)使用对方当事人交付的货物、货款、预付款或者定金、保证金等担保合同履行的财产进行违法犯罪活动,致使上述款物无法返还的;(5)隐匿合同货物、货款、预付款或者定金、保证金等担保合同履行的财产,拒不返还的;(6)合同签订后,以支付部分货款,开始履行合同为诱饵,骗取全部货物后,在合同规定的期限内或者双方另行约定的付款期限内,无正当理由拒不支付其余货款的。

第三,最高人民法院在刑事审判指导案例第646号刘某基合同诈骗案和第211号程某合同诈骗案中,认为:在合同诈骗案中,一般而言,具体行为符合法定的一种或几种情形的情况下,对行为人是否具有非法占有的目的,可以从以下6个方面进行分析:"(1)行为人是否具有签订、履行合同的条件,是否创造虚假条件;(2)行为人在签订合同时有无履约能力;(3)行为人在签订和履行合同过程中有无诈骗行为;(4)行为人在签订合同后有无履行合同的实际行为;(5)行为人对取得财物的处置情况,是否有挥霍、挪用及携款潜逃等行为;(6)未履行合同的具体原因。"

综上,"非法占有目的"是行为人的主观心理活动,应当通过行为人的客观外在表现行为来认定。第一,履约能力:分为具有完全履约能力、部分履约能力和无履约能力三种情形。

（1）完全具备履约能力＋无任何履约行为＋让对方单方履约＋占有对方财物→具非法占有目的。

完全具备履约能力＋不完全履行合同义务＋不完全履行之目的为：毁约/避免自身损失/由不可避免之客观原因造成→民事欺诈行为。

完全具备履约能力＋不完全履行合同义务＋不完全履行之目的为：使相对人继续履行，从而占有对方财物→具非法占有目的。

（2）有部分履约能力＋无任何履约行为＋让对方单方履约＋占有对方财物→具非法占有目的。

（3）无履约能力＋蒙蔽对方＋占有对方财物→具非法占有目的。

签约时无履约能力，但事后具备了履约能力＋有积极的履约行为→无论是否完全履行合同，均只构成民事欺诈。

第二，行为：有否实际履约行为，有无积极创造履行条件，有否逃避承担违约责任，有否大肆挥霍合同相对方的财物无力偿还或卷款逃之夭夭，有无伪造证件、虚构事实、编造谎言，以虚假的身份和虚假的担保等手段欺骗相对人的行为等。

（三）罪与非罪的界限

合同诈骗罪往往与未完全履行合同产生的民事纠纷交织，罪与非罪极易混淆，本书认为可根据未得到完全履行的合同的内容来区分。

第一，内容真实：内容真实、行为人有实际履行能力的合同体现市场经济主体进行经济往来的意思表示，当然不属于诈骗犯罪；若行为人的能力在签约时不足以完全履行合同，则应根据合同签订后行为人有否积极设法、创造条件完全履行的行为来判断有否故意诈骗他人财物的企图。

第二，内容真假交织：这类合同客观上具备部分履约的可能性，如果行为人主观上真诚履约、客观上为履行合同作积极努力，则不能认定为诈骗犯罪；相反，如果行为人借有履约可能之名行诈骗之实，则应以合同诈骗罪论处。

第三，内容完全虚假：即行为人完全没有履约能力，主观上有占有他人财物的意图，则应当以合同诈骗罪论处。

作者简介

唐仲尼

毕业于西南政法大学，贵达律师事务所副主任、法律顾问及公司业务团队、清算破产职业团队分管高级合伙人，贵州省法学会矿产资源法学研究会常务理事。1992 年取得律师资格后即从事专职律师工作至今，1994 年取得国企改制法律服务资格，2007 年、2020 年两次入围个人破产管理人资格。擅长高端民商事诉讼及破产清算、兼并重组业务。

2. 准确区分经济犯罪与民事纠纷的界限，防止利用刑事手段干预导致经济纠纷刑事化

——张某某被控诈骗罪终获无罪案

【辩护思路】对于借款式诈骗案，在认定行为人是否具有非法占有目的时，应该综合考虑借款人与贷款人的相互关系、借贷理由及用途、不能按期归还的原因和态度等多方面情况，结合事前、事中、事后的各种主、客观因素进行综合判断，准确区分经济犯罪与民事纠纷的界限。

一、基本案情

G 市人民检察院指控：2012 年 5 月 24 日，被告人张某某对 G 市某公司虚构了其需要资金运作“白修路”工程建设项目保证金的事实，隐瞒了其借款用于归还个人赌债及支付利息的真相，向G市某公司借款人民币1000万元。骗取钱款后，被告人张某某于 2014 年 5 月 24 日、25 日将借款中的 990 万元用于归还个人所欠李某、方某、江某等人的赌债及支付利息，并未用于“白修路”相关工程项目。虽经 G 市某公司多次催还，至案发时，被告人张某某仍分文未还。

二、辩护意见

（一）公安机关、检察机关未客观全面收集能够证实被告张某某无罪的证据

《刑事诉讼法》（2012 修正）第 50 条规定：“审判人员、检察人员、侦查人员必须依照法定程序，收集能够证实犯罪嫌疑人、被告人有罪或者无罪、犯罪情节轻重的各种证据。……”

就本案而言，公诉机关之所以指控被告人张某某犯诈骗罪，其预设的逻辑前提是张某某“虚构了运作白修路的事实”及隐瞒了“借款偿还赌债”的事实真相。

被告人张某某在多次交代中都提到过其确实就“白修路”工程项目与吴某、曾某进行过四五次沟通，虽然本案中两个关键的证人——朱某某、吴某矢口否认这一事实，但以下证据表明，张某某之交代并非捕风捉影、空穴来风，而是确有其事。

其一，证人曾某 2014 年 6 月 16 日陈述：“张某某曾经于 2012 年 3 月与我沟通过，说吴某答应要拿我公司的建设项目党湖路及白修路给他做，我当时也不太了解，就和他对接了一下，他当时是以总公司的名义，找了一个副总来与我对接交纳保证金和先进场施工等事宜。……我想说张某某当时和我对接党湖路、白修路工程项目时，他说是吴某答应他的……至于后面总公司的石总来和我公司对接时，我们也是公司与公司之间的正常对接，是通过了公司会议的，我私人和他们没有任何对接。”

其二，证人张某新 2014 年 5 月 8 日第一次陈述：“……当时我联系的人叫童某某，我将此事情告诉他并带他去 G 市某公司认识朱某某，朱某某当场表示白修路也是某集团公司的项目，并说某集团公司的项目都是先进场后招标，我们三公司都已经进‘党湖路’的工程现场进行施工了，还把‘党湖路’工程项目有关资料拿给了童某某看。”

其三，证人童某某 2014 年 5 月 30 日第一次陈述：“当时朱总拿了一张白

修路项目的图纸（复印件），我们考虑到他们是‘省’字头的大公司，肯定是真实的……就相信他们了……朱总承诺我们6月就可进场施工。”

其四，证人雷某某2014年5月8日第一次陈述：“当时朱总拿了一张白修路项目的图纸（复印件），我们考虑到他们是‘省’字头的大公司，肯定是真实的……就相信他们了。”从曾某、张某新、童某某、雷某某的证言出发，我们认为，至少公安机关没有客观、全面地收集下列证据：一是某集团公司与总公司关于白修路工程项目进行沟通的会议记录；二是未向总公司的石副总进行调查取证；三是没有对朱某某向童某某、雷某某所出示的白修路图纸（复印件）的去向进行深入的调查。而这些证据对于张某某之行为是否构成诈骗罪至关重要，不收集这些证据，无疑违反了《刑事诉讼法》（2012修正）第50条之规定。

同时，我们认为，即使公安机关未全面、客观收集对于被告人张某某有利的相关证据，但从曾某某、张某新、童某某、雷某某的证言来看，完全可以得出这样的结论，即张某某确实就“白修路”工程建设项目与吴某、曾某进行过沟通，并准备运作该项目，也就是说，张某某实实在在地在运作“白修路”工程项目，只不过因客观原因未能顺利中标而已。

据此，我们认为，公诉机关所谓张某某“虚构运作白修路工程建设项目”的指控不能成立！

此外，关于公诉机关对张某某隐瞒“借款用于偿还赌债务”真相的指控，我们认为同样不能成立。其一，张某某在向朱某某借款之时，仅仅说到资金紧张而需要借款，并未具体说明款项用于何处；其二，借据中“用于白修路工程”的字样，是G市某公司填写的，不是张某某主动写上去的；其三，认定某一行为是否构成犯罪，只能考虑在犯罪行为终了之时其犯罪行为是否已经完成，就本案而言，张某某之行为是否构成诈骗罪，只能以张某某在收到1000万元款项的相关证据作为定案的依据，其后所发生的行为不能作为是否构成犯罪的理由。

因而，张某某同样不存在所谓隐瞒事实真相的情形。

（二）张某某与G市某公司之间的资金借用行为系典型的借贷纠纷而非诈骗犯罪

庭审查明的基本事实应当是：张某某于2012年5月23日向G市某公司出具借据一份，内容为“今借到G市某公司白修路借款人民币壹仟万元。备注：白修路借款”，G市某公司据此于次日出借1000万元款项给张某某。之后，因张某某未及时归还该借款，双方于2013年8月31日签订《还款协议书》，约定张某某“于2014年8月30日前归还借款1000万元”，未按期归还将承担违约金等。在该协议书约定的还款期限未到期前的2014年4月29日，张某某即因其他原因被有关机关采取实质上限制人身自由的措施，直至2014年6月5日被公安机关以上述借款事实涉嫌诈骗为由转为刑事拘留至今。

这里，我们首先强调一点，张某某关于“借款系以个人名义向G市某公司所借”的辩解是真实的、客观的。其一，借据中借款人写的是“张某某”本人；其二，从相关证据来看，是以个人借还是以“白修路”名义借，只有朱某某的陈述和张某某的交代，从现有证据看，我们认为在关键问题上朱某某并未说真话；其三，在后来的“还款协议”中，偿还借款责任的主体也是张某某。

根据《刑法》（2011修正）第266条之规定，诈骗罪，是指以非法占有为目的，用虚构事实或者隐瞒真相的方法，骗取公私财物，数额较大的行为。

而借贷纠纷，则是指借用他人财物不能按时归还，在借用人与出借人之间产生的纠纷。一般借贷纠纷是一种民事法律关系，受民事法律调整，不产生刑事责任。

借贷纠纷和诈骗犯罪在形式上均表现为从他人处取得财物，又未将财物归还他人，而现实中又大量存在以借贷为名诈骗他人财物的诈骗犯罪，因而在实践中往往会产生理解不一的情形。司法实践中，为分清诈骗罪与借贷纠纷的界限，一般应分析以下事实：（1）看借用人与出借人在借贷前的相互关系是怎样的；（2）看发生借贷关系的原因；（3）看借用人不能按期归还的原因;（4）看借用人不能按期归还的态度，有无归还的诚意和实际行动。

我们认为，是否有能力归还所借款项，尤其是是否具有非法占有他人财物的目的，应当是诈骗犯罪与借贷纠纷最本质的区别。

从本案相关证据出发，根据《刑法》（2011 修正）第 266 条之规定，结合司法实践，我们之所以认为张某某与 G 市某公司之间的资金借用行为系典型的借贷纠纷而非诈骗犯罪，其原因在于张某某不具有非法占有 G 市某公司财物的主观目的。具体理由如下：

1. 张某某向 G 市某公司借款之行为完全符合民事合同的形式要件

首先，在 2012 年 5 月 23 日之前，张某某就向 G 市某公司借款的问题多次向该公司董事长朱某某提出请求，最终得到了朱某某的同意；

其次，在借款到账之前的 2012 年 5 月 23 日，张某某向 G 市某公司出具了借据，订立了书面借款合同，此后，G 市某公司按约定向张某某的中国银行账户转入 1000 万元；

最后，在张某某未能及时归还借款之后，双方于 2013 年 8 月 31 日签订《还款协议书》，约定张某某"于 2014 年 8 月 30 日前归还借款 1000 万元"，未按期归还将承担违约金等。

最重要的一点，张某某在签署《还款协议书》之后，并没有采取逃匿、隐藏的方法逃避债务，而是积极想办法筹款还债。

上述事实说明，张某某向 G 市某公司借款之行为完全符合民事法律行为的特征，合同是双方的真实意思表示，未违反法律法规的强制性规定，是合法有效的民事法律行为。

2. G 市某公司借款给张某某，是建立在相互了解与信任的基础上作出的决定

朱某某 2014 年 5 月 7 日第一次陈述（为何借款给张某某）："第一，因为他和我们公司一直有合作关系，他一直挂靠我公司搞工程承包，之前他已挂靠了'L 市人民医院'的工程及'党测路'的工程在我公司，并且'党湖路'的工程是在建工程，该项目的总投资在二三个亿、工程结款时都要通过我单

位账户，我可以卡得到这1000万元的；第二，还是因为他已经取得了这些工程项目，我觉得他人脉关系广，有实力，借钱给他运作，他应该能拿到'白修路'这个工程；第三，就是他当时没有和我公司发生过任何纠纷，信誉挺好的，他既然是借钱去跑项目，交保证金，我也就答应借给他了。还有一点就是因为他是我公司的大客户，优质客户，为了能给公司带来效益，就答应借给他了。"

朱某某的证言说明，张某某在借款时，双方之间相互了解，借款是建立在相互信任的基础上，而非偶然因素而产生的借贷行为。

3. 张某某完全有偿还借款的能力

其一，如朱某某所述，张某某有在建工程项目挂靠在G市某公司，如张某某不能按时还款，G市某公司完全可以通过工程结算对将该款卡住，以实现G市某公司的债权；

其二，从张某某在2014年4月时其所拥有的财产及相关债权来看，张某某完全有偿还借款的能力；

其三，从我们今天所出示的张某某已将1387万元借款全部还清的证据来看，也可推断出张某某完全有偿还借款的能力。

4. 未能按《还款协议书》还款，责任不应由张某某承担

首先，按《还款协议书》的约定，还款的最终期限是2014年8月30日；

其次，张某某在2014年4月29日已被有关部门在实质上限制了人身自由，使张某某无法筹集到足够的款项归还借款，事出有因，不能归责于张某某。

综上所述：我们认为，G市某公司与被告人张某某之间的借款行为，是一起典型的民事纠纷，张某某在主观上没有非法占有G市某公司财物的目的，张某某之行为不符合诈骗罪的构成要件。建议人民法院根据事实和法律，宣告被告人张某某无罪。

三、裁判观点

认定行为人是否具有非法占有的目的，应该综合考虑借款人与贷款人的相互关系、借贷理由及用途、不能按期归还的原因和态度等多方面情况，结合事前、事中、事后的各种主、客观因素进行综合判断。本案中，被告人张某某客观上没有采取虚构事实、隐瞒真相的方式骗取G市某公司，G市某公司借款给被告人张某某是基于长期合作建立起来的信任；借款后被告人张某某并未逃匿；双方在意思自治的基础上，就借款归还问题达成协议；同时被告人张某某具有归还欠款能力并实际已归还了该款项。综上，被告人张某某在主观上不具有非法占有的目的；双方之间的借款问题，应以民事法律关系进行调整。

四、办案心得

本案对于办理借贷式诈骗案具有一定借鉴意义。

（一）注意民间借贷纠纷与诈骗罪的界限区分

民间借贷纠纷是指借款人与出借人达成书面或口头的借贷协议，由借款人向出借人借款，因借款人不能按期归还借款而产生的民事纠纷。借贷双方之间因借贷协议形成特定的债权债务关系，其借贷关系属于民事法律关系，由民法调整。诈骗罪是指以非法占有为目的，用虚构事实或者隐瞒真相的方法，骗取数额较大的公私财物的行为。其模式一般为：行为人以非法占有为目的实施欺诈行为，对方陷入错误认识，对方基于错误认识而处分财产，行为人取得财产被害人受到财产损失。

诈骗罪与民间借贷纠纷，罪与非罪之间的区分关键在于行为人主观上是否具有非法占有公私财物之目的。非法占有的目的，属于行为人主观上的心理活动，具有一定的隐蔽性。考察行为人的主观目的，要从行为人实施的具体客观行为事实方面进行综合判断，具体应当审查以下几个因素。

1. 行为人主观上是否具有非法占有的目的

本案中认定被告人张某某是否构成诈骗罪，要从诈骗罪的犯罪构成要件出发，即主观上是否具有非法占有的目的，客观上是否有利用虚构事实或者隐瞒真相的方法，骗取他人财物的行为。其中，“非法占有”的主观目的需要通过具体问题分析、整合诸多客观事实，从行为人在“借款”时的偿还能力、资金的使用去向及借款后无法归还之原因与行为人的行为表示等方面加以认定。经查，被告人张某某借款时至案发，有经济来源也有资产，有还款能力，被告人在借款时提供承包工程、结算工程需要资金周转属实，被告人没有非法占有的主观故意，且客观上也具有清偿能力，因此，被告人张某某没有非法占有的目的，其借款行为不构成诈骗罪。

2. 行为人在借款时是否实施了诈骗手段

手段的非法性是确定行为人主观目的的重要依据。在诈骗罪案件中，行为人主观上的非法占有目的在客观上均无一例外地表现为实施了虚构事实、隐瞒真相的诈骗行为手段，而采用貌似合法的借款方法骗取他人财物，大部分案件的行为人都是采取把借款方式与其他的诈骗行为共同实施的方法，从而达到骗取他人财物的目的，此时的借款行为只能是为诈骗行为打掩护，或者说是整个诈骗行为的一部分。但在本案中被告人在借款时，没有虚构事实、隐瞒真相，被告人张某某在借款之前明确向 G 市某公司表示因个人资金紧张，向其借款急用，G 市某公司也表示愿意借款给被告人张某某，G 市某公司代张某某归还第三方款项后，催促被告人张某某归还欠款，被告人张某某同意归还，也未逃匿躲藏，且张某某具有履行义务的经济能力和条件。

需要说明的是，以借款方式形成的诈骗罪中的诈骗行为与民间借款纠纷中的借款未还行为都包含有一定的欺骗成分，但诈骗罪的欺诈行为对于行为人的借款不还的非法占有目的起着决定性、根本性的作用，正因为有事前的诈骗行为，行为人才认为有“充足”的理由认为不予归还，也正因为有不予归还的非法占有目的，才会采取各种诈骗手段，这种非法占有目的和诈骗手段之间是互为因果的。而一般的民事借款纠纷中的借款未还，因不具有非法占有借款的主观目的，行为人是要通过正常的借款行为来实现自己正当利益，行为人在借款前后虽然采取了一定的欺骗手段，如夸大自己的诚信度、归还能力等，但这种欺骗行为对借款的最终归还不具有实质的影响，或者说这种欺骗行为与事后发生的不能归还的结果之间不具有诈骗罪的手段和结果之间的因果关系。

3. 行为人有无还款能力

如果行为人明知自己没有还款能力，也没有任何财产和正当的职业，却以欺骗手段大量找人借款，即使借款时均出具借条，我们仍可以判断行为人具有非法占有他人财物的主观目的，因为行为人不具有还款能力，该借条已无法兑现，被害人因借款而造成的损失只能自行承担，所以行为人的风险转嫁意识是非常明显的。这里所说的还款能力包括借款前和借款后，一般而言，判断有无还款能力，我们不能只简单地审查行为人在借款时的实际条件如何。如果行为人在借款前不具有还款能力，但在借款后将款项用于正常的生产经营活动和进行正当的投资，有固定、可靠的收入来源，那么其具有还款能力是显而易见的。有的行为人在借款前具有还款能力，但在借款后因客观原因导致还款能力丧失的，因其主观上不具有不归还的非法占有目的，不能以诈骗罪定罪处罚。但如果行为人在因客观原因导致借款无法归还之后不是采取积极的补救措施以实现尽早归还借款，而是趁机逃离，对债权人避而不见，表现出不愿承担责任的消极态度，行为人的这种“趁机赖账”的态度完全可以推定其主观上已经产生了非法占有目的。

本案中被告人张某某客观上没有采取虚构事实、隐瞒真相的方式骗取G市某公司，G市某公司借款给被告人张某某是基于长期合作建立起来的信任；借款后被告人张某某并未逃匿，双方在意思自治的基础上，就借款归还问题达成协议。同时公诉机关提交的被告人张某某及其家属所持有的房产、车辆等财产状况证实，被告人张某某具备偿还该笔借款的能力，且被告人张某某家属在庭审前已经实际上归还了该笔款项，因此本案中被告人张某某具有还款能力。

4. 行为人不能归还借款的原因

无论是以非法占有他人财物为目的的诈骗犯罪还是民间借款纠纷，其最终结果都是因为行为人没有归还借款而成立。但一般的民事借款纠纷，由于行为人主观上不具有非法占有故意，借款不能归还的结果只能是由客观原因所致，如不可抗力、经营亏损等，而诈骗犯罪中的不能归还借款，是由行为人诈骗他人财物的主观原因所致，即行为人的非法占有目的与不能归还结果具有因果关系。这种因非法占有的目的导致不能归还的结果有两种情形：一是能够返还而拒不返还，如携款逃离、对出借人避而不见；二是因为行为人将借款用于挥霍浪费、违法犯罪活动如赌博、非法经营、贩卖毒品等，由于行为人对于款项的挥霍浪费或用于违法犯罪活动后可能导致款项的无法归还这一结果是明知的，二者之间有因果关系，可以推定行为人具有非法占有目的。

本案中被告人张某某在借款之前明确向G市某公司表示因个人资金紧张，向其借款急用，G市某公司也表示愿意借款给被告人张某某；G市某公司代张某某归还第三方款项后，多次催促被告人张某某归还欠款，被告人张某某同意归还，也未逃匿躲藏，G市某公司与张某某签订了《还款协议书》，约定至2014年8月30日前归还，并约定了争议的民事处理方式，同时G市某公司委派朱某某进行追款，客观上被告人张某某因被采取了强制措施而无法归还借款，且还款期限尚未届满，但被告人张某某具备偿还该笔借款的能力。

5. 行为人有无还款的实际行为

既然有借款行为当然就应当有还款行为，这里的还款行为包括如数归还借款的现实行为，也包括在借款用完之后为还款而采取的各种措施和努力。如果只“借”不“还”，就不成为民法意义上的借贷关系。对于一般的民事借款，借款人因为主观上不具有非法占有借款的目的，即使因为客观原因导致不能返还，也会积极、主动地采取各种补救措施，以达到归还借款的目的；但实施诈骗犯罪的行为人在借款之后是为了非法占有借款，即使有还款能力，也不会有还款行为，更不会为还款而采取各种方法和措施，其先前的借款行为就应当认定为是一种诈骗手段。

本案被告人事后与G市某公司签订还款协议，明确还款期限，且无任何逃匿躲藏行为，应认定被告人确有还款的实际行为。

6. 行为人在不能归还借款后的态度

行为人对于借款后的还款态度，可以作为其是否具有非法占有目的的重要依据。在因为自己的原因或客观原因导致不能归还借款时，不是积极采取有效的措施弥补和减少债权人的损失，而是表现出消极的、不负责任的态度，或者借机逃匿，或者虽然没有逃匿，行为人的此种赖账的态度，完全可以推定其具有非法占有目的。

本案事后在不能及时归还借款时，被告人亦积极采取补救措施，与G市某公司积极协商就还款期限作出新约定，并签订书面还款协议，应认定其还款态度积极，不具有非法占有目的。

（二）防止利用刑事手段干预导致经济纠纷刑事化

1. 严格区分刑事案件和民事案件

刑事案件和民事案件的核心区别：刑事案件触犯刑法，承担刑事责任，是犯罪的必然后果；民事案件涉及平等民事主体间的人身、财产关系，承担民事责任，不构成刑事处罚。主要体现在法律关系不同、产生原因不同、追究形式不同、适用法律不同、承担责任不同。

具体而言，法律关系不同，民事案件涉及的是平等的民事主体之间的财产和人身关系。刑事案件涉及的是犯罪行为。

产生原因不同，民事案件是因平等主体间因违反了民事法律规范所规定的，或当事人所约定的义务。刑事案件是因行为人的行为违反了刑事法律规范。

追究形式不同，民事案件实行不告不理的原则，法院不主动干预当事人之间的意思自治。刑事案件除自诉案件外，国家公权力机关主动介入，由法定国家机关对被告人提起公诉，由法院代表法律进行制裁。

适用法律不同，民事案件的法律规范主要包括《民法典》及相关司法解释。诉讼程序要适用民事诉讼法。刑事案件的法律规范主要是刑法，诉讼程序依据刑事诉讼法。

承担责任不同，民事案件承担民事责任，包括停止侵害、排除妨碍、消除危险、返还财产、恢复原状、赔偿损失、消除影响、恢复名誉等。刑事案件承担刑罚处罚，包括有期徒刑、无期徒刑、死刑、管制、拘役以及罚金、没收财产等。

2. 禁止利用刑事手段干预经济纠纷

本案中，被告人张某某客观上没有采取虚构事实、隐瞒真相的方式骗取G市某公司，G市某公司借款给被告人张某某是基于长期合作建立起来的信任，借款后被告人张某某并未逃匿，双方在意思自治的基础上，就借款归还问题达成协议。同时被告人张某某具有归还欠款能力并实际已归还了该款项。综上，被告人张某某在主观上不具有非法占有的目的，客观上也未实施诈骗行为。张某某借款行为不构成诈骗罪。张某某与G市某公司之间的借款问题，实属民间借贷纠纷，应以民事法律关系进行调整。

2018年1月2日，最高人民法院发出《关于充分发挥审判职能作用为企业家创新创业营造良好法治环境的通知》（法〔2018〕1号）（以下简称《通知》），要求各级人民法院充分发挥审判职能作用，依法平等保护企业家合法权益，为企业家创新创业营造良好法治环境。利用刑事手段插手经济纠纷，是当前企业家们反映较为突出的问题，直接影响到企业家人身及财产财富安全感，关系到企业家能否真正做到安心经营、放心投资、专心创业。要依法保护企业家的人身自由和财产权利。要严格执行刑事法律和司法解释，坚决防止利用刑事手段干预经济纠纷。要坚持罪刑法定原则，对企业家在生产、经营、融资活动中的创新创业行为，只要不违反刑事法律的规定，不得以犯罪论处。同时，要严格非法经营罪、合同诈骗罪的构成要件，防止随意扩大适用。对于在合同签订、履行过程中产生的民事争议，如无确实充分的证据证明行为符合犯罪构成的，不得作为刑事案件处理。《通知》还指出，要严格区分企业家违法所得和合法财产，没有充分证据证明为违法所得的，不得判决追缴或者责令退赔。要严格区分企业家个人财产和企业法人财产，在处理企业犯罪时不得牵连企业家个人合法财产和家庭成员财产。《通知》在 2017 年 8 月最高人民法院印发的《关于为改善营商环境提供司法保障的若干意见》的基础上，明确提出了进一步加大审判力度、强化企业家合法权益保障的具体措施。

作者简介

唐仲尼

毕业于西南政法大学，贵达律师事务所副主任、法律顾问及公司业务团队、清算破产职业团队分管高级合伙人，贵州省法学会矿产资源法学研究会常务理事。1992 年取得律师资格后即从事专职律师工作至今，1994 年取得国企改制法律服务资格，2007 年、2020 年两次入围个人破产管理人资格。擅长高端民商事诉讼及破产清算、兼并重组业务。

付永盛

三级律师，曾任贵达律师事务所刑辩团队负责人，执业二十余年，办理各类案件千余件，主要执业方向为刑事业务，曾获贵州省优秀律师称号。

生前曾任第十届全国律协刑事专业委员会委员、贵州省律师协会刑事专业委员会委员、贵阳市律师协会刑事专业委员会副主任、贵州省法学会诉讼法学研究会常务理事、贵州省法学会犯罪学研究会副会长、贵州省涉案企业合规第一批第三方监督评估机制专业人员。

3. 正确区分合同纠纷与合同诈骗罪的界限，防止经济纠纷刑事化

——谭某某被控合同诈骗获不起诉案

【辩护思路】厘清刑民案件界限，有利于防止将经济纠纷当作刑事犯罪处理。厘清合同诈骗与合同纠纷的界限是本案无罪辩护取得成功的关键。合同诈骗罪与普通诈骗罪是特别法与普通法之间的关系，符合合同诈骗罪的行为是利用合同进行普通诈骗的行为。如何区分一个涉及经济合同的行为是合同诈骗行为还是合同纠纷行为的关键点为该合同行为是否符合诈骗罪的构成要件。用合同诈骗罪的犯罪构成要件去判断该合同行为的性质，是本案的典型所在。

一、基本案情

A贸易公司系B县C乡重晶石矿的采矿权人（采矿权期限为2010年12月14日至2013年4月14日），B矿产品公司是B县D乡重晶石矿的采矿权人（采矿权期限为2010年8月17日至2014年8月17日），谭某某、黄某某和杨某某均系A贸易公司和B矿产品公司的股东。2014年10月23日，谭某某、杨某某与马某某经过多次协商一致，马某某进行实地考察，向相关部门了解许可证是否可以延期问题，在充分了解和作足准备之后，协商将A贸易公司和B矿产品公司的股权以2000万元人民币的价格转让给马某某，双方共同签署了《股权转让协议书》，马某某在签署合同后依协议先后支付了5,124,024.26元给谭某某、黄某某和杨某某，并完成了股权转让登记。后马

某某因B县D乡重晶石矿已被B县人民法院查封，B县C乡重晶石矿已被沪昆高铁压覆，两座石矿的采矿权证已经无法延期，马某某向B市中级人民法院提起民事诉讼要求解除《股权转让协议书》被驳回后，向公安机关报案，公安机关以谭某某涉嫌合同诈骗罪移送检察机关审查起诉，检察机关指控谭某某涉嫌合同诈骗罪。

二、辩护意见

（一）本案在性质上属于明确的经济合同纠纷，不涉及刑事犯罪，被告人谭某某的行为不构成合同诈骗罪

第一，从主观方面来看，被告人谭某某不具有非法占有的目的。

根据《刑法》关于合同诈骗罪的规定，该罪主观上要求行为人以非法占有为目的。犯罪目的作为一种主观认识，须以行为人所实施的具体客观行为为基础进行判断和认定。结合本案，被告人与被害人之间的合同行为系经过多次协商一致的结果，同时，马某某于合同签订的过程中对相关矿山情况进行实地考察，也向相关部门了解许可证是否可以延期，经过充分了解及充足准备，双方当事人在律师帮助下共同签署《股权转让协议书》，并完成股权转让登记，据此合同已实际履行。该合同行为系双方当事人真实意思表示，在合同签订、履行的过程中，被告人没有非法占有被害人财产的故意。

合同诈骗罪与经济合同纠纷的本质区别在于，该合同行为是否符合合同诈骗罪的犯罪构成要件。在判断一个行为是否具有非法占有目的时，应当坚持主客观一致的原则。

司法实践中，通常从以下几点来认定行为人是否具有非法占有的主观目的：

（1）行为人是否具有签订相关合同的主体资格，主体身份是否具有真实性。通常情况下，虚构身份或者冒用他人身份与合同相对方签订合同的，可认定为具有非法占有他人财物的目的；以本人或本单位真实的身份，签订相关合同的，一般不具有非法占有的目的。本案中签订合同的双方主体身份资

格真实合法有效，双方当事人签订的两份《股权转让协议书》主体一致，真实有效，并未虚构身份或假冒他人身份。

（2）行为人在签订合同时的履行能力及履行意愿。在案证据证明行为人在签订合同时，具有履行合同义务的能力及意愿，不宜认定行为人具有非法占有目的。本案被告人谭某某与对方签订《股权转让协议书》之后，已经办理了变更登记，对方已经合法取得G省B矿产品公司的股权，只是因意志以外的原因（矿产被法院查封及被沪昆高铁的建设覆盖）导致合同利益未得到实现。不宜认定行为人具有非法占有的目的。

（3）行为人是否积极履行合同及未履行合同的原因。行为人在签订合同后，以积极的行为履行合同的义务，一般能够反映行为人是希望通过正常的合同行为取得合法利益，但因不可抗力或其他的客观原因未能履行合同义务，如遇有经营困难难以履行的，可以证明未履行合同义务是违背行为人主观意愿的，即行为人不具有非法占有他人财物的目的，应以经济合同纠纷认定，不涉及合同诈骗罪。

第二，从客观方面来看，被告人谭某某没有虚构事实、隐瞒真相的行为。

起诉书指控“2014年10月23日，被告人谭某某、黄某某和杨某某（另案处理）在明知B县D乡重晶石矿已经被B县人民法院查封，B县C乡重金石矿已经被高铁压覆，两座石矿的采矿权证已经无法延期的情况下，隐瞒上述事实，与被害人马某某签署两份转让协议……”该指控缺乏事实依据，被告人未实施虚构事实、隐瞒真相的客观行为。

首先，根据《股权转让协议书》的内容可知，被告人身份及其名下公司是真实存在的，股权转让协议也是双方真实意思表示，且合法有效。在委托律师制定《股权转让协议书》前，双方已就公司债务问题进行协商，为促进顺利办理股权转让，马某某答应解决公司的民事债务问题。根据马某某陈述：“转让公司股权时，谭某某、罗某某因经济纠纷被B县人民法院和Q区人民法院将公司股权查封，必须支付完执行款才能解封，才能将法人变更成我，所以我就帮谭某某、罗某某支付法院执行款，让法院先给我解封公司股权，我们正常地办理股权转让业务……”（诉讼证据卷马某某第三次询问笔录第 2 页）。且已经将此问题明确记载于《股权转让协议书》中，完成股权转让登记。《刑法》（2017 修正）第 224 条合同诈骗罪条款中规定了 5 种欺诈行为类型，第一种行为类型指的是“以虚构的单位或者冒用他人名义签订合同的”。然而，被告人谭某某没有实施任何虚构单位或冒名的行为。

其次，根据马某某证言：“2014 年 7 月认识了 A 贸易公司的法人谭某某，股东黄某某、杨某某，经过三次商谈，知道他们公司在 G 省 Q 州 B 县有一座矿山，A 贸易公司享有矿山的开采权，当时谭某某和他公司一个姓郑的负责人还带我去某县考察矿山，考察后我觉得该矿山还不错，我就想转让该公司获得该矿山的开采权……当时我又到 B 县国土资源局去了解该 2 家公司的 2 座矿山，知道了该 2 家公司的 2 座矿山的开采权都已经到期了，国土资源局告知我们 2 座矿山的开采权可以继续延期，这样我就下决心将 2 家公司一并打包买了，在 2014 年 10 月 23 日，我就与谭某某、黄某某、杨某某签署了 2 份股权转让协议，于 2014 年 10 月 30 日、11 月 25 日我们到工商局完成了 2 家公司的法定代表人、股东的变更手续，我总共以 2000 万元的价格将 A 贸易公司、B 矿产品公司的股份全部收购，并依法享有该 2 家公司在 2 座矿山的开采权”。

从马某某多次带人考察、多次磋商可看出其对两家公司情况是明知的，以及双方完全自由、自愿协商一致后成功签约，没有任何隐瞒、胁迫、伪造、欺诈的情形发生，都有双方当事人及律师在场，没有虚构事实，隐瞒真相。股权转让已经按照约定转让并办理了登记，至于未办理许可证延期，这一事项在《股权转让协议书》第 3 条第 4 项约定由马某某办理许可证延期手续，并留有办理延期手续必要费用（50 万元），因此，在被告人并未隐瞒公司被查封及许可证延期事项有明确约定情况下，公诉机关认为被告人隐瞒上述事实构成合同诈骗罪的指控不成立。

第三，被告人谭某某没有任何隐瞒事实，诱骗对方给付财物的行为。

起诉书指控被告人谭某某、黄某某和杨某某在明知 B 县 C 乡重晶石矿已被沪昆高铁压覆，两座石矿的采矿权证已经无法延期的情况下，隐瞒上述事实……辩护人认为起诉书指控的“隐瞒事实”不成立，理由如下：

首先，关于被害人马某某是否知道两座矿山采矿权有效期的问题。在双方签订的两份《股权转让协议书》中均已经明确注明，D乡重晶石矿的采矿权有效期限为2010年8月17日~2014年8月17日，C乡重晶石矿采矿权有限期为2010年12月14日~2013年4月14日。马某某对矿山进行考察时已经知道上述采矿权有限期。同时，合同签订时间为2014年10月23日，此时两个采矿权证均已经到期，马某某知晓该事实。但是，马某某仍然签署该合同，愿意购买公司的股权，并支付两家公司股权的对价。协议第7条明确约定了办理采矿权证续期这一义务由乙方（马某某）履行，并约定每个矿扣除50万元作为马某某办理采矿权许可证续期费用。因此，谭某某并未实施任何欺骗、隐瞒行为。

其次，关于被告人谭某某是否明知B县D乡重晶石矿已经被B县人民法院查封这一事实。因黄某某起诉A贸易公司、罗某某买卖合同纠纷一案，该案在2013年10月9日出具判决书。B县人民法院×××号执行案件结案报告表明，该案在与马某某签订股权转让协议之前已经执行完毕。另外，罗某某因毁坏林木被法院判刑后，公司的实际负责人是黄某某，谭某某一直都不是公司实际管理人，对公司日常业务并不知情。且马某某对于B县人民法院查封D乡重晶石矿的事实也是知情的，《股权转让协议书》附件1中载明：B矿产品公司债务清单清楚列明第5个债权人晶晶公司就是黄某某的公司，而马某某与谭某某等人就A贸易公司债权债务清算清单也明确列明第5个债权人就是晶晶公司，欠晶晶公司货款90万元即欠黄某某的钱，据此签订合同时马某某已经知道该欠款问题。根据黄某某的证言“问：马某某是否知道被查封一事，应该是知道的，B县人民法院还组织我们双方协商B矿产品公司欠我货款一事。”由此可知，谭某某不参与公司日常管理，也未参与合同拟订。对B县人民法院查封一事不清楚，而马某某是实际参与该债务协商协议并对公司之前的债权债务进行清算的当事人，在马某某自己都知情的情况下，何来谭某某隐瞒事实的说法。

最后，关于起诉书指控谭某某明知C乡重晶石矿已经被沪昆高铁压覆这一事实也不成立。C乡重晶石矿是否被高铁压覆，是事实问题，是可以去现场查看的问题。而公诉机关用情况说明、可行性报告等确认高铁压覆了该矿山，进而推定谭某某知情，并且隐瞒了马某某这一说法显然不具有说服力。2009年G省国土资源勘测规划研究院的《新建铁路C市至K市客运专线G段项目建设用地压覆矿产资源评估报告》评审意见的批复意见表示：对G省B县D乡重晶石矿不压覆，另查G省C乡F地至J地硫铁矿普查……暂不作压覆处理。另B县国土资源局2018年1月28日提供的证明“E公安分局：你局到我局查询B县C乡重晶石矿、B县D乡重晶石矿……目前上述两个采矿许可证已过期，并且未收到颁领主管部门申请延期……”同时，按照正常逻辑矿产被压覆会涉及补偿或者赔偿问题。但在公安机关调取材料中，2020年2月27日G省国土资源勘测规划研究院作出的情况说明：“今贵局到我单位查询C市至K市客运专线G省段建设项目压覆B县C乡重晶石矿的补偿协议，经查资料里未见补偿协议，特此说明”。

综上可知，公诉机关为了证明沪昆高铁压覆C乡重晶石矿所提供的情况说明，批复意见等资料，没有一个通知和文件是直接向采矿权人发布的，谭某某等人并未收到过任何政府部门下发的通知。B县自然资源局的工作人员陈某某和李某某也未向采矿权人谭某某、杨某某、黄某某下发过任何书面通知，告知C乡重晶石矿是否被压覆以及补偿问题。若只凭借政府之间内部批复意见及可行性报告等不对外公布的文件就推定谭某某知情，未免强人所难。即使公诉机关作了此推定，也不表示该通知和可行性报告仅有谭某某一人知晓，政府管理部门发布对外通知应当具有公开性，若推定谭某某知情，同样也要推定马某某在股权转让过程经过几个月的考察后，不可能对该通知及可行性报告的内容不知情。因此，以违反常理和逻辑的推定来苛责被告人的指控是不能成立的。

第四，被告人没有任何欺诈行为，被害人也不是陷入错误而处分财产。

合同诈骗罪并非行为犯，而是结果犯，即需要被害人在签订、履行合同的过程中，基于行为人的欺诈行为，处分了财产，且对合同的履行造成了实质性的损害，只有如此，才能认为对于本罪的保护法益造成了危害。本案中，被告人与马某某等人之间的《股权转让协议书》已经成立并生效，且两份协议书均已经对采矿许可权的有效期限作了记载，股权已作变更登记，协议书明确约定许可证续期办理是马某某的义务，对于马某某未完成该项义务，不是被告人能够决定和预测的，被告人对合同的履行没有实施任何危害行为，不能认定为犯罪。

在案证据显示，马某某亲自多次到公司及矿山进行考察，由双方律师共同制定《股权转让协议书》，马某某向被告人谭某某、黄某某、杨某某的账户分批转账是其真实意思表示，是履约行为。事实胜于雄辩，实地考察、合同准备、合同签订，均是马某某按照其自主意愿、合同约定以及相关法律规定而实施的行为，根本不存在马某某是基于错误认识而支付股权转让款的事实。被告人未隐瞒公司民事纠纷的事实，也未隐瞒许可证到期的事实，马某某对上述两个事实是知情的，被告人未采取任何隐瞒的手段。被告人从未承诺过马某某涉案许可证申报问题，且协议明确约定由马某某自行申报审批。

（二）本案涉及的股权纠纷已有G市中级人民法院（2016）K民初××号、×××号生效判决书予以认定，不应再以刑事案件追诉重复评价同一法律行为

前文对本案定性问题作了充分的论述，本案以合同诈骗罪追诉实属于定性错误，应按照合同纠纷论处，且G市中级人民法院（2016）K民初×××号判决书已经对马某某、张某某与本案被告人之间的股权转让纠纷一案作出了判决。

判决原文如下“马某某、张某某向本院提出诉讼请求：1.判决解除原、被告于2014年10月23日签订的《股权转让协议书》……对本案的证据和事实……法院认为，依法成立的合同，受法律保护，对当事人具有法律约束力。当事人应当按照约定履行自己的义务，不得擅自变更或者解除合同。原告马某某、张某某与被告谭某某、罗某某、黄某某、杨某某签订的《股权转让协议书》是双方真实意思表示，未违反法律法规之规定，是合法有效的合同。原告方签订该协议书的目的是获得被告持有的B矿产品公司的股权，被告方则是获得股权转让的对价，现被告方已经将股权转让给原告并办理了变更登记。关于原告所主张的B矿产品公司的采矿权证不能延期，导致其不能实现合同目的的理由，因原、被告之间是商事行为且原告签订合同时明知采矿权已经到期，合同约定采矿权延期系原告义务。根据现有证据，采矿权没有办理延期系原告没有提出采矿权延期申请所致，与被告并无关系。故原告的诉请于法无据，法院不予支持……驳回马某某张某某的诉讼请求……”根据上述生效的裁判文书，已经对被告人涉案性质予以认定，现公安机关违法插手该经济纠纷将会导致民事诉讼失去实质性意义，损害司法权威和百姓对生效判决的法律信赖。

刑事审判生杀予夺，事关公民的名誉、财产、自由乃至生命，事关国家安全和社会稳定，坚持依法公正审判，防止发生冤假错案，是我们必须坚守的底线。确保中央政法委关于切实防止冤假错案的指导意见落实到执法司法每一个环节，具体落实到本案中，就是要求司法机关及办案人都应当秉公执法，依法办案，无论是公安机关、检察院，对于这样一个错案，尽快吸取教训纠正才是正确的，而人民法院则应当把好最后一关，依照《刑事诉讼法》（2012修正）第195条第3项规定，遵循疑罪从无的原则，尽快对被告人涉嫌合同诈骗罪一案作出证据不足、指控的犯罪不能成立的无罪判决。

三、裁判观点

本案开庭审理后，B市C区人民检察院以证据不足为由向法院申请对被告人谭某某撤回起诉。法院认为，B市C区人民检察院提出撤诉申请符合法律规定，法院予以准许。依据最高人民法院《关于适用〈中华人民共和国刑事诉讼法〉的解释》第296条之规定，裁定如下：

准许B市C区人民检察院对被告人谭某某撤回起诉。

本案经法院审理，法院认为目前在案证据不足以证实谭某某主观上具有非法占有目的，不能认定谭某某犯合同诈骗罪。依照《刑事诉讼法》（2012 修正）第 175 条第 4 款的规定，决定对谭某某不起诉。

四、办案心得

（一）厘清合同诈骗罪的保护法益及合同诈骗罪的犯罪构成要件是区分合同纠纷和合同诈骗的关键

合同诈骗罪，是指以非法占有为目的，在签订、履行合同过程中，使用欺骗手段，骗取对方当事人财物，数额较大的行为。一般认为，合同诈骗罪是诈骗罪的一种特殊形式，刑法规定本罪，是为了保护市场秩序与对方当事人的财产。经济合同是市场经济活动的重要方式，而现实中出现利用经济合同骗取对方当事人财物的行为，使得人们对合同这种契约方式丧失信心，为维护经济市场秩序，营造社会诚信氛围，《刑法》在第 224 条规定合同诈骗罪作为诈骗罪的一种特别规定。

在处理这类案件时，应严格区分合同诈骗与合同纠纷行为的界限。注意审查涉案企业在签订、履行合同过程中是否具有虚构事实、隐瞒真相的行为，是否有《刑法》第 224 条规定的 5 种情形之一。注重从合同项目真实性、标的物用途、有无实际履约行为、是否有逃匿和转移资产的行为、资金去向、不能实现合同利益的原因等方面，综合认定是否具有诈骗的故意，避免片面关注行为结果而忽略主观上是否具有非法占有的目的。对于签订合同时具有履约能力及意愿，其后积极履约并履行完毕，但是因对方当事人原因未实现自身合法利益的，不能以对方当事人的合同利益未得到实现去推定行为人实施了合同诈骗行为，从而追究行为人刑事责任。

《刑法》（2015 修正）第 224 条规定了合同诈骗罪的 5 种行为类型："（一）以虚构的单位或者冒用他人名义签订合同的；（二）以伪造、变造、作废的票据或者其他虚假的产权证明作担保的；（三）没有实际履行能力，以先履行小额合同或者部分履行合同的方法，诱骗对方当事人继续签订和履行合同的;（四）收受对方当事人给付的货物、货款、预付款或者担保财产后逃匿的;（五）以其他方法骗取对方当事人财物的。”显然，前4种类型只是对实施的欺骗行为的描述，只有将以上行为类型分别与“在签订、履行合同过程中，骗取对方当事人财物，数额较大”的损害结果结合起来，才能认定上述5种行为构成合同诈骗罪。

通常认为，合同诈骗罪是诈骗罪的一种特殊形式。既然合同诈骗罪是诈骗罪的特殊类型，那么，合同诈骗罪就必然要完全符合诈骗罪的构成要件。合同诈骗罪是利用合同实施诈骗，行为必须发生在签订或者履行合同的过程中，被害人必须是合同的对方当事人。因此，合同诈骗罪的构造是：行为人在签订、履行合同过程中实施欺骗行为→被害人因此而产生认识错误→被害人基于认识错误处分财产→行为人或第三人取得该财产→被害人遭受财产损失。

（二）判断行为人是否具有非法占有目的是司法实践中认定合同诈骗罪不可避免的实务难题

非法占有目的系行为人主观上的心理活动，但它并非脱离客观行为而存在，一般要根据行为人表现出来的客观行为进行推定。对此，最高人民法院《关于审理诈骗案件具体应用法律的若干问题的解释》（法发〔1996〕32号，已失效）第2条第3款规定:“行为人具有下列情形之一的，应认定其行为属于以非法占有为目的，利用经济合同进行诈骗:

（一）明知没有履行合同的能力或者有效的担保，采取下列欺骗手段与他人签订合同，骗取财物数额较大并造成较大损失的:

1. 虚构主体;

2. 冒用他人名义;

3. 使用伪造、变造或者无效的单据、介绍信、印章或者其他证明文件的;

4. 隐瞒真相，使用明知不能兑现的票据或者其他结算凭证作为合同履行担保的;

5. 隐瞒真相，使用明知不符合担保条件的抵押物、债权文书等作为合同履行担保的；

6. 使用其他欺骗手段使对方交付款、物的。

（二）合同签订后携带对方当事人交付的货物、货款、预付款或者定金、保证金等担保合同履行的财产逃跑的；

（三）挥霍对方当事人交付的货物、货款、预付款或者定金、保证金等担保合同履行的财产，致使上述款物无法返还的；

（四）使用对方当事人交付的货物、货款、预付款或者定金、保证金等担保合同履行的财产进行违法犯罪活动，致使上述款物无法返还的；

（五）隐匿合同货物、货款、预付款或者定金、保证金等担保合同履行的财产，拒不返还的；

（六）合同签订后，以支付部分货款，开始履行合同为诱饵，骗取全部货物后，在合同规定的期限内或者双方另行约定的付款期限内，无正当理由拒不支付其余货款的。”

根据上述规定可知，司法解释对于非法占有目的的认定是通过列举客观行为进行认定的，换句话说，非法占有目的是根据客观行为推定的，不仅是合同诈骗罪，可以说，刑法分则所有涉及非法占有目的的罪名，对于非法占有目的作为犯罪构成要件时，对该要件的认定都是通过犯罪时的实行行为或者犯罪后的其他客观行为进行推定的。在判断行为人是否具有非法占有目的时，应当准确把握行为人实施的客观行为，坚持主客观相统一的原则。

（三）按照一般办理刑事案件流程来说，辩护律师越早介入对当事人越好

本案辩护律师在刑事诉讼程序最后一环，即审判阶段才介入，介入时间相对较晚，虽然对辩护律师是否能全面掌握案件事实没有太大影响，但是，此时介入已经失去了太多与各环节办案机关沟通的时机，对争取最佳案件结果、最大限度地维护当事人合法权益造成了一定阻碍。

检察机关在审查本案过程中，曾经两次退回公安机关补充侦查，并 3 次延长审查起诉期限，其实就说明了本案构成合同诈骗的特征并不明显。但遗憾的是，检察机关最后仍未能坚持原则，没有把住审查起诉关，没有依法作出存疑不起诉决定或要求公安机关依法撤销案件，迁就公安机关的意见进行了错误的起诉,《起诉书》对被告人指控的犯罪行为与客观事实明显不符，从指控的事实和证据也看不出被告人有合同诈骗行为。非常明确的是，被告人的行为没有刑法的犯罪特征，甚至完全不搭边，明显不构成被指控的合同诈骗罪。把一个明显属于民事领域的合同纠纷办成了一个数额特别巨大，可能判处被告人 10 年以上有期徒刑的重大刑事案件，险些使法院对无罪的人定罪处罚。

作者简介

张国佳

贵达律师事务所执业律师，吉林大学法律硕士，曾办理某知名集团袁某某、谭某某、王某某，观山湖区人民政府丁某某，水矿集团王某某，盘江集团王某某等多起重大职务犯罪案件。担任多家单位法律顾问，具有丰富的诉讼及实务经验。

吴　云

贵达律师事务所刑辩团队专职律师，贵州大学法律硕士研究生，曾参与办理多起重大刑事案件。

4. 伪造、变造、作废的票据或者其他虚假的产权证明担保型合同诈骗的认定

——王某某涉嫌合同诈骗罪被不起诉案

【辩护思路】《刑法》（2011修正）第224条用列举式的方式规定了合同诈骗罪客观诈骗行为的5种主要表现形式，其中第2项规定："以伪造、变造、作废的票据或者其他虚假的产权证明作担保的。"从该条文的逻辑结构来理解，该行为表现包括了3个方面的要素：第一，伪造、变造或者使用了作废的票据；第二，这种票据是汇票、本票、支票等有价的、可流通的，或者是能够证明享有民事权利的证书；第三，使用了上述票据或者证书为债务提供担保。在具体认定该行为时应该结合以上3个要素综合判断是否符合该行为模式，避免以点带面、以偏概全。

一、基本案情

2011年11月1日，被告人王某某被L市Z区人民检察院批捕，后以合同诈骗罪向法院提起公诉。辩护人以被告人的行为并不构成犯罪为由，为其作无罪辩护。一审法院以合同诈骗罪判处被告人有期徒刑3年。后辩护人为王某某提出上诉。

二、辩护意见

辩护人认为，从王某某向李某所借5万元的事实来看，其行为根本就不能认定为犯罪。其理由如下：

从一审庭审的基本情况出发，根据辩方出示的Z区人民法院（2011）Z民初字第×××号民事裁定书、（2011）Z民执字第×××号执行裁定书和（2011）Z民初字第××××号民事判决书和控方所提供的L市公安司法鉴定中心（L）公（司）鉴（文）字（2012）第004号文件检验鉴定书，这样几个基本事实是可以确定的，即：

其一，王某某是彩票店的合法经营者；

其二，王某某已向福彩中心、体彩中心缴纳了45,000元的押金；

其三，（2011）Z民初字第×××号民事判决书确认王某某与赵某某、汪某某所签订之转让合同为有效合同；

其四，徐某伪造了王某某45,000元的押金条两份共4张。

在具体说明王某某之行为不构成合同诈骗罪之前，本辩护人要指出公诉人所犯的一个常识性错误，按公诉人的逻辑：既然押金条是伪造的，那么王某某之行为就是合同诈骗！公诉人的这一逻辑犯了以点带面、以偏概全的错误，原因在于其未完整、准确、全面地理解《刑法》（2011修正）第224条第2项的内容。

《刑法》（2011修正）第224条用列举式的方式，规定了合同诈骗罪的5种主要表现形式，其中第2项规定："以伪造、变造、作废的票据或者其他虚假的产权证明作担保的。"从该条文的逻辑结构来理解，该行为表现包括了3个方面的要素：第一，伪造、变造或者使用了作废的票据；第二，这种票据是汇票、本票、支票等有价的、可流通的，或者是能够证明享有民事权利的证书；第三，使用了上述票据或者证书为债务提供担保。

我国权威法学专家指出"这里所说的'票据'主要指的是汇票、本票、支票等金融票据。'产权证明'包括土地使用证、房屋所有权证以及能证明动产、不动产权属各种有效证明文件。采用虚构的担保文件的方式欺骗对方当事人而与其签订、履行合同，是合同诈骗中一种常见的方式”。就徐某所伪造的押金条而言，它不但不能证明其有价票据的特征，相反，它只能说明王某某向体彩中心、福彩中心提供了担保，王某某是抵押人，体彩中心、福彩中心才是抵押权人。

根据《刑法》（2011 修正）第 224 条的规定，合同诈骗罪是指以非法占有为目的，在签订、履行合同过程中，采取虚构事实或者隐瞒真相等欺骗手段，骗取对方当事人财物数额较大的行为。本罪具有以下特征：（1）客体特征，本罪侵犯的客体是国家对合同的管理制度、诚实信用的市场经济秩序和合同当事人的财产所有权。（2）客观方面特征，从本质上讲，合同诈骗罪属诈骗犯罪的范畴，在客观构成上完全适用诈骗犯罪的构成模式。即欺诈行为→被害人产生错误认识→被害人基于错误认识而处分财产→行为人或第三人获得财产→被害人的财产损失。本罪客观方面表现为行为人在签订或履行合同过程中，虚构事实，隐瞒真相，骗取对方当事人数额较大的财物的行为。（3）主体特征，本罪的犯罪主体包括自然人和单位。（4）本罪的主观方面，表现为直接故意并且具有非法占有对方当事人财物的目的。

王某某供述：其向李某借款 5 万元，是借的高利贷，每月 8 分的利，实际上已支付李某 4 ~ 5 个月的利息（每月 4000 元）。

李某 2012 年 3 月 7 日陈述：“当时是徐某带她（王某某）来找到我要求借钱的。我当时要求王某某提供担保，她说她的彩票店放在体彩中心、福彩中心的押金都不止 5 万元钱，我看了押金条后，考虑到其用押金条抵押不安全，就要求她先同我签订一个虚假的转让协议，将彩票店转让给我，等她将借我的钱还完后，我再写一个转让协议将彩票店转让给王某某……我和王某某口头约定，王某某按月息 3%（具体利率我记不清了）付我利息，这笔钱相当于她没转让彩票店之前我将彩票店租让给她营业的费用。”

上述证据说明：

1. 李某是在向王某某发放高利贷。每月 8 分利，折合年利率为 96%，而同期人民银行贷款基准利率为 5.1%，李某发放高利贷的利率为人民银行基准利率的 18 倍多，其高利放贷行为为我国法律所不允许，而且高利贷行为一直是我国法律重点打击的对象。从这一角度出发，王某某才是真正的受害者，李某则是违法者，如果追究了王某某合同诈骗犯罪的刑事责任，无疑是放纵了违法者，惩罚了受害人。

2. 从“租赁协议”的约定来看：由李某将该彩票点“租赁”给王某某经营，每月租金人民币 4000 元，租期半年，并特别约定“租金每月二十日付清，先付款，后租用”的内容来看，完全可以推定李某每月得到了王某某所交“租金”4000 元，因为从协议的约定来看，如王某某未交清“4000 元租金”，则其就不可能持续经营该彩票店。诚然，王某某不能提供支付月利息的相关收据，但是，从当地大多数寄卖行（实际就是高利贷发放者）的惯例来看，他们收取高利贷的“利息”从来不会向借款人出具收据，而仅在其记账本上注明即可，这是通例。

3. 从行为的具体表现来看，王某某向李某所借的 5 万元，既有借条又有转让协议，还有租赁协议，这明显是不符合生活常识的，从民法的角度来看，明显是以合法形式掩盖非法目的的无效民事行为，无效民事行为的法律后果是，该行为不能产生预期的法律效果，也就是说，李某发放高利贷的行为本身并不能受到法律的保护，如果以合同诈骗罪追究了王某某的刑事责任，不就是变相地让高利贷合法化了吗？显然，这在法律上是说不通的，在逻辑上也是十分荒谬的。

4. 从抵押的角度来看，押金条不是有价证券，本身并不具有流通性，它只是一种证明手段，证明王某某具有经营彩票店的资格，而事实上，李某看中的是王某某经营的彩票店，而不是押金条本身，这个问题从“转让协议”和李某 2012 年 3 月 7 日陈述的内容就可清楚地看出来。

从物权的角度分析，担保物权属于他物权，《物权法》（已失效）第 172 条第 1 款[①] 规定：“设立担保物权，应当依照本法和其他法律的规定订立担

① 对应《民法典》第 388 条。

保合同。担保合同是主债权债务合同的从合同。主债权债务合同无效，担保合同无效，但法律另有规定的除外。”第180条[①] 规定：“债务人或者第三人有权处分的下列财产可以抵押：（一）建筑物和其他土地附着物；（二）建设用地使用权；（三）以招标、拍卖、公开协商等方式取得的荒地等土地承包经营权；（四）生产设备、原材料、半成品、产品；（五）正在建造的建筑物、船舶、航空器；（六）交通运输工具；（七）法律、行政法规未禁止抵押的其他财产。……”

如前文所述，押金条本身只能说明王某某是抵押人，体彩中心、福彩中心才是抵押权人。对此我们不仅要问：押金条可以作为抵押的法律依据到底在哪里？连李某本人都认为“考虑到其用押金条抵押不安全”才要求王某某提供彩票店担保，我们不知道公诉机关是从何得出王某某用押金条作担保的结论的？

5. 最为关键的一点，王某某并没有非法占有的目的，其一，从租赁协议来看，王某某已向李某支付过高利息，其主观上有还款的意思表示；其二，王某某之所以未能还款，主要原因在于另一实际借款人徐某外逃，从而导致了王某某的还款不能。

如果要说虚构合同，事实上是李某提出来签订的虚假合同，而不是王某某虚构合同的事实。

辩护人认为，王某某实际上是高利贷的受害者，从我国《刑法》的规定来看，王某某向李某借款5万元之行为根本不构成犯罪，请合议庭对王某某作出无罪的判决。

三、裁判观点

一审法院认定被告人王某某犯合同诈骗罪，判处有期徒刑3年，并处罚金人民币5000元；赃款5万元继续追缴后发还被害人。二审法院经审理认为，原审判决事实不清，证据不足，撤销原审判决，发回原审法院重新审理。重

① 对应《民法典》第395条。

审过程中，公诉机关以需要补充证据为由，向法院申请撤回起诉，法院裁定准予撤回起诉。

四、办案心得

合同诈骗罪的构成要件分为客观上的诈骗行为和主观上的非法占有目的，对于合同诈骗的具体方法《刑法》（2011 修正）第 224 条以列举式予以明确，其中“以伪造、变造、作废的票据或者其他虚假的产权证明作担保的，骗取对方当事人财物的”属于虚构合同担保的诈骗。

（一）诈骗类犯罪一定要重点审查是否具有非法占有的目的

在经济生活中，提供虚假、无效担保签订合同的现象十分常见，如果行为人以伪造、变造、作废的票据或者其他虚假的产权证明作担保只是为了促成交易等原因，事后能履行合同，在合同不能履行时不逃避承担民事责任，则不能认定行为人具有非法占有目的，不应认定为合同诈骗罪，在具体办案过程中应该保持刑法的谦抑性，不应以刑事手段过度干预经济活动。

刑法的谦抑性要求刑法的启动一定是要作为最后的力量，对于民事案件，刑法就应当保持静默。以本案为例，对于合同纠纷与合同诈骗，是否具有非法占有的目的是区分二者的关键。合同纠纷中行为人是在自愿、平等的基础上采取签订合同方式来确立双方当事人的权利与义务关系，即使实施了一定的欺诈手段，但其目的在于使交易成功，获取合同上的利益。而合同诈骗中行为人是利用签订合同的方法来实现非法占有对方财物的目的，其主观上是具有非法占有他人财物的故意的，签订合同不过是掩盖其目的的一种方式。对于是否有非法占有的目的，理论与实际中都采用刑事推定的方法，通过与主观心理密切联系的外在表现即行为人本身实施的一系列外化客观行为来推定其主观目的。在实践中判断是否具有非法占有的目的通常是从以下 3 个行为来衡量:（1）合同签订前行为人是否具有充足的履约能力;（2）合同签订前行为人虽无履约能力，但在履约过程中是否具有了履约的基础；（3）行为人或第三人是否有充足的资金来源为履约行为提供担保。同时再综合考量行为人如何处理所获得的财物及行为人事后的态度等因素来综合判断行为人是否具有非法占有的目的。如不具有则即使行为人的行为导致合同最终没有实现也不应当认定为合同诈骗。

（二）坚守“禁止类推”原则

英国学者丹宁（Denning）曾经有一个形象比喻，一个法官绝对不可以改变法律编织物的编织材料，但是他可以，也应该把褶皱熨平。在论者的比喻中，“把褶皱熨平”表达的意思就是解释者享有一定的自由解释权。然而，作为“编织材料”的法律规范文本，则限定了解释的对象和解释者享有的自由解释权的运作范围。“禁止类推”原则本身也蕴含了防止刑事司法权对刑事立法权的僭越以及防止刑事司法权对国民私权利的侵害两个符合立法目的的理由。本案中，公诉机关以被告人使用的押金条系伪造为由，以《刑法》（2011修正）第224条第2项“以伪造、变造、作废的票据或者其他虚假的产权证明作担保的”的规定，认为被告人构成合同诈骗罪，将案件中的押金条解释为伪造的票据属于典型的类推解释，与刑法的基本原则相违背。

同时，本案中虚假合同的签订系被害人李某提出，且合同签订后王某某实际履行合同义务，按期支付高额利息，最终未还款原因也主要在于另一实际借款人在逃。虽然案涉押金条系伪造，但是王某某作为彩票店的合法经营者，已实际向福彩中心、体彩中心缴纳45，000元押金，被害人李某借款给王某某亦是看中王某某所经营的彩票店而非押金条本身，且王某某系提供彩票店作为担保，而非押金条，押金条本身并非有价证券，不属于流通物，更不属于《刑法》（2011修正）第224条第2项规定的票据，因此王某某主观上并不具有非法占有目的，依法不应构成犯罪。

作者简介

付永盛

三级律师，曾任贵达律师事务所刑辩团队负责人，执业二十余年，办理各类案件千余件，主要执业方向为刑事业务，曾获贵州省优秀律师称号。

生前曾任第十届全国律协刑事专业委员会委员、贵州省律师协会刑事专业委员会委员、贵阳市律师协会刑事专业委员会副主任、贵州省法学会诉讼法学研究会常务理事、贵州省法学会犯罪学研究会副会长、贵州省涉案企业合规第一批第三方监督评估机制专业人员。

5. 证据确实、充分的证明标准认定

——吴某涉嫌超10亿元合同诈骗无罪辩护案

【辩护思路】本案是一起公诉机关指控合同诈骗罪，二审法院两次发回重审，第三次二审法院最终判处无罪的案件。其辩护思路在于：坚持证据裁判原则，恪守疑罪从无；严格把握刑民交叉案件的界限；正确区分经济纠纷与诈骗犯罪。判断一行为是犯罪还是经济纠纷，取决于证明犯罪的证据能否达到确实、充分，排除合理怀疑的法定证明标准。辩护律师应当合理确定辩护方案、熟练且准确地适用法律、刑事政策，最大限度维护当事人合法权益，通过准确把握案件争议焦点、刑事证据证明力以争取被告人无罪处理结果。

一、基本案情

2011年，因国家对煤炭行业进行整改，B省H县部分煤矿业主于2011年7月8日成立A矿业有限责任公司（以下简称A公司），各煤矿企业挂靠A公司经营。2013年7月，被告人吴某在没有履约能力的情况下，与A公司所有股东分别签订协议，受让A公司全部股份。2013年8月，吴某以A公司名义，分别与A公司原股东签订了关于某县共10家煤矿的采矿权转让协议，将10家煤矿全部转让至A公司名下。双方约定交易总金额共11.918亿元。转让首付款为收购金额的10%，主体资格公示以后半年支付60%，余款30%再过半年支付。同时还约定，在吴某未支付完全部收购款以前，A公司的行政章、财务章、合同专用章、所属煤矿采矿权等公司相关证照交由第三方保管，双方均不得使用。合同签订后，吴某为了骗取对方信任，其通过民间借贷的方式借款1.2亿元支付了交易额的10%，顺利获得A公司的全部股份，成为A公司的法定代表人。随后，吴某在没有权利使用A公司矿权的情况下，伪造相关证照，将A公司的采矿权向银行抵押贷款，还用A公司为其实际控制的其他企业担保贷款共数亿元。吴某并未将上述资金用于支付双方交易款，而被吴某用于归还其个人其他债务。

2015年6月18日，B省G市人民检察院指控被告人吴某犯合同诈骗罪，向法院提起公诉。G市中级人民法院经审理后，于2016年4月12日作出第一次一审判决，认定被告人吴某犯合同诈骗罪，判处无期徒刑。吴某提出上诉，B省高级人民法院以事实不清，证据不足为由将案件发回重审。G市中级人民法院另行组成合议庭审理，于2017年12月4日作出第二次一审判决：被告人吴某犯合同诈骗罪，判处无期徒刑。吴某仍不服，提出上诉，B省高级人民法院以原审违反法定诉讼程序为由，再次将本案发回重审。G市中级人民法院再次另行组成合议庭审理作出第三次一审判决：被告人吴某犯合同诈骗罪，10.7262亿元，判处无期徒刑；宣判后，吴某坚持认为其行为不构成合同诈骗罪，提出上诉。B省高级人民法院经审理后，采纳了辩护人所提一审判决认定吴某构成合同诈骗罪事实不清，证据不足的辩护意见，于2022年3月23日作出判决，撤销了G市中级人民法院判决第一项，即“被告人吴某犯合同诈骗罪，10.7262亿元，判处无期徒刑，剥夺政治权利终身，并处罚金五百万元”，并改判为本案事实不清、证据不足，指控罪名不能成立。

二、辩护意见

因本案涉及多次庭审，存在多份辩护意见，本案例仅针对第三次二审庭审辩护人辩护意见进行整理。

（一）本案上诉人所作供述不具有证据资格，属于非法证据，应当予以排除

根据《刑事诉讼法》（2017 修正）第 123 条规定：对于可能判处无期徒刑、死刑的案件或者其他重大犯罪案件，应当对讯问过程进行录音或者录像。根据本案三次发回重审判决可知，三次判决都对吴某判处无期徒刑，据此规定，侦查机关在讯问吴某时应当采取同步录音录像。但是，本案中缺少吴某讯问过程的录音录像，对于缺少同步录音录像的被告人供述，辩护人有理由相信系通过非法取证的方式取得，建议法院依法予以排除。

根据《刑事诉讼法》（2017 修正）第 52 条，最高人民法院、最高人民检察院、公安部、国家安全部和司法部《关于办理刑事案件严格排除非法证据若干问题的规定》第 1 条、第 3 条、第 5 条、第 8 条、第 20 条、第 34 条的规定，侦查人员必须依照法定程序，收集、调取证据材料，采取非法方法收集的证据应当予以排除。本案中侦查机关违反法定程序，采取非法取证的方式获取被告人的供述。首先，在上诉人被采取强制措施后，剥夺辩护人的会见权，让上诉人在缺失辩护人帮助的情况下，采用引诱方式、让证人及相关人员与上诉人相见方式，欺骗上诉人等多种违法手段，让上诉人在误以为不会遭受严重法律后果的情况下，作出违背客观真实情况的供述。其次，辩护人通过对比多次提讯记录材料，发现提讯记录与讯问笔录严重不对应，提讯记录过于模糊，讯问笔录的时间、内容与提讯的时限严重不对应。针对该记录，侦查机关进一步采取不同步录音录像的方式，让辩护人对违法侦查行为无迹可循，从而使辩护人无法获得非法取证的证据，破坏辩护人申请排除非法证据的基础。

据此，申请人有充分的理由相信，本案存在严重的非法取证行为。恳请合议庭能客观公正地对上诉人的供述在认定证据资格这一问题上，慎重决策，认定上诉人在侦查机关所作的供述，属于非法证据，予以排除。

（二）认定上诉人吴某构成合同诈骗罪的诸多事实不清

1. 判决上诉人吴某无期徒刑的基础事实不清

本案历时 4 年，历经多次审判程序，一审法院两次以上诉人构成合同诈骗罪判处其无期徒刑，却从未对涉嫌诈骗的金额予以认定。根据《刑法》规定，构成合同诈骗罪应需要考虑行为的危害性和结果的严重性。在判处刑罚时需要以犯罪金额或情节为基础，作为量刑的参考因素。针对合同诈骗罪，判处无期徒刑需要在社会危害性上具备两个条件：一是数额特别巨大，二是存在其他特别严重情节。一审法院没有就具体犯罪金额作出认定，属于事实认定不清，虽然在判决理由上认定为情节特别严重，但并未就特别严重情节作出进一步的说明，特别严重情节是一个认定情节后的结论，那么，作出该结论的理由是什么呢，构成情节严重的事实又是什么？一审法院并未具体说明，辩护人百思不得其解。

2. 一审法院认定上诉人在合同签订时，存在巨额债务的事实不清

虽然吴某多次供述其有私人借款，但具体的金额为多少，即便是有具体的金额，又对吴某履行合同有着多大的影响？上述事实均与本案罪名的认定有重大关系，若无法查明以上两个关键事实，就无法对吴某的经济能力作出一个客观公正的评价，无法证明上诉人在合同签订时的履行能力。

3. 各煤矿转让前的经营状况未查清

各矿主将煤矿转让给吴某前，煤矿自身的债务、是否拖欠农民工工资、是否缴纳税款、工伤事故处理情况等其他客观证据材料加以证明，仅凭煤矿矿主的一面之词，难以对各煤矿的实际经营状况作出真实客观的认定。

4. 上诉人接手 A 公司后的经营状况事实不清

上诉人接手 A 公司后，投入了多少资金，投入的资金是吴某自有还是向外举债，该资金的用途不清；公司经营性资金，各煤矿产生的利润，利润的去向不清；上诉人是否实际控制了各个煤矿的生产经营，煤矿是否产生了利润，具体的金额，利润的归属不清；公司的经营成本是多少，是谁投入不清；

上诉人逃离 Z 市的真实原因及是否有携款不清。

（三）上诉人吴某的行为不符合合同诈骗罪的犯罪构成要件

1. 上诉人未实施诈骗行为，被害人也未受欺骗，被害人均知道上诉人可能没有全额履行合同的能力

在合同诈骗罪的认定上，被害人是否受到“欺骗”是至关重要的情节。本案众多被害人与上诉人早就熟识，清楚地知晓吴某的经济状况和个人信誉情况，作为在商场打拼多年的成熟商人，不可能凭上诉人称自己有能力收购就信任上诉人，如此草率地决定售卖煤矿，被害人均是在多方衡量评估后决定出售煤矿的。对上诉人的资金能力，被害人完全了然于胸。

诸多证据证实吴某并未虚构自己的履约能力，没有欺骗或隐瞒真相，诱使矿主与其签订协议。对于上诉人履行合同的能力，被害人都是清楚的，至少是怀疑的。从被害人证言“吴某没有多大实力”及双方在合同中约定“若吴某没有履行第二期 60% 的收购款，被害人可以单方面解除合同，收回煤矿”可知。

再有，合同诈骗罪中的欺骗行为必须要足以使得被害人陷入错误认识，从而处分财产，欺骗行为要造成被害人财产的实质性损失而非形式上的损失。

2. 吴某有履行合同的能力或者说具有履行合同的可能性

上诉人的履行能力应当结合其资金能力、融资能力、信用能力、资源能力进行综合判断，不应当仅以资产作为判断履行能力的单一标准。

吴某拥有经济实力强大的合伙人王某华。吴某在供述中多次提到他有一个合伙人王某华，虽然王某华在多次的证言中均称其不是吴某的合伙人，但其证言并不具备可信性，其客观行为与主观说法严重不对应，不符合常理。结合王某华转款账户系 A 公司账户，不是吴某私人账户，以及王某华在吴某被采取强制措施后让吴某授权其管理 A 公司等多个事实，不能排除王某华就是吴某合伙人的合理怀疑。

检察机关所提供的多项证据仍不能排除王某华系吴某合伙人的合理怀疑。

检察院在庭审中出具王某华新证言，系重复性证言，该证言仍不能就上述诸多违反常理的行为作出合理解释，故新证言的真实性是存疑的。因此，应当认定王某华就是吴某的合伙人。吴某多次笔录供述从王某华处借款支付煤矿收购款，但如前文所述，侦查阶段吴某供述系受侦查人员诱导及侦查人员带王某华与吴某见面所作的违背客观真实供述。

按照商业惯例，大多合同履行情况依靠签订后的努力完成，不应严苛要求所有合同当事人在签订合同之前对合同的履行做足事先准备，否则大多合同纠纷将会变成合同诈骗。本案合同是在全省煤矿进行整合背景下签订的，根据煤炭整合行业实情，大部分整合合同均是先签合同，预付部分收购款，再用煤矿融资支付剩余收购款。本案中，被害人均知道没有人能一次拿出十多个亿的资金来收购，都需要通过银行贷款或其他融资渠道进行付款。但能否融到资，不是被告人一人就能完成的，还须具备其他多项条件，本案合同签订后，煤炭市场收缩，银行控制银根，对煤矿的贷款保持了绝对警惕，导致吴某无法获得足额贷款。但是，在签订合同时，向银行或其他金融机构融资收购款的可能性是完全存在的。也即上诉人是具备履行合同的可能性的。

3. 上诉人吴某主观上没有非法占有的故意

最高人民法院颁布的《全国法院审理金融犯罪案件工作座谈会纪要》对金融诈骗案件中“非法占有目的”的认定进行了讨论，认为：“在司法实践中，认定是否具有非法占有目的，应当坚持主客观相一致的原则，既要避免单纯根据损失结果客观归罪，也不能仅凭被告人自己的供述，而应当根据案件具体情况具体分析。根据司法实践，对于行为人通过诈骗的方法非法获取资金，造成数额较大资金不能归还……但是，在处理具体案件的时候，对于有证据证明行为人不具有非法占有目的的，不能单纯以财产不能归还就按金融诈骗罪处罚。”回看本案，上诉人没有实施前述任一行为。

合同签订时，吴某真金白银支付各矿主 1.2 亿元。虽然仅占合同总价的 10%，但该数额依然是天文数字，该数额已接近合同签订前吴某的个人总资产。吴某支出如此大笔资金不可能是为了骗取尚未真正控制和变现的煤矿。

同时，该收购行为是在政府的监管下进行的。根据双方签署的协议可知，吴某并未实际控制煤矿，也不可能实际控制煤矿，即使控制煤矿，也不可能将煤矿变成直接经济利益。煤矿系不动产，不动产的占有不同于动产的占有。

一审法院认定，吴某是以先履行小额合同的方式，诱使对方当事人继续履行合同，从而骗取他人财物。如果该事实认定成立，则本案事实就是吴某试图先支付1.2亿元，在明知合同约定了一旦违约，对方可以单方面收回煤矿且1.2亿元不予退还，不可能在第二期付款期限前，通过煤矿获得远高于1.2亿元的收益，同时，在需要承担严重刑事责任的情况下，还能产生非法占有对方财物的目的。显然，这是一场根本不可能实现的豪赌，吴某不可能以1.2亿元资金去换一个根本无法实现的实施合同诈骗的机会。

合同签订后，因吴某已按照合同支付了巨额资金，因此，吴某积极筹集资金，帮助煤矿积极处理外债，系为了更好地实现煤矿整合经营。此时，不可能产生非法占有的恶意，因为一旦不能履行第二期付款，吴某将一无所有，血本无归。

4. 上诉人吴某没有实施法律规定的构成合同诈骗罪的客观行为

《刑法》（2017修正）第224条规定：合同诈骗罪的客观行为包括：（1）以虚构的单位或者冒用他人名义签订合同的；（2）以伪造、变造、作废的票据或者其他虚假的产权证明作担保的；（3）没有实际履行能力，以先履行小额合同或者部分履行合同的方法，诱骗对方当事人继续签订和履行合同的；（4）收受对方当事人给付的货物、货款、预付款或者担保财产后逃匿的；（5）以其他方法骗取对方当事人财物的。

综观全案证据，吴某没有任何一个行为符合上述规定。针对检察官指控的第（3）项，前文已详细论述；第（4）项，吴某之所以离开Z市，是因为其受到严重的人身危害导致的。其主观上不是为了逃避合同义务，而是为了避免严重的人身危害，同时给浦发银行的违规行为施加压力。况且，吴某离开Z市不是有预谋的，而是临时起意离开，且没有携带任何与A公司有关的财物，从其售卖路虎车获得资金就可以证明。

（四）在案证据达不到证明吴某构成合同诈骗罪的标准

1. 证明吴某虚构事实及履行能力的证言前后矛盾，且与其他证据不能相互印证

吴某伦证言：称 1.2 亿元到账后相信吴某的实力，是为了形成吴某事先虚构事实主观印象。吴某伦、陈某忠、陈某、唐某乾都是在 2013 年 7 月 20 日签订了《煤矿整体转让协议书》，然而，根据王某华证言及汇款凭证，他分别于 2013 年 7 月 22 日汇款 1 亿元；7 月 23 日汇款 2000 万元。也即上述 4 人在 1.2 亿元到账之前就已经签订了合同。

吴某伦关于吴某融资能力的证言前后矛盾，该证言不可信，不能排除构陷上诉人的嫌疑。其称吴某可以用变更后的煤矿产权继续融资贷款支付我们的转让费；但在 2015 年 6 月 3 日的笔录中称：不清楚吴某有无实际履行合同的能力，不知道吴某所说的融资方式。

2. 检方出具的用于证明侦查阶段取证行为合法、取证方式符合程序规定的情况说明从形式、内容上都不具有证据资格

在第二次上诉期间的庭审中，针对辩护人申请调取的证据及提出的非法证据排除，出庭检察院向法庭提交了由侦查机关部门出具的情况说明。

从证据形式来看，情况说明不符合刑事证据的形式要件，没有证据资格。情况说明共 3 页，仅在最后一页加盖印章，前两页没有加盖印章且没有加盖骑缝章，难以排除前两页是伪造的可能性；同时，该印章是具体办案部门印章，不是侦查机关印章，部门无权代为出具情况说明。

从内容上看，情况说明达不到检察院的证明目的。情况说明载明，侦查部门以侦查阶段“辩护人与嫌疑人有重大利害关系为由拒绝让其会见”，显然该不允许会见的理由是非常牵强和蛮横的。首先，侦查部门没有出示律师与嫌疑人属于利害关系的证据；其次,《刑事诉讼法》并没有嫌疑人与辩护人有利害关系而排除辩护人会见权的规定；最后，未将不允许会见的理由书面告知辩护人和嫌疑人，其理由不应当得到支持。

法律规定做同录的目的，在于保障讯问过程的公开、公正，保障嫌疑人的合法权益，特别是可能判处无期徒刑的重大案件，更应该如此。该义务是不因任何理由而予以豁免的。侦查机关不能以看守所没有设备为由而不做，做同录的主体是侦查部门而非看守所。即便看守所没有同录设备，那么侦查人员在明知没有同录后，为何之后的讯问不自行携带设备呢？该理由同样不应该成立。

针对辩护人在庭审中提出提讯记录与笔录不对应的情况。侦查部门认为是侦查人员因工作繁忙而难以等待，所以离开。该理由强词夺理，情况说明载明看守所管理严格，进出都要登记。那么为什么不登记侦查人员离所的时间呢？针对有提审开始时间，有回所时间而没有笔录的情况，并未加以说明。显然，情况说明关于提讯记录与笔录严重不对应的说法漏洞百出，难以取信于人。

3. 检方调取的用于证明上诉人吴某没有进行融资，无履行可能性的证据，证明对象错误

关于辩护人申请调取吴某向 B 市 A 公司递交资料用于融资的证据。检察院出示的却是 A 公司 C 分公司出具的情况说明，尽管检察院在庭审中口头表述向北京调取过的事实，但未出示向 B 市 A 公司调取过的任何痕迹证据。因此，对于吴某是否向 B 市 A 公司申请过融资，依然处于事实不清的状态。

另外，《关于办理吴某涉嫌骗取 S 市浦东发展银行股份有限公司某分行贷款案的情况汇报》载明：第一，浦发银行某分行故意将吴某归还 5700 万元的资金人为地用于归还 H 县煤炭销售公司未到期的 6400 万元贷款；第二，侦查部门明确知道吴某向中国某融证券公司融资 4.8 亿元，因浦发银行人为下调吴某及其关联企业的信用等级，导致该笔融资没有到位。证明吴某在中国某融证券公司申请了融资，只是因为意志之外的原因导致未能成功融资，吴某在积极地履行合同，没有非法占有的主观恶意；一并证明吴某不能按照合同约定支付第 2 期煤矿收购款，不是其主观原因造成的。

4. 检方出示的用于证明吴某在签订、履行合同的过程中存在巨额债务，具有非法占有目的的证据不具有真实性

检察院出示的借款人证言、借条、银行流水等证据，从形式上看，似乎吴某欠下巨额债务。首先，什么叫巨额债务，并没有严格的界定方式；其次，上述只是借款的凭证，不是变成生效的法律文书，其内容不一定客观；再次，检察院并未出示吴某在购买煤矿时的债权及资产，上述证据的收集，完全是为了指控而收集，违反了应当收集被告人罪轻或无罪证据的证据收集规则；最后，上述所谓的债权人大多未提起诉讼，充分地说明上述证据的借款内容不一定真实。

（五）检察院在庭审中认定上诉人构成合同诈骗罪的对象和金额的意见没有事实、法律依据，不应当成立

检察院在庭审中提出，吴某诈骗的事实为在银行的三笔贷款，金额为三笔贷款的总金额，该意见显然是不能成立的。首先，检察院认为吴某构成合同诈骗罪的金额由三笔贷款构成，分别为在中信银行贷款的 1.7 亿元、在浦发银行贷款的 5700 万元、在中信银行担保贷款的 6000 万元，但同时又说诈骗金额共计 2.87 亿元，辩护人反复查阅庭审记录，始终不明白 2.87 亿元是如何构成的。其次，该三笔贷款中的两笔已认定为骗取贷款罪，现如果再认定构成合同诈骗罪，显然违反了不得重复评价的基本诉讼原则。再次，从三笔贷款的原因、贷款资金的去向上来看，上诉人不可能具有非法占有的故意。最后，该三笔贷款，并未直接侵害被害人的财产权益。因此，检察院在庭审中关于诈骗事实及诈骗金额的意见，是严重缺乏事实依据和法律依据的，依法不应当支持。关于本案诈骗金额的事实，依然处于事实不清的状态。

综上，上诉人吴某不应当构成合同诈骗罪，本案实质上应当是一个经济纠纷而非刑事案件，侦查机关违反法律规定，用刑事手段干预经济纠纷。对上诉人犯合同诈骗罪的认定，就一审法院查明的事实而言，达不到案件事实清楚的状态，就一审判决所列证据而言，达不到“证据确实、充分”的证明

标准，建议合议庭根据《刑事诉讼法》第225条第3款的规定，认定一审判决事实不清、证据不足，作出予以改判被告人罪名不能成立的无罪判决。

三、裁判观点

根据上述事实、证据以及控辩双方的意见，就吴某是否构成合同诈骗罪综合评判如下。

（一）关于本案侦查机关所收集证据的合法性问题

在二审庭审中，上诉人吴某的辩护人提出侦查机关在整个案件侦查阶段，非法剥夺吴某及其辩护律师的辩护权，导致侦查机关的侦查行为不具有合法性，所取得证据应当认定为非法证据，不能作为定罪量刑依据的辩护意见。经查，在本案二审期间，辩护人在开庭前并未提出非法证据排除申请，相关线索也不是在庭审期间才发现的，且其所述的侦查机关未保证被告人获取律师帮助的权利，与侦查机关的侦查行为本身是否具有合法性没有直接关联，因此，不能以此否定侦查机关所收集证据的合法性。故该辩护意见不能成立，法院不予采纳。

（二）关于吴某是否实施诈骗行为问题

本案争议的焦点之一是吴某支付首付款（收购金额的10%）的行为是一种正常履行合同的行为，还是《刑法》（2017修正）第224条第3项所规定的以“部分履行合同的方法，诱骗对方当事人继续履行合同的”诈骗行为。本案发生在G省政府出台煤矿企业兼并重组政策文件的背景下，吴某提出先支付交易额的10%，原煤矿主将采矿权转移到A公司名下，吴某再以A公司名义进行融资来支付收购款。该方式是吴某与原煤矿主的共识，在此问题上不存在虚构事实的行为。采矿权转让到A公司名下以后，吴某在短时间内以A公司作为贷款主体或担保主体，向多家银行进行贷款融资。这些贷款未按照约定打入双方指定账户，而是绕开原煤矿主的监管，将部分贷款用于偿还个人借款。因此，其在一定程度上隐瞒了以A公司贷款的真实意图，其行为具有一定的欺骗性，但现有证据尚不足以证实吴某支付交易额10%的首付款就是为了骗取原煤矿主将采矿权过户到A公司。因此，吴某是否以部分履行合同的方式（支付首付款），诱骗对方当事人继续履行合同（过户采矿权）的事实不清，证据不足。

（三）关于吴某是否具有履约能力

通过融资方式支付煤矿转让款是吴某和原矿主的共识，因此，判断吴某是否具有履约能力的一个关键点是吴某是否有通过融资来履行合同的可能性和实际行为。吴某供述称其在签订合同前就向B市A公司送交了煤矿的资料，并通过了初审后才回来签订收购合同。对此，2018年，检察机关调取了A公司C分公司出具的一份情况说明和公司营业执照，拟证明A公司与该公司没有业务往来。但是，被告人吴某供述的是向B市A公司争取融资，检察机关调取的情况说明只能证明吴某没有向A公司C分公司融资，不能证实吴某没有向B市A公司申请融资。该证据证明对象错误，不能作为证明吴某没有履约能力和意愿的证据。此外，在本案二审期间，检察机关又调取了A公司C分公司营业执照（复制件），拟证明该公司成立于2015年8月18日，与吴某以及A公司在案发时无时间交集，但同样存在证明对象错误问题，无证明价值，故不再予以举证、质证，作为证据使用。因此，吴某是否有通过融资来履行合同的可能性和实际行为的事实不清。

（四）吴某主观上是否具有非法占有目的

上诉人吴某对于履约意愿有不同的供述。既有即便融资顺利的情况下也准备和原股东商量缩水他们的收购款，根本不可能按之前的合同约定支付完收购款的供述，也有称系因骗取浦发银行的贷款案发后，浦发银行下调其信用等级，使其无法融资，资金链断裂，以及原煤矿主也有违约行为等原因未履行合同的供述。吴某还供述曾向B市A公司申请融资，并已通过初审，才回来签订合同。对此，检察机关亦未向B市A公司进行核实。在吴某是否具有履约意愿和履约能力的事实不清的情况下，现有证据不能证实吴某在签订、履行合同过程中具有非法占有的目的。故吴某的辩护人所提“吴某主观上没有非法占有的目的，客观上有履行合同的能力或者说具有履行合同的可能性”的辩护意见，部分予以采纳。

（五）关于本案诈骗数额和造成损失问题

本案上诉人吴某通过先支付煤矿收购款的10%，使原煤矿主将采矿权过户到A公司名下，又以A公司作为贷款或担保主体进行贷款。原煤矿主实际交付的是采矿权，而不是煤矿本身。因此，本案诈骗犯罪的对象应当是采矿权，故对被害人的诉讼代理人所提部分意见予以采纳。但是，本案采矿权的价值未作评估，诈骗犯罪数额不清。且在吴某已经支付原矿主1.2亿元的情况下，原煤矿主是否有损失以及有多大损失的事实不清。原审法院将吴某合同诈骗的金额确定为剩余的收购款（10.7262亿元）不当。吴某合同诈骗的犯罪数额应当根据其合同诈骗所骗得财物的价值来确定。本案的合同诈骗的犯罪对象是原煤矿主的采矿权，如果要确定采矿权的价值需要进行专业评估。一审法院将吴某合同诈骗罪的犯罪金额确定为剩余的收购款（10.7262亿元）无事实依据。现有证据不能证明本案合同诈骗的具体犯罪金额，也不能确定被害人是否实际遭受损失。故吴某的辩护人所提“一审判决用合同金额减去已经支付的金额作为吴某合同诈骗的犯罪金额过于草率，本案诈骗金额仍处于事实不清的状态”的辩护意见成立，法院予以采纳。

综上，现有证据不能证实上诉人吴某主观上具有非法占有目的，客观上实施了欺骗行为，且本案的犯罪金额以及被害人损失情况等事实亦不清。故吴某及其辩护人所提一审判决认定吴某构成合同诈骗罪事实不清、证据不足的辩护意见成立，法院予以采纳。检察机关出庭检察院所提本案事实清楚，证据确实、充分，吴某构成合同诈骗罪的意见，法院不予采纳。

法院认为：公诉机关指控上诉人吴某犯合同诈骗罪、原审法院认定上诉人吴某构成合同诈骗的事实不清、证据不足。根据《刑事诉讼法》的规定，应当撤销一审法院对吴某合同诈骗罪的定罪和量刑，对吴某合同诈骗犯罪不予认定。认定吴某构成合同诈骗罪事实不清、证据不足，应当予以撤销。判决：撤销G省G市中级人民法院（2019）K刑初××号刑事判决第一项，即“被告人吴某犯合同诈骗罪，判处无期徒刑，剥夺政治权利终身，并处罚金人民币五百万元；犯骗取贷款罪，判处有期徒刑五年，并处罚金人民币一百五十万元。决定执行无期徒刑，剥夺政治权利终身，并处罚金人民币六百五十万元”。

四、办案心得

（一）针对案件事实不清、证据不足的刑事案件，应当树立三个重要思维

1. 对公诉方证据体系要有整体把握，“先破后立”

先破后立：“先破”就是打掉公诉方的单个证据，将其排除在法庭之外。“后立”是在攻破公诉方证据的基础上，提出新的证据，证明新的事实与主张。要向检察官学习阅卷。对公诉证据要有整体把握，有利于被告人的证据有哪些，不利于被告人的证据有哪些，相关体系如何？公诉人是如何论证构成犯罪的？在现有司法实务中，对同一事项，公诉方及辩护方各有一个说法，法官一般不会采纳辩护方意见。辩护方必须要先打掉公诉方的事实及证据体系。

2. 欲证公诉指控事实不清，证据不足，一定要论证有“其他可能性”的存在，要“预破先立”

证明标准的辩护中，要注意：（1）找出其他可能性，即其他人作案的可能性或者无罪的可能性，且其他可能性无法排除；（2）拿出证据支持本案有重大的合理的疑问，且疑问有证据支持。

大量案例表明，凡是以“事实不清、证据不足”作证明标准的辩护，如

果只从以下三个方面切入，不会成功：只找出公诉方证据的疑点，哪怕几十个疑点；动不动找出不合情理；动不动找出证据间的矛盾。疑点与矛盾并不等于事实不清、证据不足。

3. 欲提新的辩护观点，须用新证据加以论证

在公诉方证据足以证明犯罪构成成立的情况下，要提出新的主张，辩护方一定要拿出新的证据，承担举证责任。例如在本案中，关于吴某是否具有履行合同的能力，吴某向 B 市 A 公司提交融资材料就属于关键证据，辩护人申请检察机关调取。

（二）善于理性沟通，重视刑事司法政策的调整

有效辩护不仅在于法庭之上，更在于法庭之外。无罪辩护不仅是在法庭上，更重要的有效工作在法庭外和法院、检察院的沟通交流。本案中，辩护人多次和办案单位沟通案件信息、研讨证据标准，针对控告人提出的犯罪事实及时沟通辩护观点，和办案单位形成良性的沟通关系，力争在刑民交叉、案件定性、证据等多方面达成共识。

无罪辩护的成功，除了律师的专业尽职，其实更是一个天时、地利、人和综合作用的过程，辩护人能做的是从证据、法理、人情、刑事政策等诸多与案件处理相关的问题上与办案机关进行有理有力有效的沟通，如本案的办理过程中，依法保护民营企业及民营企业家这一刑事政策的调整，对于最终的争取无罪，起到了重要的作用。意识到案件“事出有因”，唤起办案机关的理解与同情，让办案机关愿意采纳律师的辩护意见，这是同样关键的“最后一公里”。

（三）还应熟知社会规则、行业惯例，重视细节

设身处地地还原案发时的行业环境，案发背景，才能达到洞悉案情和当事人主观状态的目的，律师的专业知识只是基本功底，案件事实的细节是无罪辩护成功的基础，还应学会从当事人的“废话”中寻找辩点。

当前，司法实务中将经济纠纷作为经济犯罪处理存在扩大化的趋势，作为一名合格的辩护人，应当将目光往返于事实和规范之间，做到多维度、精细化的有效辩护，帮助当事人追寻适时适度的正义。

作者简介

毕　健

贵达律师事务所高级合伙人、考监委主任、二级律师。贵州师范大学理学学士，中国政法大学经济法学硕士研究生，中国人民大学律师学院首期律师事务所管理高级研修班结业，中华全国律师协会 WTO 法律实务和涉外仲裁法律业务学习结业，贵州省人民政府法律顾问室第一期政府法律顾问业务培训结业，具有投资项目分析师（中级）资质。荣获贵州省“2008～2011、2015～2017 年度全省优秀律师”等荣誉称号。

张国佳

贵达律师事务所执业律师，吉林大学法律硕士，曾办理某知名集团袁某某、谭某某、王某某，观山湖区人民政府丁某某，水矿集团王某某，盘江集团王某某等多起重大职务犯罪案件。担任多家单位法律顾问，具有丰富的诉讼及实务经验。

6. 准确区分民事违约与刑事诈骗，为民营企业家保驾护航

——张某某涉嫌合同诈骗罪被不起诉案

【辩护思路】在日常民商事活动中，双方通常以签订合同的方式建立关系，当合同因一方行为而无法履行时，我们往往难以区分违约方到底属于刑事合同诈骗还是民事合同违约，因二者的客观表现有许多相似之处，但两者最主要的区别在于行为人主观上是否具有非法占有目的。本案中，侦查机关将民事合同行为以合同诈骗罪予以立案，便是利用查办刑事案件手段干预经济纠纷的典型。如何从客观证据中去识别和界定“非法占有目的”这一主观要素，如何正确区分民商事行为与经济犯罪行为，是本案辩护的重点。

一、基本案情

自2014年4月开始，A公司与张某某相继签订了《建筑工程施工合同》《W大市场排洪沟合同书》等9份合同，将W大市场仓储等工程承包给张某某施工。工程完工后，A公司委托M审计公司对张某某所施工的工程项目进行审计，审计金额共计2873万余元，且A公司、张某某已对审计报告予以确认。经双方对账，A公司已付工程款共计2842万余元。后A公司单方要求M审计公司出具补充审计报告，对鉴定内容进行更改，又另外委托H审计公司对该工程项目进行审计。

因A公司拒绝支付剩余工程款，张某某随后到法院起诉A公司，要求A公司支付剩余工程款及工程款逾期利息，后一审法院判决支持张某某诉求。后A公司不服，上诉至中级人民法院。

民事案件审理期间，A公司依据M审计公司出具的补充审计报告及R审计公司的审计结果，到公安局报案称其被人实施侵占，损失900余万元。后公安局对该案立案侦查后发现，张某某在施工过程中，采取虚报、多报、重复报等方式，指使其聘请的乙方施工人员邱某某、谢某某以及现场管理人员陈某某等人制作填写签证单。张某某为了让A公司的施工人员牟某某、夏某某等人在签证单上签字认可，便经常邀请牟某某、夏某某等人吃饭，同时购买香烟给该几人抽。之后牟某某、夏某某等人在没有按规定进行现场复核、测量、计算等情况下，在张某某提供的签证单上签字认可，在甲方（A公司）委托审计公司对张某某施工的W大市场相关工程进行审计后，审计公司也并未到现场实际勘验、复核，没有按照审计的相关要求对该工程进行审计，仅凭张某某所提供的签证单以及图纸、合同等资料进行审计，使得张某某通过虚报、多报、重复报等方式，骗取A公司的工程款。

为进一步查清该案中张某某多报、虚报、重复报的工程量，公安局特聘请G省N公司对张某某施工的W大市场工程项目进行造价审计，审计结果为：张某某施工的W大市场工程项目工程造价结果为2383万余元，从而证实张某某采用多报、虚报、重复报等手段骗取的工程款共计为459万余元。

二、辩护意见

合同诈骗罪是指以非法占有为目的，在签订、履行合同过程中，使用欺诈手段，骗取对方当事人财物，数额较大的行为。辩护人认为张某某在本案中既无合同诈骗罪的主观故意，也无合同诈骗罪的客观行为，张某某在本案中的行为不构成合同诈骗罪。

（一）张某某主观上并无非法占有目的

1. 在 A 公司与张某某签订合同时，张某某没有非法占有目的。张某某以个人名义承建 W 大市场仓库基础及附属工程，系 A 公司和张某某本人的真实意思表示。张某某挂靠其他公司承建 W 大市场楼面施工，也是经 A 公司、其他公司及张某某本人协商一致的结果。甲方 A 公司还与施工方张某某约定了工程的结算方式：一种是通过工程图纸进行结算，在图纸内的工程通过图纸计算工程量；另一种是在图纸之外，也就是没有规划在图纸里的工程就通过签证单的形式结算，签证单只要双方签字确认即可。可见，张某某与 A 公司之间签订《建筑工程施工合同》是双方意思表示一致的结果，且张某某在签订合同时具备完全的履行能力，并不具有非法占有目的。

2. 张某某在履行合同过程中，没有非法占有目的。合同签订之后，张某某组建施工班组，聘请专门的施工管理人员，按照与 A 公司的合同要求，积极履行合同，且张某某已实际全面履行了己方合同义务。最后工程竣工，A 公司委托 M 审计公司进行审计，且是 A 公司向审计公司提供的审计资料，并且在委托审计时，A 公司的负责人唐某某明确告知审计人员要依法审计，不得与施工方单独接触。审计人员依据 A 公司提供的资料依法进行审计，对于最终的审计结果也是经 M 审计公司、A 公司、张某某签字（盖章）确认，双方并没有提出任何异议。因此，W 大市场的验收、审计工作，都是 A 公司在单方操作，张某某并没有弄虚作假的空间，张某某作为施工方，兢兢业业履行合同义务，从始至终都不具有非法占有目的。

（二）张某某在本案中不存在合同诈骗的客观行为

合同诈骗罪在客观方面表现为在合同的签订或者履行过程中，虚构事实、隐瞒真相，骗取对方当事人财物，且数额较大的行为。具体为《刑法》（2017 修正）第 224 条规定的 5 种情形：（1）以虚构的单位或者冒用他人名义签订合同的；（2）以伪造、变造、作废的票据或者其他虚假的产权证明作担保的；

（3）没有实际履行能力，以先履行小额合同或者部分履行合同的方法，诱骗对方当事人继续签订和履行合同的；（4）收受对方当事人给付的货物、货款、预付款或者担保财产后逃匿的；（5）以其他方法骗取对方当事人财物的。

本案中，犯罪嫌疑人张某某挂靠其他公司承建W大市场楼面施工，并以个人名义承建W大市场仓库基础及附属工程，上述工程都是按照约定以图纸、签证单的形式进行工程结算，对于公安机关指控签证单存在的问题，辩护人提出以下异议：

1. 本案中出现的签证单主要是张某某聘请的施工管理人员制作的，在本案的施工过程中，张某某本人很少到施工现场，其信任自己的施工管理人员，并且所有的施工管理人员都有权在签证单上签字确认。在需要张某某签字的时候，也是其施工管理人员制作好签证单，填写完相关内容，才交给张某某签字，张某某对于工程的事情一窍不通，签字时也是按照惯例，没有查问相关的签证单内容就直接签字。签证单的制作过程并非如证人陈某某所述：所有签证单上的内容都是经张某某授意的。因为张某某本人很少在施工现场，其对于施工现场的情况又如何得知，并要求施工管理人员填写具体的数据？

所以，张某某对于签证单内容的真实性并不知情，而且在施工方填写签证单并签字之后，A公司应该负有审查、核实的义务。在施工过程中，A公司的现场管理人员一直在施工现场进行监督，其对于相应的工程项目和数量应该很清楚，应该对工程量进行实地测量，发现问题的也应及时告知施工方，重新确认并制作相应的签证单。至于A公司的现场管理人员称其在审核签证单时“睁一只眼闭一只眼”，是因为施工方张某某与A公司负责人张某剑之间的关系，其害怕得罪其中任何一方，所以只要施工方遵照合同约定的施工要求，A公司的施工管理人员就签字，并没有去实地勘验、测量、核对、计算。而且A公司的现场管理人员牟某某和夏某某在发现张某某误将属于政府工程的排洪沟项目纳入工程决算书后，也没有履行告知义务，既没告知施工方张某某，也没告知A公司。因此，由于A公司的现场管理人员工作失职导致工程结算出现错误，A公司应追究其内部工作人员的责任，不能将责任全部推卸给施工方张某某。

另外，据M审计公司审计人员称，对于A公司提交的签证单中，有一些签证单施工单位没有签字，A公司负责人称只要签证单上有甲方A公司签字认可就行。对此，辩护人提出异议：施工方没有签字的签证单，并不能明确施工人，A公司在没有弄清楚事实的情况下，指控张某某涉嫌犯罪，不排除诬告的嫌疑。

2. 在本案中，就A公司与张某某的建筑工程合同纠纷，A公司先后三次委托审计机构进行审计，且都是A公司独自委托并提供相关资料，张某某并不知晓。M审计公司于2017年出具的审计报告，经过A公司、张某某确认并签字，且该审计结果出来之后，A公司便向张某某支付了60余万元工程款，以实际行动对该两份报告所认定的工程价款表示认可。M审计公司于2019年出具的补充审计报告对之前所作的结算报告内容进行更改。另外，A公司单方委托H审计公司进行审计。

A公司先后三次委托审计、鉴定，只有第一次是经过施工方张某某确认的，其他补充审计和鉴定报告都是A公司单方行为，并不能作为本案工程价款结算依据。A公司反复审计，不断对自己的前行为进行否定，是不诚信的商业行为。A公司在民事诉讼中的行为被否定，便控告张某某涉嫌犯罪，张某某作为施工方，并未参与审计过程，也未参与鉴定过程，如果就这样将张某某的行为作为犯罪进行打击，会放纵A公司，让其阴谋得逞。

3. 在M审计公司所作审计报告所附建设工程结算审核书中，关于W大市场楼面施工外墙漆部分。张某某本人也明确表示不是自己施工，对于审计结果中为何出现该项内容，张某某本人也不知情，而且据M审计公司提交的审计报告中所附建设工程结算审核书，审计报告中只包括了部分楼的外墙漆，并非包括楼面施工外墙漆。据负责审计工作的人员介绍，其是根据建立的一个模型计算外墙漆的，对于外墙漆是否系张某某施工，审计人员没有对此进行审核，所以该项审计结果为何会出现是审计人员的失误造成的，与张某某的行为无关。

4. M 审计公司出具的基本建设工程报告书中将政府工程列入审计之内，张某某本人并不负有审查的义务。关于排洪沟工程的结算，是 A 公司提供的资料，而且审计公司要求补充资料时，是甲方 A 公司提供了一个整体工程的图纸，但是 A 公司并没有对与张某某施工部分相混淆的工程进行说明。A 公司总经理唐某某在审计报告出具之后，明确告知审计人员该部分不是张某某施工的，审计人员也没有进行更改，并且在民事案件庭审中，M 审计公司审计人员也未作出说明。

因此，按照主客观相一致的原则，张某某在承建 W 大市场楼面施工、仓库基础及附属工程的过程中没有非法占有目的，也没有采取欺骗手段骗取 A 公司的财物，A 公司也没有陷入错误认识，也不是基于错误认识而支付相应工程款，所以张某某不构成合同诈骗罪。双方关于上述工程项目出现分歧，系经济合同纠纷，不具有刑事违法性。

（三）合同诈骗罪所侵害的法益是公私财物所有权和市场经济秩序

本案中，A 公司支付工程款是依据双方签订的《建筑工程施工合同》及审计公司出具的审计报告，张某某并没有侵犯公私财物的事实存在。且张某某与 A 公司的纠纷只是内部经济合同纠纷，并不会对相关的建筑市场秩序产生影响。所以，以合同诈骗罪强行对张某某进行归罪，是非法的。

（四）本案应为建设工程施工合同纠纷，公安机关以涉嫌合同诈骗罪予以立案侦查难以排除利用查办经济犯罪手段干预民事合同纠纷的合理怀疑

1. 案涉工程纠纷经过法院审理，并无犯罪嫌疑。最高人民法院《关于在审理经济纠纷案件中涉及经济犯罪嫌疑若干问题的规定》第 12 条规定：人民法院已立案审理的经济纠纷案件，公安机关或检察机关认为有经济犯罪嫌疑，并说明理由附有关材料函告受理该案的人民法院的，有关人民法院应当认真审查。经过审查，认为确有经济犯罪嫌疑的，应当将案件移送公安机关或检察机关，并书面通知当事人，退还案件受理费；如认为确属经济纠纷案件的，

应当依法继续审理，并将结果函告有关公安机关或检察机关。在本案中，人民法院在审理民事案件过程中均未发现张某某涉嫌经济犯罪的情况，也从未向公安机关移送该案件。

2. 对张某某的合同行为以合同诈骗罪立案侦查难以排除利用查办经济犯罪手段干预民事合同纠纷的合理怀疑。根据公安部《关于严禁越权干预经济纠纷的通知》的规定，部分通过公安机关侦查、检察机关批捕来转嫁责任的，严重侵犯了公民人身权利和合法权益，造成严重后果和极坏的社会影响。对这种严重的违法办案、越权办案的事件，各级公安机关负责同志必须高度重视，坚决查办，要做到对法律负责，坚决维护国家法律的统一和尊严。基于此，辩护人有理由认为，在张某某本人与本案“受害人”存在真实的建设工程施工合同纠纷，且有关事实已经人民法院裁判，对涉案合同履行过程中存在的认识不一致，公安机关对张某某作出的立案决定、拘留决定，以及检察机关批准逮捕张某某的行为，辩护人认为应当及时对张某某的民事合同行为进行审查，将影响降到最低。

综上所述，辩护人认为张某某与A公司之间是纯粹的建筑工程施工合同纠纷，对于施工方未充分履行合同的行为，系民事违约行为，并不具有刑事违法性，张某某的行为不构成合同诈骗罪。侦查机关将民事合同行为以合同诈骗罪予以立案，难以排除其利用查办经济案件的手段干预经济纠纷的合理怀疑，建议法院认真审查此案，作不起诉决定，并对张某某解除相关强制措施。

三、不起诉理由

本案中，张某某挂靠其他公司与A公司签订相关《建筑工程施工合同》，承建了W大市场楼面施工、仓库基础及附属工程。现有若干份工程造价方面的鉴定意见及审计报告，根据最新的公安机关委托G省N公司作出的《A市W大市场仓库基础及附属工程，楼面工程造价司法鉴定意见书》，在将施工单位没有签字的签证单均不作为鉴定范围的前提下，鉴定张某某施工的仓库基础及附属工程、楼面工程造价鉴定为 2383 万余元。A 公司此前委托 W 审计公司审计并据此结算的两份报告所审定的审计金额为 2873 万余元。二者相差 490 万余元，此数额之外，尚有未在公安机关移诉的 13 起涉嫌造假的事实之外的其他签证单，因为没有施工单位签字而不计入鉴定范围内，该部分签证单的内容没有证据证实为虚假或伪造，仅凭前后两份报告的结论无法得出诈骗数额，且通过鉴定意见可见张某某履行了大部分的合同内容。故现没有充分证据证实张某某主观上有非法占有目的，并且在签订、履行《建筑工程施工合同》的过程中，有以虚构的单位或者冒用他人名义签订合同；或者以伪造、变造、作废的票据或者其他虚假的产权证明作担保；或者没有实际履行能力，以先履行小额合同或者部分履行合同的方法，诱骗对方当事人继续签订和履行合同的；或者收受对方当事人给付的货物、货款、预付款或者担保财产后逃匿的；或者以其他方法骗取对方当事人财物的行为。故对张某某作出不起诉决定。

四、办案心得

刑事强制手段介入正常的民事活动，侵害了平等、自愿、公平、自治的市场交易秩序，进而对一个地区的营商环境造成较大损害。因此，必须严格把握民事违约行为和刑事诈骗的界限，坚决防止把经济纠纷认定为刑事犯罪。

（一）深入研判证据材料，重点审查嫌疑人主观上是否具有“非法占有目的”

办理合同诈骗犯罪案件，应当严格区分合同诈骗与民事违约行为的界限。要注意审查涉案人员在签订、履行合同过程中是否具有非法占有目的和虚构事实、隐瞒真相的行为，是否有《刑法》（2017 修正）第 224 条规定的 5 种情形之一，准确认定是否具有诈骗故意。

根据主观见之于客观、客观反映主观的基本原则，判断行为人的心理状态的根据只能是其实施的活动及其他相关情况，因为人的活动由其主观心理支配，活动的性质由其主观心理决定；人的活动是人的主观思想的外向化、客观化，因而它反映人的思想。因此，在判断行为人主观心理态度时，必须以其实施的活动为基础，综合所有事实，经过周密的论证，排除其他可能，得出正确结论。

最高人民法院、最高人民检察院2011年2月21日公布的《关于办理诈骗刑事案件具体应用法律若干问题的解释》以及2001年1月21日公布的《全国法院审理金融犯罪案件工作座谈会纪要》中确定的金融诈骗犯罪之非法占有目的的认定要素，为我们提供了判断行为人主观动机的基本方法。

一是考察行为人是否有履行民事义务的能力。履行民事义务的能力是指行为人按法律规定或者约定适当、完全履行民事义务的能力。如果行为人明知自己没有完全履行民事义务的能力，却采取虚构事实、隐瞒真相的手段与他人进行一定的设定民事权利、义务的行为，骗取他人财物，就具有非法占有目的的嫌疑。

二是考察行为人履约行为。结合案发前后行为人是否有主动履约和积极挽回损失的行为，若行为人事前没有为履约创造必要条件，事中没有主动有效的履约行为，事后没有尽到告知义务并采取措施防止损失扩大、挽回损失，则倾向于认定其具有诈骗故意。现实中行为人可能会以某种程度的履约假象来掩盖诈骗事实，因此需要特别注意犯罪嫌疑人为逃避打击，实施虚假"积极"行为，以掩盖其犯罪行为的情况。

三是考察财物的处理。主观想法的不同必然导致行为人对财物的处置有所不同。一般来说，如果行为人主观上没有非法占有的目的，其会对因民事行为而带来的财物采取谨慎处理的态度，相反，如果行为人主观有非法占有的目的，只是想骗取财物而没有履约的打算，其对财物的常见处理方式包括隐匿转移、个人挥霍（如高消费、赌博）、偿还债务、用于犯罪活动、投机行业等。对财物的处理要全面考量，在个别案件中，行为人将部分财物用于履约准备，部分财物用于挥霍，这时应当全面考量挥霍财物金额、比例以及对履约的影响。

四是考察行为人未履约的原因。未履行义务的原因是指民事义务不能履行的真正原因和造成损失的真正原因。一般来说，被害人举报诈骗犯罪的前提是行为人未履行相关的民事义务，但未履行并不一定代表不想履行，实践中未履行义务的原因多种多样，既包括无履行能力、无（积极）履行义务的行为，也包括行为人因客观原因（如不可抗力或者其他无法预知或无法避免的原因）无法履行和行为人对履行义务提出抗辩，笔者认为对后两者，一定要格外注意，因为后两者在一定程度上可以排除行为人主观上有非法占有的目的。要注意分析行为人无法履约是由于主观原因还是客观原因，这些原因对阻碍履约的作用大小，以及行为人在违约之后是掩盖、隐瞒、放任，还是积极挽回损失、防止损失扩大，均关系到对其主观动机的认定。

五是考察行为人的事后态度。事后态度也是区分行为人主观上有无非法占有目的的重要依据之一。行为人因自己的原因导致未履约后，既不及时通知对方，也不积极采取补救措施，反而表现出无理由也不愿承担责任的态度，不赔偿返还对方财物或躲避对方，甚至携款潜逃，其主观上具有非法占有目的的嫌疑。

上述推定规则须综合整个案情，由表及里，去伪存真，作出准确判断，不可简单地以一个或几个因素来推定行为人的主观动机。

（二）正确辨别普通民事行为与刑事犯罪的界限

企业经营有风险，市场往来千头万绪，发生纠纷在所难免。正当融资与非法集资、合同纠纷与合同诈骗等性质截然不同的行为之间，经常只有一步之遥，“模糊地带”容易形成模糊判断。对这些民事经济纠纷的处理一旦“升格”到刑事层面，市场主体及负责人将在信誉、资金流、经营活动等方面受到更突出的影响和更沉重的打击。故对普通经济纠纷案件，不应由《刑法》来规制。

公安部下发的《关于公安机关不得非法越权干预经济纠纷案件处理的通知》规定，必须划清经济犯罪和经济纠纷的界限，严格依法办事，绝不能把经济纠纷当作诈骗等经济犯罪来处理，切不可轻易采取限制人身自由的强制措施，以致造成被动和难以挽回的后果。对经济纠纷问题，应由有关企事业及其行政主管部门、仲裁机关和人民法院依法处理，公安机关不应去干预，更不允许以查处诈骗等经济犯罪为名，以收审、扣押人质等非法手段去插手经济纠纷问题。

诈骗犯罪不但侵犯了公私财产的所有权，使被害人财物受到损失，而且给社会的诚信机制带来潜在的危害，导致人与人之间出现信任危机。在司法实践中，对行为人主观是否具有非法占有目的的认定，除了对直接证据的考量外，也要依靠很多客观现象，秉承主客观相统一的刑法原则，审慎运用刑事推定方法，以认定其主观想法，区分罪与非罪，做到不枉不纵。

作者简介

陈　剑

贵达律师事务所专职律师，法学学士，中国政法大学民商法学同等研究生学历结业。中共贵达总支书记，高级合伙人，管委会执行主任，贵州省法学会矿产资源法学研究会理事，贵州省企业联合会副秘书长，贵州省法学会犯罪学研究会理事，贵州省涉案企业合规第一批第三方监督评估机制专业人员。担任贵州省纪委省监委、金沙县人民政府、茅台集团文旅公司等多家单位法律顾问。

张　艳

贵达律师事务所专职律师，中国政法大学法学硕士，主要业务领域为刑事辩护、民商事案件代理、企业法律顾问。曾担任多家公司、企业法律顾问。参与办理陈某某涉嫌虚开增值税专用发票案，彭某某涉嫌骗取贷款案，王某某涉嫌组织、领导传销活动案等，以及遵义牟某某涉恶案、毕节陈某某涉恶案、铜仁李某某涉黑案等重大疑难刑事案件。

7. 准确把握黑社会性质组织与恶势力犯罪集团的界限

——张某某涉嫌组织、领导黑社会性质组织等罪全案脱黑案

【辩护思路】债权人为实现债权，在法律允许的限度内有要求债务人清偿债务的权利。对于“事出有因”、被害人故意引发或者对矛盾激化负主要责任的讨债行为的罪与非罪、此罪与彼罪应该予以区分认定。

一、基本案情

2020 年 9 月 29 日，侦查机关以犯罪嫌疑人张某某涉嫌组织、领导、参加黑社会性质组织罪，骗取贷款罪，贷款诈骗罪，强迫交易罪，寻衅滋事罪，非法拘禁罪，聚众扰乱社会秩序罪，故意伤害罪，伪造、变造、买卖国家机关和公文、证件、印章罪，敲诈勒索罪，高利转贷罪，诈骗罪，妨碍信用卡管理罪向检察院移送审查起诉。2020 年 11 月 30 日，公诉机关以被告人张某某犯组织、领导黑社会性质组织罪，高利转贷罪，骗取贷款、票据承兑罪，非法拘禁罪，寻衅滋事罪，敲诈勒索罪，聚众扰乱社会秩序罪，行贿罪，非法吸收公众存款罪向法院起诉。

本案辩护人于侦查阶段即介入，始终坚持本案不构成黑社会性质组织犯罪。

二、辩护意见

（一）张某某之行为不构成组织、领导黑社会性质组织罪

1. 张某某之行为不具备该罪的组织性特征

本案的被告人之间没有“形成较稳定的犯罪组织，人数较多，有明确的组织者、领导者，骨干成员基本固定”。

第一，龙某某、杨某 1、杨某 2、杨某 3 与杨某某、许某某、莫某 1、莫某 2、赵某某、杨某 4 这两伙人之间，根本互不相识，更没有上下级之间的隶属关系。

第二，起诉书所指控的关于龙某某与张某某的相关“犯罪事实”中，龙某某是基于与张某某“表姐表妹夫”的关系而帮助张某某索取合法债务，张某某与龙某某之间不是管理与服从的关系。

从龙某某的相关借贷情形来看，龙某某曾向赵某 1 借款 2000 万元，向罗某某借款 500 万元，向雷某某借款 100 万元，龙某某有自己的事业，有自己完全独立于张某某的社会关系，根本不需要张某某“豢养”。

另外，张某某根本就没有向杨某 1、杨某 2、杨某 3 支付过任何费用或财物。

第三，关于张某某与杨某某、许某某、莫某 1、莫某 2、赵某某、杨某 4 等人的关系。其一，庭审中业已查明，杨某某与张某某之间系承包酒店的关系，而不是管理与服从的关系；其二，庭审中还查明，先是赵某 2 介绍杨某某与许某某认识，杨某某、许某某二人认识之后，即向赵某 2 借钱放贷，此后，又向张某 1 借钱放贷，张某某并未借钱给杨某某、许某某；其三，许某某在认识杨某某之前就有放高利贷的经历，在与杨某某合作的同时，还以丙公司、丁公司资产的名义对外放贷，在终止与杨某某的合作之后，仍然与廖某某合作对外放贷。没有张某某的参与，许某某同样可以与他人合作，从事高利放贷的行为。张某某根本不能控制许某某等人放贷的行为，更不能约束

许某某、莫某 1、莫某 2、赵某某、杨某 4 等人。

2. 张某某不具备该罪经济性特征

从本案的证据来看，张某某之所以走上骗取银行贷款的道路，缘于张某 1 骗取银行承兑汇票的行为，此后，又被肖某某、金某某所骗，背负了巨额银行利息，导致张某某不断地借新还旧，从而走上了资不抵债的困境。张某某确实成立了多家公司，但这些公司并非以犯罪为目的而设立。

3. 张某某不具备该罪的行为特征

综合本案，不论是肖某某、金某某、魏某某、谭某某，还是杨某 6，他们都是拖欠他人巨额债务的债务人。并非不特定的“群众”。张某某为索取正当债务，采用了一些过激行为，虽然不妥，但不应当以犯罪论。至于杨某某、许某某等人的犯罪行为，应当由行为人负责，张某某不应当承担责任。

如果认定杨某某、许某某等人的非法催债行为构成犯罪，根据《刑法》所规定的从旧兼从轻原则，应该适用《刑法修正案（十一）》关于催收非法债务罪的规定。

4. 张某某不具备该罪的危害性特征

综合本案证据，张某某的经营行为，不论是酒店，还是餐饮服务，根本没有形成任何垄断行为，更加没有“称霸一方”，没有形成“非法控制”。

综上所述，我们认为，张某某之行为不构成组织、领导黑社会性质组织罪，对于杨某某、许某某等人的行为，可按恶势力犯罪处理。

（二）张某某之行为不构成高利转贷罪

从现有证据来看，张某某与宁某某之间，完全系正常的借贷行为，所谓的“高利转贷”，仅系宁某某一人的片面之词。从相关收据和转账凭证来看，没有任何一份证据证明张某某从宁某某处收到了高额利息。

高利转贷，要求以转贷为目的，套取金融机构信贷资金高利转贷他人。第一，张某某、宁某某之间存在债权债务关系在先，且宁某某不止一次向张某某借钱；第二，需说明的是，张某某在宁某某与他人的民事诉讼中作为担保人代宁某某偿还了 70 余万元欠款；第三，对于宁某某与张某某之间尚存在 20 万元的借款以及 70 余万元的代偿款，张某某甚至连本金都未收回，何谈从宁某某处获取转贷收入 49.93 万元之说。

（三）张某某的行为不构成寻衅滋事罪

寻衅滋事，客观方面表现为在公共场合无事生非，起哄闹事，造成公共场所秩序严重混乱，追逐、拦截、辱骂、恐吓他人，强拿硬要或任意毁损、占用公私财物，破坏社会秩序，情节严重的行为。综合本案公诉机关所指控的张某某等人的寻衅滋事行为，辩护人一直强调一个观点，均是事出有因，系双方存在债权债务关系，债务人违约在先，双方在处理债权债务关系中产生的纠纷。不可否认的是，债权人具有要求债务人清偿债务的权利，虽然法律禁止以任何非法方式索债，但是，不宜不加区分地将存在一定不当方式的讨债行为均认定为寻衅滋事罪，认定为犯罪的前提均是行为符合犯罪的构成要件。

寻衅滋事保护的是社会公共秩序，而本案讨债行为往往发生在特定时间、特定地点、针对特定人，完全不符合寻衅滋事罪的本质特征。

针对张某某涉嫌寻衅滋事魏某某的指控：辩护人再次强调，事出有因，魏某某等人重复抵押在先，导致张某某被迫变更贷款主体。根据最高人民法院、最高人民检察院《关于办理寻衅滋事刑事案件适用法律若干问题的解释》（法释〔2013〕18 号）第 1 条第 3 款的规定，行为人因债务纠纷，实施殴打、辱骂、恐吓他人或者损毁、占用他人财物等行为的，一般不宜认定为“寻衅滋事”。

此外，2021 年 8 月 28 日，Q 州公安局发布《关于公开征集魏某某等人涉黑涉恶违法犯罪事实及其“关系网”、“保护伞”线索的公告》。从本案证据来看，魏某某的行为的认定对张某某的定罪量刑具有重大影响。张某某之所以走上骗取贷款的道路，缘于魏某某等人重复抵押，魏某某等人向张某某施压，要求转换贷款主体为张某某的甲公司，承诺该笔款项为张某某投资乙项目款，并承诺分红 1.4 亿元。实际上，该笔款项由魏某某、张某 1 等人实际使用，但是贷款主体转换后，由张某某实际偿还贷款利息。

现魏某某涉黑涉恶，公安机关已经公开征集线索，从某种程度上来说，张某某系魏某某涉黑涉恶案件的被害者之一，起诉书指控张某某涉嫌寻衅滋事魏某某，实质上系张某某发现自己受到魏某某欺骗后维护自己合法权益的正当行为。现魏某某涉黑涉恶，张某某系被害人之一，不能仅因张某某的维权行为存在一定瑕疵，就直接将其作为犯罪处理，否则就不可避免侵害张某某的合法权益，助长魏某某的违法犯罪行为。

三、裁判观点

（一）公诉机关指控的组织、领导黑社会性质组织罪

公诉机关指控被告人张某某等人构成组织、领导黑社会性质组织罪，证据不足，罪名不能成立。同时，被告人张某某以及另案处理的张某 1 为解决催款追债的经济纠纷和摆平事端，与被告人龙某某纠集在一起，龙某某又网罗被告人杨某 3、杨某 2、杨某 1、杨某 6、李某某等刑满释放人员和社会闲散人员，实施了一系列违法犯罪活动……应认定为恶势力犯罪团伙。被告人杨某某、许某某接受张某某、张某 1 提供的资金对外发放小额高利贷，并先后吸纳被告人莫某 1、赵某某、杨某 4、莫某 2 等人组织放贷团伙……应认定为恶势力犯罪团伙。

（二）公诉机关指控的高利转贷罪

从在案证据来看，杨某某出具给宁某某的收条以及宁某某的记账笔记本均没有注明宁某某偿还张某某的是本金还是利息……同时，在 2016 年以后，张某某因对宁某某、姜某某所欠债务承担连带清偿责任而被法院强制执行了 82.5 万元，因宁某某与张某某之间存在不止一笔债权债务关系，在案证据不能证明上述偿还款项就是该笔 20 万元借款的利息……公诉机关指控张某某犯

高利转贷罪的事实不清、证据不足。

（三）公诉机关指控的寻衅滋事罪

1. 在魏某某被寻衅滋事一案中，首先被告人张某某与受害人魏某某双方确实存在经济纠纷，魏某某对于矛盾的引发和激化负有主要责任，系事出有因；其次张某某带人催债过程中，言语有一些过激，但并未实施殴打、恐吓等行为，未造成严重后果，情节较轻微，根据最高人民法院、最高人民检察院《关于办理寻衅滋事刑事案件适用法律若干问题的解释》（法释〔2013〕18号）第1条的规定，不宜认定为犯罪行为。

2. 在李某2等分别被寻衅滋事7案中，公诉机关指控的事实清楚，证据充分，但根据《刑法》（2017修正）第293条之一的规定，应当以催收非法债务罪定罪处罚，被告人张某某对前述7起事实不应承担相应责任。

综上，被告人张某某犯骗取贷款、票据承兑罪，判处有期徒刑3年6个月，并处罚金人民币300万元；犯寻衅滋事罪，判处有期徒刑4年8个月；犯非法拘禁罪，判处有期徒刑2年；犯聚众扰乱社会秩序罪，判处有期徒刑3年；犯行贿罪，判处有期徒刑5年，并处罚金人民币20万元；犯非法吸收公众存款罪，判处有期徒刑1年，并处罚金人民币10万元。总和刑期有期徒刑19年2个月，罚金人民币330万元，数罪并罚，决定执行有期徒刑14年，并处罚金人民币330万元。

四、办案心得

（一）黑社会性质组织犯罪与恶势力犯罪团伙的区分

黑社会性质组织与恶势力犯罪组织均要求一定的组织性、逐利性、行为性和危害性，但二者在具体程度上存在区别。根据《刑法》（2017修正）第294条的规定，黑社会性质组织必须同时具备组织特征、经济特征、行为特征和危害性特征。

组织特征要求三个必备要件：有组织存续时间的起点或突出的犯罪活动；有明确的组织结构和层级分工，具备稳定性；具备行为规范、组织纪律等组织结构要素。应当注意的是，如果涉案人员为企业的实际控制人，不能将企业本身的组织特征认定为黑社会性质组织的组织特征。

经济特征要求经济来源的取得是通过有组织的违法犯罪活动或其他手段获取经济利益；案涉人员的经济利益的归属应该属于该组织；获取经济利益的目的及用途系用于支持组织的发展。对于其中的“其他手段”应是指不正当手段，而不包括正当手段。

行为特征要求以暴力、威胁或者其他手段，有组织地多次进行违法犯罪活动，为非作歹，欺压、残害群众。其中“其他手段”应是与暴力、威胁相当的手段，而不是泛指任何手段；还应当有组织地进行，否则即使具备组织特征，也不能评价为黑社会性质组织的违法犯罪活动，组织者、领导者对此不承担责任；“群众”应为不特定多数人，行为对象的选择上具有随意性，暴力、胁迫与其他手段只有针对无辜者时，才有可能评价为“欺压、残害群众”，对于基于特定事由、针对特定人员实施的不当行为不应该认定具备黑社会性质组织的行为特征。

危害性特征要求通过实施违法犯罪活动，或者利用国家工作人员的包庇或者纵容，称霸一方，在一定区域或行业内，形成非法控制或者重大影响，严重破坏经济、社会生活秩序。对于危害性特征的论证不应依赖与本案有利害关系的人员的言词证据。

对于黑社会性质组织的组织者、领导者，应当按照其所组织、领导的黑社会性质组织所犯的全部罪行出发。所谓全部罪行，不应仅认为是黑社会性质组织成员所犯的全部罪行，而是组织、领导者所组织、发动、指挥的全部罪行。

本案中，公诉机关指控的黑社会性质组织的成员中，以龙某某为首的“一伙人”和以杨某某、许某为首的“一伙人”完全是两个分散的组织，相互不交集，张某某对两个组织均无绝对控制权和话语权，在经济利益的归属上，张某某基于个人意志通过骗取贷款、票据承兑行为获取的经济利益也并非归属于或用于该“组织”，且该部分贷款多为借新还旧、重复调头；杨某某、许某等人高利放贷、非法催收的收益也并非归属于案涉组织，且该两部分主要的“经济利益”并未经过审计、核算，无法体现该组织具备一定的经济实力。对于各成员实施的大部分违法犯罪活动，被指控为“组织领导者”的张某某均不知情，无法体现组织意志，且均系事出有因，针对的是特定的债务人，并未针对不特定群众，所谓该组织施行的行为并未在特定领域形成控制力。

（二）“讨债型”寻衅滋事罪罪与非罪、此罪与彼罪的界限

本案涵盖了“讨债型”寻衅滋事罪罪与非罪、此罪与彼罪的界限问题。实践中，我们发现有些有组织犯罪系“老赖”债务人为逃避清偿债务而以寻衅滋事、黑恶势力犯罪告发债权人。首先，债权人为实现债权，在法律允许的限度内有要求债务人清偿债务的权利。对于“事出有因”、被害人故意引发或者对矛盾激化负主要责任的讨债行为应该予以区分认定。其次，认定犯罪必须以符合相关犯罪的构成要件为前提，寻衅滋事罪所保护法益为“公共秩序”，“公共秩序”为社会法益，对于针对特定债务人、在特定时间、特定场合实施的讨债行为，更不应该认定为对公共秩序的破坏。最后，本案中，所谓的“被害人”系黑社会性质组织犯罪的组织者、领导者，且两个案件之间存在一定关联，因此不能将本案张某某等人为实现正当目的从事的维权行为认定为犯罪，否则将助长部分债务人违法犯罪。

正如张明楷教授所述：大多数的维权行为是完全合法的，只是部分维权行为可能存在瑕疵或不当之处，极少数维权行为也可能因为违反法定条件而构成违法犯罪。我们不应不加区分地将存在一定不当、过激的讨债行为认定为寻衅滋事罪。

《刑法修正案（十一）》增设催收非法债务罪，限缩了寻衅滋事罪这一“口袋罪”的适用，对于强索不受法律保护的债务的行为，不能再认定为寻衅滋事罪。且催收非法债务罪的法定刑明显低于寻衅滋事罪，具体适用上应该坚持从旧兼从轻原则。

作者简介

付永盛

三级律师，曾任贵达律师事务所刑辩团队负责人，执业二十余年，办理各类案件千余件，主要执业方向为刑事业务，曾获贵州省优秀律师称号。

生前曾任第十届全国律协刑事专业委员会委员、贵州省律师协会刑事专业委员会委员、贵阳市律师协会刑事专业委员会副主任、贵州省法学会诉讼法学研究会常务理事、贵州省法学会犯罪学研究会副会长、贵州省涉案企业合规第一批第三方监督评估机制专业人员。

孙蓬璟

中共党员，贵达律师事务所专职律师。中南财经政法大学法学学士，西南政法大学法律硕士，主要执业方向为刑事辩护。曾参与办理贵州七冶集团王某某涉嫌受贿案、贵州林规院郭某某涉嫌贪污受贿案、赫章原县委书记刘某某涉嫌受贿案等职务犯罪及凯里张某某涉黑案、六盘水刘某某涉黑案、铜仁刘某某涉黑案等重大疑难刑事案件。

8. 如何运用在案证据分析行为人性质，使其免予刑事处罚

——张某某被控侵犯商业秘密罪获免予刑事处罚案

【辩护思路】侵犯商业秘密罪以行为人侵犯商业秘密并造成重大损失为入罪要件，因而对被告人的辩护应首先确定行为人所侵犯的是否为控方所主张的商业秘密再确定其行为所造成的损失。对于行业领域的公知技术不应判定为商业秘密，对于权利人日常生产所必需的生产设备、生产用地等投入不应计入所遭受的损失范围。在此基础上，通过审查全案证据以确定辩护方案，从法律的角度得出专业正确的结论，最终作出有效辩护使得被告人免予刑事处罚。

一、基本案情

2004 年 2 月至 2015 年 4 月，被告人张某某在 B 公司工作，先后担任技术员、质量部经理助理、副经理、经理等职务，并与该公司签订了《竞业限制与保密协议》。2015 年 4 月，被告人张某某从 B 公司离职。同年 11 月，被告人张某某违反其与 B 公司签订的《竞业限制与保密协议》，化名为张某进入 C 公司工作，并将其在 B 公司就职期间掌握的“B 牌风味水豆豉”的配方、生产工艺等技术信息泄露给C公司，用于生产制作“C牌木姜子水豆豉”。2016 年 2 月，C 公司将被告人张某某解聘。被告人张某某在 C 公司工作期间，该公司共计生产“C 牌木姜子水豆豉”侵权产品 1000 余件（每件 12 瓶装）。

案发前，因“C牌木姜子水豆豉”出现质量问题，已销售的大部分侵权产品已被C公司召回并销毁。2017年2月8日被告人张某某被公安机关抓获，经G省食品工业协会鉴评会专家组盲评鉴评，C公司生产的“C牌木姜子水豆豉”与B公司生产的“B牌风味水豆豉”在生产工艺上的相似度概率在90%以上。经G省食品工业协会证明，“B牌风味水豆豉”的生产工艺和配方均为B公司自主研发，属于该公司核心商业机密。经E会计师事务所审计，被告人张某某侵犯商业秘密的行为给B公司造成经济损失的数额为4293.96万元。

本案辩护人的总体辩护方案是通过综合分析全案证据，认定起诉书指控的罪名事实不清、证据不足来否认行为人构成犯罪。法院虽然最终认定被告人张某某构成侵犯商业秘密罪，但是结合辩护意见查实，被告人给被害人造成的经济损失为241.93万元，且被告人张某某有坦白及悔罪情形，主观恶性较小，对其余辩护意见予以采纳，对被告人张某某免予刑事处罚。

二、辩护意见

根据我国《刑法》（2017修正）第219条的规定，只有在被告人侵犯商业秘密给权利人造成重大损失的情况下，才能构成侵犯商业秘密罪。在本案中，被告人张某某是否侵犯B公司商业秘密，是否给B公司造成重大损失等基本事实不清、证据不足，因而辩护人认为被告人的行为不构成犯罪。

（一）被告人的行为是否侵犯B公司商业秘密事实不清、证据不足

商业秘密是指不为公众所知悉，能为权利人带来经济利益，具有实用性并经权利人采取保密措施的技术信息和经营信息。但是本案中B公司主张的商业秘密保护范围不明，并且无法确认被告人张某某提供给C公司的技术改进信息是否使用了“B牌风味水豆豉”的技术信息，故无法判断B公司商业秘密是否受到侵犯，因此不应认定被告人的行为侵犯了B公司商业秘密。

首先，公诉人在起诉书中主张的是张某某泄露了“B牌风味水豆豉”的配方、工艺等商业秘密。但公诉人提供的证据材料中，并没有提供任何“B牌风味水豆豉”的配方、工艺的具体组分、配比、生产工序、工艺要求等技术信息。“B牌风味水豆豉”的配方、工艺的名称本身不构成商业秘密，其具体技术信息内容才是商业秘密保护的客体。商业秘密保护不同于专利、商标、著作权等其他知识产权保护，权利人要求获得商业秘密保护，首先必须固定商业秘密保护的范围。在B公司未提供“B牌风味水豆豉”配方、工艺具体技术信息内容的情况下，无法判定其所主张的内容是否属于《刑法》（2017修正）第219条第3款所保护的商业秘密范畴。因此，控方如何认定张某某泄露了B公司的商业秘密？

其次，在B公司未提供“B牌风味水豆豉”配方、工艺具体技术信息内容的情况下，根本无法对张某某提供给C公司的技术改进信息和“B牌风味水豆豉”配方、工艺作比对；且公诉人也未提供张某某在C公司期间生产的“C牌木姜子水豆豉”的产品及其组分检验报告，因而无法确认张某某提供给C公司的技术改进信息是否使用了“B牌风味水豆豉”的技术信息，因此难以证明C公司利用张某某提供的技术改进信息侵犯了B公司商业秘密。

最后，张某某提供给C公司技术信息属于公知技术，不属于商业秘密的范畴。最高人民法院《关于审理不正当竞争民事案件应用法律若干问题的解释》（法释〔2007〕2号，已失效）第9条规定：“有关信息不为其所属领域的相关人员普遍知悉和容易获得，应当认定为反不正当竞争法第十条第三款规定的‘不为公众所知悉’。具有下列情形之一的，可以认定有关信息不构成不为公众所知悉：（一）该信息为其所属技术或者经济领域的人的一般常识或者行业惯例；（二）该信息仅涉及产品的尺寸、结构、材料、部件的简单组合等内容，进入市场后相关公众通过观察产品即可直接获得；（三）该信息已经在公开出版物或者其他媒体上公开披露；（四）该信息已通过公开的报告会、展览等方式公开；（五）该信息从其他公开渠道可以获得；（六）该信息无需付出一定的代价而容易获得。”

本案中，张某某提供给C公司的技术信息涉及：(1)乳酸改为柠檬酸；(2)杀菌温度由120度改为85度；(3)杀菌方式由杀菌壶改为杀菌槽；(4)将发酵温度从34度调整为44度左右；(5)修订C公司《原辅料企业标准》。以上技术要点均不属于《反不正当竞争法》所规定的商业秘密保护范围，具体分析如下：

(1)除"B牌风味水豆豉"外，其他食品公司生产的水豆豉等类似产品标签上均有柠檬酸的组分标识，属于最高人民法院《关于审理不正当竞争民事案件应用法律若干问题的解释》(已失效)第9条第1款第2项"进入市场后相关公众通过观察产品即可直接获得"的情形，因而在水豆豉中使用柠檬酸是该领域公知常识，不属于哪家企业的商业秘密。

(2)将杀菌温度由120度改为85度。温度降低后，水豆豉的口感必然变硬，这属于该领域的公知常识。属于最高人民法院《关于审理不正当竞争民事案件应用法律若干问题的解释》(已失效)第9条第1款第1项"该信息为其所属技术或者经济领域的人的一般常识或者行业惯例"的情形。

(3)杀菌方式由杀菌壶改为杀菌槽。杀菌壶和杀菌槽均为该领域常用的杀菌设备，在网络上可以检索到上述两种产品的大量信息，属于该领域常用的杀菌方式替换，这属于该领域的公知常识。属于最高人民法院《关于审理不正当竞争民事案件应用法律若干问题的解释》(已失效)第9条第1款第1项"该信息为其所属技术或者经济领域的人的一般常识或者行业惯例"的情形。

(4)将发酵温度从34度调整为44度左右。该工艺流程在G省某食品有限公司申请的发明专利申请公开文件中已披露。属于最高人民法院《关于审理不正当竞争民事案件应用法律若干问题的解释》(已失效)第9条第1款第5项"该信息从其他公开渠道可以获得"的情形。

(5)张某某修订的C公司《原辅料企业标准》相关内容均可以从网上搜索下载获得。属于最高人民法院《关于审理不正当竞争民事案件应用法律若干问题的解释》(已失效)第9条第1款第5项"该信息从其他公开渠道可以获得"的情形。

此外，从在案证据来看，被告人张某某是否侵犯B公司的商业秘密，事实不清、证据不足。本案中G省食品工业协会出具的《证明》以及《关于水豆豉产品的鉴评意见》的本质属于专家意见，根据最高人民法院《关于适用〈中华人民共和国刑事诉讼法〉的解释》（2012）第100条规定，有专门知识的人就案件的专门性问题出具的报告，可以作为证据使用；并且对此类证据的审查认定参照鉴定意见的审查认定规则进行。经过对上述证据的认真审查，辩护人认为，上述两份证据在合法性以及真实性方面均存在问题。

按照鉴定意见的审查认定标准，鉴定人以及鉴定机构是否具有法定资质、鉴定程序是否符合法律规定、送检材料的来源是否明确直接影响该鉴定意见能否作为定案根据。但在本案中，G省食品工业协会是否具有认证商业秘密的资质不明；认证人是谁、是否有认证的专业资质不明；认证依据不明；认证的程序是什么？是否严格按照程序进行，情况不明；鉴评的水豆豉样品的来源不明。按照最高人民法院《关于适用〈中华人民共和国刑事诉讼法〉的解释》（2012）第98条之规定，鉴定人以及鉴定机构不具有法定资质、鉴定程序不符合法律规定、送检材料的来源不明确、鉴定文书缺少签名和盖章的，该鉴定意见不得作为定案根据。并且G省食品工业协会于2017年1月25日收到公安机关的聘请书，当天就出具证明，短时间内得出结论不符合常理；同时，公安机关申请鉴评商业秘密的范围为风味水豆豉的配方和工艺，但是G省食品工业协会出具的是B公司各产品（包括水豆豉、腐乳、糟辣椒、风味豆豉、油辣椒等产品）的生产工艺和配方均为该公司自主研发，属于该公司核心商业机密的《证明》，这明显属于超范围出具鉴评意见！是否进行了鉴评，真实性有疑问。此外，《证明》未对本案涉及的技术信息是否属于商业秘密出具鉴评意见，未对“B牌风味水豆豉”的配方、工艺的具体技术信息论证其是否不为公众所知悉，能否为权利人带来经济利益，具有实用性，并是否采取了那些确保不泄露的保密措施进行说明。

此外，G省食品工业协会出具的《关于水豆豉产品的鉴评意见》除了证据的合法性、真实性存在问题外，在证据的关联性方面也存在问题，《关于水豆豉产品的鉴评意见》未描述进行鉴评的C公司水豆豉的具体生产日期及“B牌风味水豆豉”的具体生产日期，因而无法知晓被鉴评的C公司水豆豉是否是张某某在C公司工作期间所生产的，也无法知晓“B牌风味水豆豉”是否是张某某在B公司工作期间生产的。只有C公司水豆豉是张某某在C公司工作期间生产的才有关联性，因为根据公诉人提供的证人证言、笔录、《B公司与C公司的和解协议》等证据材料均说明张某某离职后，C公司未再使用其提供的工艺和配方生产木姜子水豆豉。再者，B公司与C公司生产的水豆豉口感近似，并不能说明配方和工艺是完全一致的。况且，专家意见是口感90%相近似，也不是100%相同，没有描述其他产品与B公司产品口感相似度是多少，其他公司生产的产品是否更接近“B牌风味水豆豉”的口感。

综上，G省食品工业协会出具的证明以及《关于水豆豉产品的鉴评意见》无论是从形式上还是内容上均不合法，结论不具备客观性。因此，G省食品工业协会出具的证明以及《关于水豆豉产品的鉴评意见》不能采信，更不能作为认定“B牌风味水豆豉”的配方、工艺属于商业秘密的依据。

（二）张某某的行为是否给B公司造成损失，事实不清、证据不足

关于张某某行为所造成的损失大小，公诉人只提交了E会计师事务所出具的专项审计报告来证实，但是这份审计报告并不具备证据的合法性、真实性、客观性，不能作为本案定罪的依据。

首先，该份审计报告来源不明、委托人不明，同时也没有关于这份报告的调取证据通知、调取证据清单、证据接收清单和侦查人员对这份报告来源的补充说明。这就意味着，这份报告不知道是侦查机关依法调取的，还是B公司提交给侦查机关的，因而不具有合法性。

其次，该份审计报告中审计所依据的资料并没有经过庭审质证，是否客观、全面不得而知，由此得出的结论的真实性得不到任何保障。

最后，专项审计报告的审计对象错误、审计内容也同本案无关，因而与

本案不具有关联性。在审计对象上，根据委托要求，本案需要审计的是商业秘密专有权人B公司对水豆豉项目的全部投入。但是在实际审计中，却把案外人M公司对水豆豉项目的投入当成B公司的投入进行审计，M公司与B公司是不同的法人主体，不能把M公司的投入算为B公司的投入，这没有事实依据，更没有法律依据。

在审计内容上，专项审计报告中将两家公司为生产“B牌风味水豆豉”所购买的土地、修建的厂房以及投入生产的设备作为张某某所造成的损失予以审计并不合理。首先，这些土地、厂房正作为两家公司的产权正常使用，并且G市近年来的地价和房价上涨幅度很大，上述土地与厂房已经大幅升值了，这对B公司而言何来损失？其次，设备的投入不等于损失。专项审计报告中所提到的“车间设备、包装机、蒸煮机、贴标机、打码机”等明显属于持续投入的生产设备，并且这些设备均有资产编码，说明均在正常使用中，因此这些设备并未因张某某指导C公司改进“C牌木姜子水豆豉”的行为造成任何闲置，何来损失？

最后，专项审计报告中保密费用的计算方式并不合理。专项审计报告中所提到的290.32万元的保密费审计的是B公司和M公司所有人员、各种经营信息和技术信息的保密费，而M公司所支出的保密费与本案无关，不应当计入。并且，控方没有证据证实张某某的行为导致B公司风味水豆豉商业秘密公之于众，导致与该配方、工艺相关的保密费付诸东流。

综上，本案E会计师事务所提供的专项审计报告缺乏证据的合法性、真实性、关联性，不能作为认定张某某给B公司造成巨大损失的根据。

除此之外，从控方提供的证据来看，张某某指导C公司生产的木姜子水豆豉基本都销毁了，根本没有流通到市场上，未对B公司风味水豆豉市场份额造成任何影响，控方也没有提供张某某指导C公司生产木姜子水豆豉抢夺了B公司“B牌风味水豆豉”市场份额的证据。在这种情况下，B公司因张某某的行为造成的经济损失从何而来？4293.96万元的损失更是无稽之谈。因此，起诉书指控张某某的行为给B公司造成了4293.96万元的巨大损失，事实不清、证据不足，依法不能认定。

（三）即便张某某构成侵犯 B 公司商业秘密的行为，其获利也未达到刑事立案的标准

最高人民检察院、公安部《关于公安机关管辖的刑事案件立案追诉标准的规定（二）》（公通字〔2010〕23 号，已失效）第 73 条规定："侵犯商业秘密，涉嫌下列情形之一的，应予立案追诉：（一）给商业秘密权利人造成损失数额在五十万元以上的；（二）因侵犯商业秘密违法所得数额在五十万元以上的；（三）致使商业秘密权利人破产的；（四）其他给商业秘密权利人造成重大损失的情形。"

在本案中，没有证据证实张某某的行为达到上述立案追诉标准。首先，公诉人无证据证明张某某的行为给 B 公司造成了 50 万元以上的损失。其次，根据公诉人提供的证人、证言，张某某指导 C 公司改进生产的木姜子水豆豉总共 1000 余件，每件 12 瓶，每瓶出厂价不到 7 元，总产值不足 9 万元，即便全部销售利润也不足 5 万元。在该产品基本召回销毁的情况下，C 公司无任何获利，张某某自然也无法从中获利。最后，张某某在 C 公司总共工作 4 个月，每个月领取 7000 元，收入总计 2.8 万元，即便属于非法获利，也远未达到 50 万元的立案标准。

综上所述，起诉书指控张某某犯有侵犯商业秘密罪，既没有确实、充分的证据证实被告人张某某侵犯了 B 公司商业秘密，也没有确实、充分的证据证实被告人张某某的行为给 B 公司造成了 4293.96 万元的巨大损失，连立案追诉的 50 万元的损失或非法获利等标准都没有证据证实。根据《刑事诉讼法》（2012 修正）第 195 条第 1 款第 3 项的规定："证据不足，不能认定被告人有罪的，应当作出证据不足、指控的犯罪不能成立的无罪判决"。据此，辩护人建议合议庭依法宣告被告人张某某无罪。

三、裁判观点

本案争议焦点在于:(1)涉案产品的生产作业指导书是否属于商业秘密;(2)被告人张某某的行为是否侵犯了商业秘密;(3)如张某某侵犯了商业秘密,造成损失的金额是多少。

关于争议焦点一,本案中,现有证据证明被害人出资研发了涉案产品的配方及生产工艺,形成了生产作业指导书,该产品为被害人带来了经济利益,该生产作业指导书中载明的配方及工艺并不为公众知悉,被害人也采取了保密措施以防止上述信息泄露,故被害人生产风味水豆豉的生产作业指导书属于被害人的商业秘密。

关于争议焦点二,张某某的辩护人提出张某某侵犯商业秘密的证据不足的辩解意见。经查,现有被告人张某某的供述、证人证言,以及专家鉴评意见、粤知司鉴所〔2018〕鉴字第25号鉴定意见书,能够相互印证,形成证据锁链,充分证实被告人张某某在B公司处工作期间,接触并掌握了B公司的风味水豆豉产品的配方、生产工艺,被告人张某某从B公司处辞职后,明知自己违反竞业禁止协议及保密协议,仍使用假名进入C公司工作,为改进C公司的木姜子水豆豉产品,利用其掌握的B公司产品配方、工艺对C公司加工工艺进行修改,最终使C公司的生产作业指导书与B公司的“B牌风味水豆豉”的生产作业指导书实质相似。上述事实足以证明被告人张某某侵犯了B公司的商业秘密。

关于争议焦点三,根据现有证据,仅能证实C公司生产了1000余件产品,且大部分因质量问题被召回,故现有证据不能证明C公司生产的产品与被害人销量下降之间存在明显的因果关系,被害人销量下降的金额不应认定为被告人张某某造成的损失。根据黔夜郎专审字〔2017〕111号审计报告,B公司于2011年1月至2016年12月对风味水豆豉产品的研发成本,包括土地投入57.18万元,厂房投入3436.09万元,31项设备投入510.37万元,共计4003.64万元;B公司为保护商业秘密,2011年至2016年所支付的员工保密费，共计 290.32 万元。上述款项中，土地、厂房、设备系被害人用于研发、生产所用，其中哪些属于研发投入，哪些属于生产投入无法区分，而被告人的行为并未导致 B 公司的商业秘密为公众所知晓，故其研发费用不应认定为损失，土地及厂房目前价值并未降低，故上述金额不应认定为损失。而 B 公司在张某某在职期间即 2011 年至 2015 年，为保守商业秘密而支出的保密费用 $290.32\times5\div6=241.93$ 万元，因被告人张某某的犯罪行为使 B 公司保密措施失效，商业秘密泄露，被他人掌握并使用，故该 241.93 万元属于被告人张某某造成的损失。

综上，被告人张某某违反与被害人 B 公司签订的《竞业限制与保密协议》，使用其掌握的 B 公司的商业秘密，造成商业秘密的权利人 241.93 万元的损失，后果严重，其行为已构成侵犯商业秘密罪。公诉机关指控被告人张某某犯侵犯商业秘密罪罪名成立，法院予以确认。另外，被告人有坦白及悔罪情形，主观恶性较小，且被告人仅是侵权产品生产商即 C 公司的普通员工，不是该公司股东或高管，综合考虑上述情节，法院对被告人张某某免予刑事处罚。

据此，根据被告人的行为性质、危害后果、认罪态度等，依照《刑法》第 37 条、第 219 条，最高人民法院、最高人民检察院《关于办理侵犯知识产权刑事案件具体应用法律若干问题的解释》第 7 条第 1 款、第 2 款之规定，判决被告人张某某犯侵犯商业秘密罪，免予刑事处罚。

四、办案心得

虽然《刑法修正案（十一）》将侵犯商业秘密罪中“给商业秘密的权利人造成重大损失”这一构成要件修改为了“情节严重”，但本案的办理思路在当下仍然具有借鉴意义。

从刑法的角度来讲，法院认定张某某构成侵犯商业秘密罪的依据在于，认为张某某违反了《竞业限制与保密协议》的要求，使 C 公司掌握了 B 公司水豆豉产品的制作工艺，并给B公司造成了高达241.93万元的损失。虽然本案被告人张某某最终被免予刑事处罚，但辩护人认为，被告人的行为是否构成犯罪仍然值得商榷。众所周知，犯罪是侵害法益的行为，因而行为是否具有法益侵害性是决定行为罪与非罪的关键，而本案中侵犯商业秘密罪的法益是否受到侵害是有疑问的。

如前文所述，商业秘密是指不为公众所知悉，能为权利人带来经济利益，具有实用性并经权利人采取保密措施的技术信息和经营信息。而根据最高人民法院《关于审理不正当竞争民事案件应用法律若干问题的解释》(已失效)第10条的规定，“能为权利人带来经济利益、具有实用性”是指具有现实的或者潜在的商业价值，能为权利人带来竞争优势的有关信息。因此可以明确的是，商业秘密的终极价值在于使得权利人在市场竞争中保持具有高于他人的优势地位，从而维持特定行业市场正当竞争秩序的稳定。基于此，倘若权利人的这种优势地位并未受到实际损害，并且特定行业市场正当竞争秩序并未遭到破坏就难以认定侵犯商业秘密罪的法益受到了侵害。而本案中C公司根据张某某所提供的制作工艺所生产的水豆豉产品由于存在质量问题已被召回并销毁，并且张某某也因此被C公司辞退，这说明张某某所提供的制作工艺存在重大瑕疵。基于此，无论如何也难以认为张某某的行为使得B公司在行业中的优势地位受到动摇，从而使得该行业的正当竞争秩序受到破坏，因此即使张某某违反了同B公司签订的《竞业限制与保密协议》，也应按照协议违约条款的规定追究其违约责任，而不能将其行为认定为犯罪行为予以追究刑事责任。

从证据法的角度来讲，对证据是否具有客观性、关联性、合法性的审查是认定事实是否成立的重要方法。本案公诉人指控张某某侵犯商业秘密的行为所造成的损害为4293.96万元，但是对支撑上述金额的专项审计报告进行审查不难发现，这份专项审计报告在证据的客观性、关联性、合法性上都存在重大问题，也正是基于此法院在最终判决中仅认定行为人造成的损失为241.93万元，因此如何发现在案证据的问题对于案件能否达到辩护效果至关重要。这需要辩护人对证据的种类、证据的审查要点进行全面掌握，尤其是涉及对专业领域鉴定意见或者专家意见进行审查时，需要多查阅相关领域的资料、请教相关领域的专业人士，并对此类鉴定意见容易出问题的地方予以重点关注。

总而言之，律师办理刑事案件一定要严格依法依规进行辩护，既要谨言慎行、防微杜渐，又要敢于辩护、善于辩护。

作者简介

谢荣刚

2001 年取得律师资格证，2002 年至今在贵达律师事务所执业，合伙人，专业刑事辩护律师，贵州省政法委案件评查专家库专家。曾任两届贵阳市律师协会法律援助委员会主任、贵州省律师协会刑事专业委员会委员、贵阳市人民监督员、贵州省法学会犯罪学研究会理事等。

9. 通过行政法信赖利益原则立论辩护获得法院认可无罪

——雷某某被控非法采矿罪获无罪判决案

【辩护思路】本案存在刑事行政交叉问题，利益应得到保护。

一、基本案情

2011年2月22日，Z县国土资源局挂牌出让W镇M地采矿权，同年2月28日，被告人雷某某向Z县国土资源局提出采矿权竞买申请，并签订M地灰岩矿采矿权竞买承诺书，同日，雷某某取得了M地采石场的采矿许可证，矿区面积为0.0063平方千米。同年3月1日，雷某某向Z县国土资源局缴纳38,000元采矿权价款，3月6日，与Z县国土资源局签订采矿权挂牌出让成交确定书，明确规定开采年限及开采范围。雷某某在取得采矿许可证后委托某矿产资源开发有限公司制作开采设计方案。被告人雷某某根据设计方案在开采过程中，未按Z县国土资源局颁发的采矿许可证规定的坐标点范围和开采方案进行开采。经地质勘查及价格鉴定，被告人雷某某非法开采砂石4.87万立方米，非法开采的矿产资源价值142.06万元。

二、辩护意见

辩护人认为雷某某无罪的具体辩护理由如下：

（一）雷某某因积极支持政府的搬迁工作而获得M地采矿权，其开设M地采石场是合法的商业行为，不具有非法采矿的犯罪故意，其行为也没有社会危害性

《行政许可法》(2003)第8条规定："公民、法人或者其他组织依法取得的行政许可受法律保护，行政机关不得擅自改变已经生效的行政许可。行政许可所依据的法律、法规、规章修改或者废止，或者准予行政许可所依据的客观情况发生重大变化的，为了公共利益的需要，行政机关可以依法变更或者撤回已经生效的行政许可。由此给公民、法人或者其他组织造成财产损失的，行政机关应当依法给予补偿。"

雷某某现被指控"非法开采"的采石场正是基于本条规定对政府的信赖利益原则获得的补偿。2010年，雷某某为配合政府搬迁，关闭了其所有的W地砂石场，主动放弃了未到期的采矿许可证，故县人民政府依法应当给予其补偿。具体补偿流程如下：

2010年11月1日，Z县国土资源局形成决议，为推进W地砂石场搬迁工作，原则同意雷某某申请在M地设置一个新的石灰岩采矿权；2010年12月9日，Z县国土资源局向Z县人民政府提交了相关请示，明确了为雷某某设置的采矿权的具体位置"位于两青二级公路火车站至金堡路口之间的可视范围内，与拟建的二级旅游公路加油站毗邻。D地旅游砂石场指挥部口头承诺在M地办理一个石灰岩采石场"，该位置即本案被指控非法开采的地址。Z县人民政府2011年1月28日专门下达《Z县人民政府关于在W镇M地设置石灰岩采矿权的批复》，批复内容为："为切实推进砂石场搬迁工作，结合非煤矿山开采管理的相关规定，经Z县人民政府研究，同意在W镇M地设置一个石灰岩采矿权，请你局按程序完善相关手续。"

至此，Z县人民政府应为雷某某利益损失进行赔偿的审批手续已经完备。剩下的即Z县国土资源局按程序完善相关手续的步骤：2011年2月22日，Z县国土资源局就W镇M地采矿权发出了采矿权挂牌出让公告；2011年2月

28日，雷某某向Z县国土资源局递交了《采矿权竞买申请书》并签署了《Z县W镇M地灰岩采矿权竞买承诺书》，同日Z县国土资源局为雷某某办理了采矿权许可证。办证以后才进行后续的拍卖成交手续：2011年3月1日，Z县国土资源局出具了采矿权挂牌出让报价单报价叁万捌仟元（38,000.00元），同日，雷某某支付了相应的采矿权价款。2011年3月6日，雷某某与Z县国土资源局签署《采矿权挂牌出让成交确认书》和《采矿权出让合同》。到此，Z县人民政府给予的补偿采矿权许可损失的完善手续程序结束。

雷某某根据对政府的信赖利益必然产生合法的预期，并获得法律上的保护，具体符合以下条件：

第一，行政机关在有关行为、意见或政策中所表达的意思必须是清晰的、不会产生歧义且没有有关限定的条件。通过这些意思表示，能够使相对人有理由相信，将来行政机关一定会按照它所承诺的那样去做。第二，行政机关的意思表示应该是由行政机关中实际上或者表面上有这方面职权的人作出。而本案中是以县国土资源局、县政府业已明确的会议纪要、请示、批复表达的，相对人雷某某足以产生合法预期。第三，相对人的预期利益或潜在利益应该明明白白地存在。本案中雷某某放弃未到期的采矿许可证，在得到县人民政府以及县国土资源局、D地旅游砂石场指挥部承诺在M地办理一个石灰岩矿权的情况下，进行选址且选址得到县国土资源局的文件认可，在后县国土资源局也按照拍卖程序完善了手续。

《行政许可法》（2003）第8条首次引入了合法预期或信赖保护，对撤回与变更行政许可规定了实体性保护和补偿性保护，使得对合法预期的实质性保护变得更为实在，具有更加客观的可衡量性。基于此，雷某某基于对政府的信赖利益进行砂石开采，不具有非法评价的基础。法院在行政审判中也开始引入该原则的精神来阐释判决理由。

（二）雷某某实际采矿点与采矿许可证上的坐标不一致，事出有因，不应以雷某某采矿点与许可证不一致来掩饰行政机关可能存在的错误，更不宜将本案定性为刑事案件

1. 雷某某与政府协商在其所选范围设立一个新的采矿权，雷某某实际开采点即在其选址范围内。

Z 县国土资源局《关于要求在 W 镇 M 地设置石灰岩采矿权的请示》载明："现有原 W 地砂场业主雷某某要求在 W 镇 M 地申请设置一个石灰岩采矿权，该石场位于两青二级公路火车站至金堡路口之间的可视范围内，与拟建的二级旅游公路加油站毗邻。"该位置即雷某某实际开采点，而非采矿许可证确定的位置。

雷某某在其第一次讯问笔录中表明，在其开设 M 地采石场的过程中，基本上每个月都有 Z 县国土资源局及 W 镇国土所的工作人员到其采石场进行定期检查。但均未有人向雷某某提出过其采石场实际开采的范围和面积与采矿许可证的开采范围和面积不符。在《Z 县国土资源局采矿权挂牌出让公告》第 1 条第 4 款中还明确："本局不召开情况介绍会，也不组织查看现场"，由此可以明确看出，所有的采矿权办证流程，都是为了满足雷某某所选采石场地址而为（带有征收补偿性质）。而由于坐标定点具有的专业性，雷某某也不可能自己发现其实际开采点坐标与采矿许可证载明的开采坐标不一致，反而雷某某有充分的理由相信，政府所办采矿许可证以及所记载的坐标，就是其本人实际选址开采点的坐标。

2. 采矿许可证办证档案中地质报告载明的矿体特征、地貌特征、地质环境条件等均与雷某某实际开采点相符。

《雷某某 M 地采石场建筑石料用灰岩矿地质技术报告》第一部分地质勘查第 4 章矿体地质特征第 4.1 条矿体特征载明："矿体为独立山体的一部分，总体近于锥体。"此矿体特征与雷某某实际开采点矿体特征相符。第 7 章资源量估算第 7.2 条资源量估算方法的选择及原则，再次载明"矿区均为矿体，矿体形状近似台体，按 55 度的最终边坡，采用台体法估算资源量”，雷某某 M 地采石场矿区地貌也与其实际开采点相符。第三部分地质灾害危险性评估第三组地质环境条件第 3.1 条气象水文载明“矿区位于珠江流域都柳江水系，水系不发育，周边 500m 无稳定水源，生产生活用水匮乏”，也与实际开采点相符，而采矿许可证上载明的矿区范围内存在一个水塘、两条小河沟交叉，与上述描述不符。

显然，雷某某实际开采点与其采矿许可证上载明的开采坐标范围不一致，是办证机关提供了错误的坐标导致。雷某某在其选址范围组织开采砂石，其合法信赖利益应当被保护。本案中，应遵从刑法的谦抑性原则，认定雷某某无非法采矿的故意，其行为也不应被认定为非法采矿行为，不具有社会危害性，宣告雷某某无罪。

三、裁判观点

公诉机关指控被告人雷某某犯非法采矿罪，依据现有证据，可以证实雷某某实际开采范围确实与许可证批准范围不相符。从雷某某办理采矿许可证的过程来看，是因雷某某原砂石场被征收后允诺其自行选址设置一个矿权，在雷某某自行选址的前提下，雷某某无非法开采的故意，基于信赖也不应再承担相应的范围审查义务。雷某某在取得采矿许可证后的开采过程中，无证据显示雷某某有超越许可证开采被告知或被处罚的情况。同时，雷某某要求设置的矿址系在 M 地沟，而 Z 县国土资源局办理的采矿许可证设置的矿址也在 M 地沟，地点相符。对于采矿许可证上划定的坐标拐点的具体位置范围，不能通过肉眼或从业经历判断，需要专业人士依附相应的器械设备方能明确，由此说明雷某某尽到了合理的审查义务。公诉机关提出《雷某某 M 地采石场建筑石料用灰岩矿地质技术报告》是采矿许可证坐标拐点数据的依据，该技术报告是依“M 地采石场”出具“委托书”而作出，但无雷某某签字或盖章，结合证人张某杰、李某欣等人证言及 Z 县公安局出具的关于调取核实 M 地采石场地质技术报告等相关材料情况说明来看，没有充分证据证明该技术报告系雷某某委托第三方机构确定并提供。

综上所述，综合全案证据，不能认定雷某某有非法采矿的主观过错，公诉机关指控雷某某犯非法采矿罪的罪名不成立，法院不予支持。被告人及其辩护人提出被告人不构成非法采矿罪的辩护意见理由成立，法院予以采纳。

四、办案心得

（一）充分考虑法律之外的专业技术问题，并结合法律找到辩护要点

本案涉及采矿许可证坐标专业问题，特别是证上坐标与实际开采位置的判定。为搞清楚这个问题，辩护人三次到矿山实地踏勘，最后聘请专业测量机构确定采矿许可证的坐标确实与其实际开采位置不一致。在此基础上搞清楚被告人为什么会明目张胆地开采，这对找准辩护点十分关键。

（二）确定本案涉及刑事行政交叉问题，运用政府信赖利益原则作为辩护的法理基础，充分说明本案对行为人不具有期待可能性

期待可能性理论是法律谚语“法不强人所难”的一种刑法话语的表达，法理语言的部门法呈现。霍布斯（Hobbes）认为：“如果一个人是由于眼前丧生的恐惧而被迫做出违法的事情，或者如果一个人缺乏食物或者其他生活必需品，除非犯法，没有任何其他办法保全自己；就像在大饥荒中无法用钱购买或者得到施舍食物时行劫或者偷窃一样，那么，该人可以完全获得恕宥，因为任何法律都不能约束一个人放弃自我保全。”自我保全和生存欲望是天然的人性法则，是人之为人的特性。法律作为一种社会科学应当尊重这种人性，也是尊重人之主体性的一种表现。法不强人所难是指不能强求行为人对超出其能力之外的事情负责。法律所适用的主体必须有能力、有可能做到法律所要求的。法不强人所难，高度契合社会的公众的行为逻辑和心理期待，是应

然的司法理念。期待可能性本身是在理性人假设所支撑的责任认定上为人际情理预留的冗余。这一法律冗余的判断对象应是针对行为人所处的特殊情境、人际情感而作出的审时度势、揆情度理的一种不得已的、难以谴责的“非法”的行为，因此期待可能性的适用情境从认识论的角度要遵循逻辑同一律，即这样做就不能不这样做。行为人的行为具有特定情境中的必然性，是逻辑与现实的统一。因此这种个体特殊性以及客观行为逻辑应当受到规范的理性应对。

结合本案，在明确采矿涉及坐标专业问题，调取案涉采矿权办证档案后，又通过信息公开方式获取涉案矿点并无收到任何非法采矿处罚的文件答复，明确了本案的当事人雷某某应当受到政府信赖利益保护原则的保护，其已经尽到了合理的审查义务，对其不触犯非法采矿罪并不具有期待可能性，因此不存在可罚性，雷某某理应无罪。本案最后经法院审判委员会讨论后对雷某某作出了无罪判决。

作者简介

贾开文

贵达律师事务所高级合伙人，工会主席，西南政法大学法学学士。从业28年以来代理上千件诉讼和非诉讼案件，充分维护当事人合法权益，深受委托人信赖和好评，先后获得贵阳市优秀律师、贵州省优秀律师称号。熟悉国有企业产权改革改制和国有资产运营监管业务，擅长企业改制破产、撤销、重组、项目运营风险控制等。

10. 重视主客观一致原则，正确评价被告人的实行行为

——Y 省 A 公司、罗某余被控非法占用农用地罪获减轻处罚案

【辩护思路】对于破坏环境资源类犯罪，在确定行为人的主观意志时，要重点审查行为人在行为实施过程中的具体表现，同时辩护人介入案件时要立足于法律但是不能局限于法律，根据个案的不同，合理选择辩护方案，实现法律目的和社会目的的统一。

一、基本案情

2016 年至 2020 年 3 月，被告人罗某余系 Y 省 A 公司总经理和 B 公司的法定代表人兼董事长。2018 年 Y 省 B 公司为推进万亩石榴种植园项目，与 Y 省 A 公司签订《土方使用协议》。Y 省 A 公司在未向林业草原主管部门办理过相关林地征占用手续的情况下，在 G 市 E 镇 F 社区 Q 村推挖林地、建盖房屋修建临时机械停放点和驾驶员休息点，同时将开采煤矿区剥离的弃土运到 F 社区 J 村的林地上堆放。经某司法鉴定中心鉴定：现场被占用林地面积为 7257 亩，扣除已被行政处罚的 6.52 亩林地，实际占用林地面积为 65.95 亩。

案发后，Y 省 A 公司已恢复林地 65.05 亩，并通过某市林业和草原局验收。被告人罗某余经公安民警电话通知到案。

二、辩护意见

（一）在单位犯罪构成要件中，现有证据不能得出构成犯罪的结论

现有证据中不能证明被告人Y省A公司存在非法占用农用地主观故意，不存在Y省A公司明知涉案土地为林地，在未办理林地占用手续情形下仍进行土地整理、占用林地的会议记录、会议纪要或其他直接证据。

本案也没有证据证明被告人Y省A公司整理土地种植石榴林、修建临时机械停放点和驾驶员休息点的行为，是由Y省A公司的决策机构按照Y省A公司的决策程序来决定实施的。依据主客观相一致的基本原则，在缺失主观罪过的情况下，对Y省A公司客观上临时占用的行为，不能得出单位犯罪的结论。

由此，作为Y省A公司负责人的罗某余，其承担刑事责任的基础并不存在。

（二）被告人Y省A公司已因未经批准擅自改变林地用途受过行政处罚，已无追究Y省A公司及罗某余刑事责任的合理性、必要性

1. 被告人Y省A公司已因未经批准擅自改变林地用途受到某市林业和草原局的行政处罚，且在受到行政处罚后积极整改、恢复造林，整改结果已通过某市林业和草原局验收。在此情形下，再追究Y省A公司及罗某余刑事责任，并无合理性。

2. Y省A公司整改结果通过验收后无违反土地管理法规、破坏国家林地资源的社会危害性，此后也无相关违法行为。

（三）罗某余人身危险性及刑事处罚必要性的分析

1. 本案被告人罗某余作为企业负责人，领导Y省A公司在煤矿开采和Y省B公司万亩石榴种植园项目中，实实在在地为企业发展和服务地方经济发展作出了应有贡献。本案涉及的占用农用地行为，客观上是企业发展过程中

过失产生，并无故意危害国家农用地资源的行为。该行为在事实上不但没有危害国家保护的法益，而且客观上是合理利用并使土地增值的行为。该行为在客观上形成的占用，并不是刑法中具有社会危害性的行为。如果不对这一行为性质作出公正评价，仅就一个企业实施项目中行为客观归罪，本质上与刑法目的相背离，与宽严相济的刑事政策相违背，不可能产生良好的社会效果和法律效果，也违背保护民营企业及民营企业家的基本精神。

2. 在无证据证明 Y 省 A 公司、罗某余存在非法占用农用地的主观故意的情况下，Y 省 A 公司、罗某余的犯罪主观处于故意与过失之间。罗某余作为 Y 省 A 公司的主要负责人，主观上无犯罪故意、客观上无犯罪行为，让其承担刑事责任并不符合刑法基本的归责原理。

3.Y 省 A 公司日常经营及罗某余在以往工作、生活中均遵纪守法，无任何违法违纪行为，其作为投资方到 Y 省设立公司，为 Y 省经济发展、社会就业甚至是居民养老均作出较大贡献。客观上本案已经进入刑事诉讼程序中，在认定 Y 省 A 公司及罗某余构成犯罪的问题上，请充分考虑 Y 省 A 公司的客观情况，企业经营管理的艰难。在犯罪考量上，罗某余即使涉嫌犯罪，也应当是初犯、偶犯。在罗某余已投案自首且认罪认罚的情况下，从刑罚特殊预防、一般预防的角度考量，对罗某余亦无处以自由刑的必要。因此，建议法庭按照单位犯罪的处罚原则，分别对 Y 省 A 公司、罗某余从轻处罚。

三、裁判观点

被告单位 Y 省 A 公司违反土地管理法规，在未办理占用林地手续的情况下，非法占用林地，改变林地用途，造成林地大量毁坏，数量较大，其行为已构成非法占用农用地罪。被告人罗某余作为 Y 省 A 公司的直接负责人，依法应以非法占用农用地罪追究其刑事责任，公诉机关的指控成立。但考虑到被告人的犯罪性质、社会危害性、情节及悔罪表现，认为公诉机关提出的 1 年以下有期徒刑，并处罚金的量刑建议过重。最终法院判决对被告 Y 省 A 公司单处罚金 36 万元，对被告罗某余单处罚金 15 万元。

四、办案心得

本案对于办理破坏环境资源保护类罪案件具有一定的借鉴作用。

（一）注意破坏环境资源保护类罪名罪与非罪的界限

以本案中的非法占用农用地罪为例，《刑法》（2017 修正）第 342 条规定：“违反土地管理法规，非法占用耕地、林地等农用地，改变被占用土地用途，数量较大，造成耕地、林地等农用地大量毁坏的，处五年以下有期徒刑或者拘役，并处或者单处罚金。”根据该条的规定，本罪为故意犯罪，构成本罪需要满足的关键条件为非法占用农用地。因此需要重点审查以下内容。

1. 是否为故意非法占用

对于行为人主观心理的判断，一般采用刑事推定的方法，心理活动虽然具有一定的隐秘性，但是可通过与主观心理密切联系的外在表现即行为人本身实施的一系列外化客观行为来推定其主观目的。本案中，犯罪主体为单位，单位的意志表现通常体现在日常管理的文件或决策意见中。而本案的在案证据中没有证据证明 Y 省 A 公司整理土地种植石榴林、修建临时机械停放点和驾驶员休息点的行为是由 Y 省 A 公司的决策机构按照 Y 省 A 公司的决策程序来决定实施的，其在主观方面就没有犯罪故意，不应当认定为犯罪。在审查此类案件时，我们必须坚持主客观一致原则，防止客观归罪。

2. 是否尽到应尽的审查义务

此类案件中，可能会出现合法占用与非法占用同时出现的情形，此时就要注意审查，对于非法占用的地块行为人是否尽到应尽的审查义务。本案中，根据行为人签署的《土方使用协议》，由 Y 省 A 公司将煤炭开采剥离的土方运到有荒山的涉案土地上，通过土地平整后种植石榴林，合理利用土地。在此情况下，Y 省 A 公司将煤矿生产过程中产生的剥离土方回填至 Y 省 B 公司万亩石榴种植园项目中凹凸不平的地方，既让煤炭生产中产生的剥离土方合理利用，又方便项目的顺利实施，可谓一举两得，该行为不仅没有社会危害性，反而有利于项目的顺利开展。同时本案涉案农用地是在万亩石榴种植园项目实施批准的土地范围内，并且，案件中被占用的林地在使用时的原初地貌上，土地边界上并不具有明显的标志。法律也不应当对社会一般人设定如此严苛的审查义务。

3. 对行为人是否有前科处刑罚的必要性与合理性

本案接受委托后，辩护人通过全面审查在案证据以及多次会见当事人了解到更多与案件有关的事实，Y 省 A 公司是一家经营状况良好，且无任何刑事犯罪前科的公司。罗某余到当地投资多年，属于当地知名的企业家，无任何犯罪前科，平时热心投身于公益事业，为当地的经济发展作出了较大贡献。且就本案同一事实 Y 省 A 公司已经受到某市林业和草原局的行政处罚，并在处罚后积极整改，整改结果得到了某市林业和草原局的认可，同时，罗某余系自首且认罪认罚，就算认为其行为构成犯罪，该行为的社会危害性也已显著降低。

（二）把握案件整体脉络，充分与当事人沟通，提出辩护方案

在实际操作案件时，辩护人应当立足于法律，但是不应当局限于法律。本案中，虽然辩护人认为当事人并不涉及犯罪，但是考虑到罗某余已被认定为自首且已认罪认罚，同时当事人之一为公司，经营状况良好且注册金额高达 5.4 亿元，其最担心的问题为诉讼时间过长，导致企业宕机时间过久，经营困难。因此为了避免对其自首和认罪认罚效力产生影响，辩护人同当事人充分沟通后最终选定了无罪辩护与罪轻辩护相结合的辩护方案，争取实现对当事人就算作出有罪认定，也能免除自由刑的目的，保障企业复工复产。

基于以上事实和实际情况，辩护人确定了辩护方法：第一，以 Y 省 A 公司并无犯罪故意为基调，结合 Y 省 A 公司就同一事实已被依法处以行政处罚的事实，根据相关法律及中央宽严相济的精神指导，从处罚当事人的合理性、

必要性等方面提出当事人不构成犯罪的无罪辩护意见。第二，根据当事人的实际行为，着重强调，就算当事人构成犯罪，但当事人不仅具有自首和认罪认罚的从宽量刑情节，而且其人身危险性及社会危害性已显著降低，可从轻处罚。

在辩护人及当事人的共同努力下，本案法院虽然认为当事人构成犯罪，但最终没有采纳公诉机关1年以下有期徒刑并处罚金的量刑建议，判决对Y省A公司及罗某余单处罚金，实现了既定的辩护目标。

作者简介

康　军

法学博士，贵达律师事务所高级法律顾问，贵州大学法学院副教授、刑法教研室主任、硕士研究生导师，访美学者。现任贵州省监察委员会专家咨询委员会委员，贵州省人民检察院专家咨询委员会专家，贵州大学法律顾问，贵阳市公安局专家组专家，贵阳市中级人民法院案件质量评查专家，贵阳市人民检察院咨询专家，安顺市人民检察院咨询专家，贵阳市南明区人民检察院专家库专家，贵阳市花溪区监察委员会专家咨询委员会委员；贵州省律师协会副秘书长，刑事专业委员会副主任，“扫黑除恶”专项斗争律师辩护代理工作指导委员会副主任。

11. 注重有效沟通，与检察官充分交流意见

——吴某某涉嫌破坏生产经营罪获不起诉案

【辩护思路】在罪轻辩护实践中，酌定不起诉一般是当事人、辩护律师追求的第一结果，但由于法律及司法解释关于犯罪情节轻微，不需要判处刑罚或者免予刑事处罚的认定条件的规定并不完备，往往会遭遇到模糊不清的状况。这就导致当事人、辩护律师、检察官之间的沟通成本大大增加，难以达到最佳效果。本案在审查起诉阶段经辩护人与检察官有效沟通，检察机关对本案作出不起诉决定，依法保护了当事人的合法权益，最大限度地减轻了当事人的诉累。

一、基本案情

2017年3月23日，A公司与B公司签订C酒店项目分包合同，C酒店项目于2018年9月投入使用。截至2020年9月初，尚有32.42309万元工程款未支付给A公司，A公司多次催讨工程款未果。2020年9月初，被不起诉人B公司法定代表人吴某某及A公司法定代表人陈某某认为很难收回工程尾款，便商议利用为C酒店做售后的机会，安排A公司技术员陈某远将C酒店项目加密，人为设置时间让客房自动断电，并在C酒店机房电脑主机上安装向日葵远程操控软件，便于陈某远利用远程操控恢复酒店客房供电。吴某某等人对C酒店断电造成C酒店的营业损失为21.7179万元。

案发后，吴某某与C酒店达成和解，赔偿C酒店损失并取得C酒店书面谅解。

二、辩护意见

（一）犯罪嫌疑人吴某某主观恶性不大

本案系由民事纠纷引发，案发时该纠纷已经持续了近三年，在这三年里，被害公司一直处于违约状态且明显没有履行合同的意思表示，采取推诿等手段拒绝支付工程款，在2020年9月30日这一次设置设备使用时间时，吴某某并不知情，系陈某某电话安排其与被害公司对接接收工程款事宜，且该工程款15万元支付给了公司，而2018年吴某某已经离开了B公司；同时，从本案的案情来看，陈某某与吴某某之所以采用在系统里设置序列号的方式限制被害单位使用该系统，完全是迫于无奈的一种选择，辩护人并不否认该行为客观上的危害性，但真实的情况是嫌疑人等并不具有主观上为了报复而追求使被害公司无法正常经营的主观恶意，即便有，其主观恶意也非常小。且吴某某没有任何犯罪记录，系初犯、偶犯。

（二）吴某某家属积极主动与被害公司及相关债权人磋商，积极消除社会危害

案发后，其家属多方奔走，积极与被害公司及相关债权人接触磋商，并四处筹钱，目前已与被害公司多次接触，就和解的具体内容进行了磋商，吴某某也同意按照被害公司的客观实际损失赔偿损失并表示愿意适当增加，同时对于工程尾款可抵扣或另行协商处理，以达到消除社会危害性目的。最终，吴某某赔偿被害公司损失并取得谅解，与被害公司达成和解协议，已经实际消除了其行为的危害性。

（三）被害公司具有严重的过错

前文已述，本案系由被害公司在长达3年的时间里不断违约，拒不支付工程尾款导致的犯罪嫌疑人等人的不理智行为所引发，根据行为的动机和目的来看，嫌疑人等是为了获得工程尾款，被害公司的不守信行为对于引发本

案具有不可推卸的原因力，二者之间具有因果关系，被害公司具有过错。

（四）自案发以来，吴某某积极配合办案机关调查，主动认罪、悔罪

自案发以来，吴某某经办案机关通知讯问，随传随到，积极配合办案机关的调查，如实向办案机关陈述自己的犯罪行为，愿意接受处罚，对之前的不理智行为非常后悔，认罪态度良好。

三、裁判观点

被不起诉人吴某某实施了《刑法》（2017 修正）第 276 条规定的行为，但犯罪情节轻微，具有坦白情节，积极赔偿并取得书面谅解，系初犯、偶犯，且自愿认罪认罚，根据《刑法》（2017 修正）第 37 条的规定，不需要判处刑罚。依据《刑事诉讼法》（2012 修正）第 177 条第 2 款的规定，决定对吴某某不起诉。

四、办案心得

在刑事案件中，检察院的不起诉决定无疑是当事人追求的一种相对“完美”的结果。根据我国《刑事诉讼法》的规定，可知不起诉的类型分为四种，包括法定不起诉、存疑不起诉、酌定不起诉、附条件不起诉。

法定不起诉又称绝对不起诉，是指《刑事诉讼法》第 177 条第 1 款的不起诉。所谓法定，是指法条表述的“应当”，即没有犯罪事实，或具有《刑事诉讼法》第 16 条规定情形之一的，人民检察院应当作出不起诉决定，检察机关不享有作出起诉决定或不起诉决定的自由裁量权，只能依法作出不起诉决定。

存疑不起诉又称证据不足不起诉，是指《刑事诉讼法》第 175 条第 4 款和《人民检察院刑事诉讼规则》第 367 条的不起诉，是检察机关对于经过补充侦查的案件，仍然证据不足，不符合起诉条件的，作出的不起诉决定。

酌定不起诉又称相对不起诉，是指《刑事诉讼法》第 177 条第 2 款的不起诉，对于已经构成犯罪，但犯罪情节轻微，依照《刑法》不需要判处刑罚或者免予刑事处罚的，人民检察院可以作出不起诉决定，检察机关对作何决定具有裁量权。

附条件不起诉，是指检察机关对应当负刑事责任的未成年犯罪嫌疑人，认为可以不立即追究刑事责任时，给其设立一定考验期，如其通过了考察，考验期满检察机关将依法作出不起诉决定。

法定不起诉和存疑不起诉都属于无罪辩护范畴，酌定不起诉和附条件不起诉属于罪轻辩护范畴。司法实践中，本身具有无罪辩护基础的案件很少，更多是适用罪轻辩护，而附条件不起诉是针对未成年人的特殊制度。因此，在上述四种不起诉类型中，对大部分当事人来说更有意义的是酌定不起诉，即“对于犯罪情节轻微，依照刑法规定不需要判处刑罚或者免除刑罚的，人民检察院可以作出不起诉决定”。

由此可见，酌定不起诉在实践中具有重要作用，那么对于每一位辩护律师来说，都应当具备当事人是否符合酌定不起诉的条件的审查思维。

司法解释明确规定了不应当适用酌定不起诉的情形，第一步自然是要审查当事人是否不适用酌定不起诉。最高人民检察院公诉厅《关于印发〈人民检察院办理不起诉案件公开审查规则（试行）〉等四个文件的通知》、最高人民检察院公诉厅《关于印发〈人民检察院办理起诉案件质量标准（试行）〉和〈人民检察院办理不起诉案件质量标准（试行）〉的通知》中规定了不适用酌定不起诉的八种情形，只要当事人符合其中之一，则可结束对酌定不起诉的审查。

若当事人不存在上述不应适用酌定不起诉的情形，那么第二步便是审查当事人是否可以适用酌定不起诉。根据《刑事诉讼法》第 177 条第 2 款的规定，适用酌定不起诉需要符合两个条件，其一犯罪情节轻微，其二根据刑法不需要判处刑罚或者免予刑事处罚。但根据《刑法》第 37 条“对于犯罪情节轻微不需要判处刑罚的，可以免予刑事处罚……”的规定，实际上酌定不起诉只需要符合一个条件即可。根据我国立法语言体现的一般逻辑，若要表示并列的逻辑关系，会使用逻辑词或者使用逻辑符号来连接词句。但在《刑法》第37条中，“犯罪情节轻微”与“不需要判处刑罚”间没有逻辑词或者逻辑符号。那么可以理解其二者实际为一个条件，“犯罪情节轻微”已经包括了“不需要判处刑罚”的意涵，若认定“犯罪情节轻微”，也同时认定了“不需要判处刑罚”，反之同理。而在这两个条件之间，在大多数案件中“犯罪情节轻微”是更客观的，故应以此为标准。

通过检索，现行有效司法解释规定了20个罪名的犯罪情节轻微的认定标准，实践中若遇到有规定的罪名直接适用即可，但《刑法》规定了400多种罪名，在遇到没有司法解释规定的罪名时，则无法直接适用，只能参照适用，即在现行司法解释规定基础之上，归纳总结出犯罪情节轻微的一般认定标准，审查是否可予以适用。

关于犯罪情节轻微的一般认定标准，根据现有司法解释规定，归纳总结如下：第一，主观恶性小；第二，客观危害轻。主观恶性小包括初犯、认罪、悔罪等。客观危害轻体现为：未达情节严重标准，已有效补救（退赃、退赔、取得被害人谅解等）。

作者简介

张国佳

贵达律师事务所执业律师，吉林大学法律硕士，曾办理某知名集团袁某某、谭某某、王某某，观山湖区人民政府丁某某，水矿集团王某某，盘江集团王某某等多起重大职务犯罪案件。担任多家单位法律顾问，具有丰富的诉讼及实务经验。

12. 重视刑事案件的每一个程序，实现有效辩护

——王某某涉嫌骗取贷款罪侦查机关撤回移送审查起诉案

【**辩护思路**】审查起诉阶段公安机关撤回案件，是指公安机关将案件移送检察机关审查起诉后，出于某些原因将已移送审查起诉的案件撤回的行为，在司法实践中，常见的方式包括公安机关主动撤回和检察机关建议公安机关撤回等，不仅侵害了犯罪嫌疑人和被害人救济权和求偿权，而且严重影响了检察机关监督权和公安机关个案复议、复核权，使个案处理上在公正性和权利保障方面的危险性进一步增加。

一、基本案情

2015 年 9 月 17 日报案人朱某到 G 省经侦总队报案，称徐某采取虚假购买其煤矿股权的名义，骗其用 A 煤矿股权为徐某名下的 B 能源股份有限公司（以下简称 B 公司）向 N 银行申请的 3 亿元贷款提供抵押担保，贷款用途为支付 B 公司收购 A 煤矿股权。取得贷款后，徐某未将款项用于收购 A 煤矿股权，而是私自将款项转走，据为己有。

报案后，公安部门抽调民警成立专案组。专案组于 2015 年 10 月 30 日以骗取贷款罪对徐某与王某展开侦查，经查实，徐某于 2013 年 3 月找到 A 煤矿负责人朱某，隐瞒自身因收购煤矿债务缠身事实下，以 B 公司的名义与朱某

签订股权转让协议，约定以A煤矿作为贷款主体向N银行申请3亿元贷款资金作为股权转让款。此后，徐某却以B公司作为贷款主体，A煤矿及C煤矿作为抵押担保，向N银行提出贷款3亿元。N银行在受理贷款申请、作出相关审查后，于2014年1月27日、10月27日以M国际信托股份有限公司的名义向B公司发放3亿元流动资金贷款。

经查实，在贷款过程中，徐某与赖某向N银行提供大量虚假贷款及虚假改变贷款用途的资料，同时，查实约1.91亿元资金去向：其中2000余万元被徐某占为己有，400万元被赖某用于购买股票，450万元用于归还徐某在农业银行的贷款，6800余万元用于归还银行贷款利息，4000万元用于支付A煤矿股权收购款，2800万元用于购买D煤矿，100万元借给杨某、曾某，500万元借给何某，1000余万元用于公司日常开销（此1.36亿元被挪作他用）。

公安机关认为，徐某与王某于2012年12月在根本没有经济实力的情况下成立B公司（注册资金1亿元，徐某出资占股51%，任法定代表人，王某出资占股49%，任公司董事、股东），徐某与王某于2012年12月至2013年1月，利用L煤矿在向Y投资有限公司申请1.5亿元贷款过程中，向Y投资有限公司及N银行提供虚假施工合同、虚假采购合同及虚构贷款用途，骗取贷款1.5亿元。其中王某向徐某提供了D省E集团有限公司、J省F矿业投资有限公司、Y省某矿业开发有限公司、江西某实业有限公司的资料及账户，帮助徐某将银行贷款转入上述公司账户，王某涉嫌将贷款挪作他用，王某与徐某涉嫌构成骗取贷款罪。

二、辩护意见

王某的行为不符合骗取贷款罪的构成要件，不构成犯罪。

（一）王某未参与虚构贷款资料的行为，未实施任何欺骗行为

B公司向M国际信托股份有限公司的贷款，王某没有参与办理。根据案

件调查情况可知，本案由B公司涉嫌向M国际信托股份有限公司骗取贷款引发。B公司自成立以来，决策均由董事长徐某一人作出并实施，王某并未参与相关管理过程。就本案而言，针对贷款事宜的洽谈、贷款资料的准备及贷款合同的签订等事项，徐某与赖某都未告知王某，王某对上述贷款行为既不知情，亦未参与。贷款资料均由相关主体各自提供，对于B公司向M国际信托股份有限公司贷款的行为，王某并未参与贷款事项谈判、虚构贷款资料等事宜。

（二）王某未参与支配所得贷款款项的使用

针对B公司的所有贷款，王某并不知道具体放款时间，也不知道放款账户。对于公司将如何进行支配使用，王某本人也不知情，贷款的所有事宜均为公司董事长徐某独自决定，一力操办，王某对此既不知情，也未参与。

（三）至案发以来，王某积极配合办案机关调查，主动履行公民配合公安机关调查的义务

至案发以来，王某经办案机关多次电话通知，要求到办案机关接受询问，王某均准时到达，积极配合办案机关的调查，如实陈述办案机关的询问，对其所知所晓知无不言，言无不尽，态度端正。

三、裁判观点

2017年1月22日公诉机关作出同意移送机关将案件撤回的通知书，你局于2016年7月22日以某公刑诉字×××号起诉意见书移送审查起诉的犯罪嫌疑人王某、徐某涉嫌骗取贷款罪，徐某涉嫌骗取贷款、高利转贷、合同诈骗、挪用资金罪一案。根据公安机关的申请，同意将王某、徐某撤回移送起诉。经审查后，同意公安机关将该案撤回，自行处理的意见。同时，侦查机关解除对犯罪嫌疑人王某的刑事强制措施，本案终结。

四、办案心得

（一）厘清具体犯罪的犯罪构成行为是开展刑事辩护的前提

《刑法》（2017修正）第175条规定，以欺骗手段取得银行或者其他金融机构贷款、票据承兑、信用证、保函等，给银行或者其他金融机构造成重大损失的，以骗取贷款罪论处。根据立法原意及司法实践，所谓欺骗手段，是指申请人在申请信贷资金或者信用过程中有虚构事实、隐瞒真相的情节，或者提供虚假证明、假材料，或者信贷资金没有按照申请时所承诺的用途去使用等。骗取贷款罪规定的“欺骗手段”应当仅限于借款人身份、贷款用途、还款能力、贷款保证四个方面的欺骗，不包括其他方面的欺骗。

公安机关在起诉意见书中指控王某提供4家大型公司的账户，为徐某转移贷款款项，根据王某的询问笔录及辩护人的进一步核实，发现上述4家大型公司账户系相关主体自愿提供给徐某，王某并未实施上述四个方面的任一欺骗行为。

（二）重视侦查阶段的辩护工作有利于实现有效辩护

侦查阶段是侦查机关从发现犯罪或犯罪线索开始，至通过侦查确认犯罪分子并查清其主要犯罪事实到侦查终结为止的阶段。此阶段是证据形成阶段，辩护律师的介入可以在一定程度上引导侦查思维，继而影响案件证据调取方向、证据采信问题，尤其是对犯罪嫌疑人有利证据线索的获取至关重要。更为主要的是刑事辩护黄金救援的37天正好也在此阶段，此阶段若能聘请律师介入，会对犯罪嫌疑人权益保护达到最大化的效能。即律师通过会见嫌疑人等了解案情，及时提出变更强制措施的要求和理由，提出不符合立案条件、证据不足、不构成犯罪等法律意见，最终目的是使案件在侦查阶段能够被撤销、不立案等，使案件不转入下一程序，即使进入下一程序，也会为下一步的辩护工作打下坚实的基础。

（三）如何看待刑事案件中“程序倒流”的问题

1. 程序倒流的由来

1999 年《人民检察院刑事诉讼规则》第 262 条规定：“对于公安机关移送审查起诉的案件，发现犯罪嫌疑人没有违法犯罪行为的，应当书面说明理由将案卷退回公安机关处理；发现犯罪事实并非犯罪嫌疑人所为的，应当书面说明理由将案卷退回公安机关并建议公安机关重新侦查。如果犯罪嫌疑人已经被逮捕，应当撤销逮捕决定，通知公安机关立即释放。”

在《刑事诉讼法》《人民检察院刑事诉讼规则》等相关规定修改之前，该条规定通常被认定系检察机关在审查起诉阶段主动建议公安机关撤回已移送审查起诉案件的法律依据。

2. 检察机关建议公安机关撤回案件的合法性

1999 年《人民检察院刑事诉讼规则》第 262 条规定通常被认定系检察机关在审查起诉阶段主动建议公安机关撤回已移送审查起诉案件的法律依据。然而,《刑事诉讼法》《人民检察院刑事诉讼规则》在 2012 年修改并实施后，检察机关建议公安机关撤回案件已然丧失了相应的法律法规基础。

2019 年《人民检察院刑事诉讼规则》第 365 条规定：“人民检察院对于监察机关或者公安机关移送起诉的案件，发现犯罪嫌疑人没有犯罪事实，或者符合刑事诉讼法第十六条规定的情形之一的，经检察长批准，应当作出不起诉决定。对于犯罪事实并非犯罪嫌疑人所为，需要重新调查或者侦查的，应当在作出不起诉决定后书面说明理由，将案卷材料退回监察机关或者公安机关并建议重新调查或者侦查。”

相较于 1999 年的《人民检察院刑事诉讼规则》，现行法律规定已明确，无论犯罪嫌疑人是否存在犯罪事实、是否需要退回重新调查或侦查，检察机关均需要先作出不起诉决定。

《〈人民检察院刑事诉讼规则〉条文释义 2》一书对《人民检察院刑事诉讼规则》第 365 条进行了更为翔实的解析：“2012 年刑事诉讼法修改时，司法实践中人民检察院对于没有犯罪事实的案件普遍采取退回公安机关的方式，由公安机关作撤案处理。这种做法一方面不利于提高办案效率，浪费司法资源；另一方面容易出现部门之间扯皮问题，不利于维护当事人合法权益。因此将‘没有犯罪事实’作为法定不起诉的情形之一予以规定，对于没有犯罪事实的案件，不能再退回公安机关处理，而应当作不起诉处理。”

除此之外，对于犯罪事实不清、证据不足但又需要补充调查、侦查的案件，2019年《人民检察院刑事诉讼规则》第342条对此作了明确的规定：“人民检察院认为犯罪事实不清、证据不足或者存在遗漏罪行、遗漏同案犯罪嫌疑人等情形需要补充侦查的，应当制作补充侦查提纲，连同案卷材料一并退回公安机关补充侦查。人民检察院也可以自行侦查，必要时可以要求公安机关提供协助。”

《刑事诉讼法》第175条亦对此作了详细的规定：“人民检察院审查案件，对于需要补充侦查的，可以退回公安机关补充侦查，也可以自行侦查。对于补充侦查的案件，应当在一个月以内补充侦查完毕。补充侦查以二次为限。补充侦查完毕移送人民检察院后，人民检察院重新计算审查起诉期限。对于二次补充侦查的案件，人民检察院仍然认为证据不足，不符合起诉条件的，应当作出不起诉的决定。”

因此，根据我国《刑事诉讼法》第175条，《人民检察院刑事诉讼规则》第342条、第365条及其他相关法律法规的规定可知，在刑事案件审查起诉阶段发生已移送案件倒流回公安机关的，仅存在以下两种情况：（1）人民检察院认为犯罪事实不清、证据不足等需要补充侦查的，可以退回公安机关补充侦查，检察机关应当制作补充侦查提纲，连同案卷一并退回公安机关，对于补充侦查的案件，应当在1个月以内补充侦查完毕；（2）对于犯罪事实并非犯罪嫌疑人所为，需要重新调查或者侦查的，应当在作出不起诉决定后书面说明理由，将案卷材料退回公安机关并建议重新调查或者侦查。

综上所述，自《刑事诉讼法》《人民检察院刑事诉讼规则》2012年修改并实施后，公安机关主动撤回案件、检察机关建议公安机关撤回已移送审查起诉的案件的行为便彻底丧失了相应法律法规的基础。然而，实践中依然存在此类情况。

我国《刑事诉讼法》第180条对于充分保障被害人的救济权有着明确的规定，被害人对人民检察院作出的不起诉决定不服的，有权申诉，也可以直接向人民法院起诉。然而，如果出现公安机关撤回移送审查案件的情况，可能导致案件因此被搁置在侦查阶段，并且由于检察机关同意撤回的作为，在实质上对案件审查起诉的结果形成了终局的否定性意见，这将严重侵害被害人的申诉、自诉的救济权利，同时，这亦将严重损害犯罪嫌疑人的救济权和求偿权，并使个案处理在公正性和权利保障方面的危险性进一步增加。

作者简介

朱　山

无党派人士，1989年毕业于西南政法学院刑事侦查专业，获法学学士学位，2002年获该校法律硕士学位。1994年取得律师资格，1989年7月至1994年5月在贵州省司法警校任教，1994年5月至2000年12月为贵州省经贸涉外律师事务所（后更名为心海律所事务所）律师、证券部主任；自2000年12月创建贵达律师事务所至今，任该所主任，一级律师。

张国佳

贵达律师事务所执业律师，吉林大学法律硕士，曾办理某知名集团袁某某、谭某某、王某某，观山湖区人民政府丁某某，水矿集团王某某，盘江集团王某某等多起重大职务犯罪案件。担任多家单位法律顾问，具有丰富的诉讼及实务经验。

第三章

新型犯罪

1. 通过改变定性和减少罪名成功取得减轻处罚的辩护效果

——程某被控诈骗罪、侵犯公民个人信息罪减轻处罚案

【辩护思路】本案的启发是：一要找准切入点，对于诈骗罪，从牵连犯入手，直击犯罪本质，再反向论述不构成诈骗罪的理由，正反结合，论证有力充分；二是详细分析构成要件，对于侵犯公民个人信息罪，辩护人从信息来源、信息是否属于公民信息等角度展开充分论述，最终全案实现减轻处罚的辩护效果。

一、基本案情

2015 年 11 月，被告人刘某、赵某远、程某、叶某注册成立 A 资产管理有限公司，同年 12 月，经商量，由刘某通过网络联系“陈哥”（另案处理）购买 MT4 交易平台软件，由“陈哥”帮助制作网站和搭建第三方支付平台接口等服务，设立虚假交易平台“环球国际金融平台”，该交易平台是以国际走势数据为蓝本的虚拟交易平台，系统内所发生的交易为内部交易，交易的资金不流入期货市场。被告人刘某负责交易平台日常维护等工作，赵某远负责公司财务等工作，程某负责人事管理等工作，叶某负责后勤保障等工作，先后招募被告人陈某勇、余某、雷某、李某春、李某、杨某、李某 A、吴某、吴某松、朱某龙、吴某 A、王某辉、雷某 A 和安某东（均另案处理）等人担任市场部经理、业务主管、业务员等，业务员虚构第三方投资者或者第一方投资顾问身份，以加微信、QQ 好友等方式发展客户并与客户保持联系，通过

情感培养和虚构赚钱等方式骗取客户信任，向客户推荐黄金、原油投资，并虚构有专业指导老师等事实，诱使客户到“环球国际金融平台”上开户投资。待客户入金操作时，由业务经理、业务主管指导客户操作，业务经理、业务主管、业务员相互分工、协作配合，通过向客户发送与实际预测市场行情相反的指导意见、指导客户重仓操作等方式，使客户造成亏损，在客户亏损后，业务经理、业务主管、业务员等对客户进行安抚，并诱骗客户加金、加仓操作，从而使公司从客户亏损中取得盈利。2017 年，刘某等人又设立虚假交易平台“RSJ 平台”，采取同样的手段诱骗他人到该平台交易，使客户亏损从而公司取得盈利，所得款项由“陈哥”和 A 资产管理有限公司分成。

经审计，被告人刘某、赵某远、程某、叶某等人通过上述方式，使被害人瞿某等80余人投入资金共计1,390,641.99美元，客户支付佣金为100美元，隔夜利息为43,082.50元，客户亏损为1,113,537.31 美元。

为了实施上述行为，被告人刘某、赵某远、程某、叶某通过购买信息采集软件等方式获取公民个人信息3万余条发放给业务主管、业务员用于发展客户。

2019 年 3 月 30 日，被告人程某的家属补偿给被害人瞿某 200,000 元，被害人瞿某对被告人程某表示谅解并要求对其从轻处罚。

本案公诉机关指控 A 资产管理有限公司程某等 4 位股东及部分员工犯诈骗罪，程某等 4 位股东同时犯侵犯公民个人信息罪，应当数罪并罚。

一审法院依照《刑法》（2017 修正）第 25 条第 1 款，第 26 条第 1 款、第 4 款，第 27 条，第 67 条第 3 款，第 64 条，第 225 条之规定，判决被告人程某犯非法经营罪，判处有期徒刑 6 年 3 个月，并处罚金人民币 40 万元。二审法院判决驳回上诉人（原审被告人）刘某、赵某远、程某、叶某的上诉，维持一审判决。

二、辩护意见

辩护人认为，本案应当定性为非法经营而非诈骗，四股东不构成侵犯公民个人信息罪。理由如下。

（一）应当认定为单位犯罪，而非个人犯罪

从本案行为特征结合单位犯罪的特征来看，公诉机关指控的两罪，均属于单位意志支配下的单位行为，理当由单位来承担后果。

1. 刑法意义上“单位”的界定

根据《刑法》第 30 条的规定，本案中 A 资产管理有限公司为依法成立的公司，完全具备单位犯罪的主体资质。

2. 无任何证据证实 A 资产管理有限公司是为了犯罪而成立的，公司还从事了其他合法的业务

公司、企业、事业单位、机关、团体实施的危害社会的行为，法律规定为单位犯罪的，应当负刑事责任。根据本案现已查明的事实，无任何证据证实 A 资产管理有限公司是为了犯罪而成立，也就不能剥夺公司作为犯罪主体的资格，因此本案应当认定为单位犯罪，由直接负责的主管人员和其他直接责任人员承担刑事责任。

3. 以公司的名义对外从事经济活动

A 资产管理有限公司所有业务人员在与被害人进行交流沟通时，都是以公司的名义在进行，而非以个人的名义进行。因此，责任主体理当是公司而非个人，应当认定为单位犯罪。

4. 所获得的收益归公司所有，是认定本案为单位犯罪的重要理由

判断利益归属，应该以犯罪行为的直接、主要和初始受益者为准，单位获得初始利益后，通过工资、奖金、福利、提成、分成等方式在单位成员之间分配的，不能认定为“违法所得归个人所有”，也就是不能认定为个人犯罪。具体来说，公司获得了收益，但被告人并非直接从被害人处获得了收益，而是根据职务、职责为基础所获取的工资，该工资是除了公司经营、缴纳税款等各种成本之后的再分配，包括股东在内的工资收入，均属于此性质。

（二）本案应当认定A资产管理有限公司犯非法经营罪而非诈骗罪

一是从主观上来看，A资产管理有限公司的主观目的是通过非法经营获得财物，所谓的欺骗行为，只是为了达到非法经营的目的而实施的手段行为，二者之间是手段行为与结果行为的关系，且欺骗行为并非诈骗类犯罪的独有特征。

实际上，A资产管理有限公司在没有经营期货资质的情况下从事期货业务。具体来说，A资产管理有限公司员工采用虚假方式让客户开户、投资、操作。A资产管理有限公司没有资质，但A资产管理有限公司又要从事期货业务，则只能采取隐瞒没有经营资质的事实的行为，对外宣传有经营资质。实际上是要让尽可能多的客户开设账户，继而达到非法经营目的，所谓的欺骗手段，只是为了达到非法经营目的而实施的手段行为。因此，从主观目的这一角度出发，应当认定欺骗行为只是为了达到非法经营而实施的手段行为，该手段行为被结果行为所吸收，而不应当认定为犯罪。

二是A资产管理有限公司是通过非法经营取得财物。如前所述，本案中A资产管理有限公司获得的“利润”是违法的，但该利润是通过非法经营所获取。该利润主要构成为：第一，客户在平台操作的手数即手续费；第二，客户亏损的钱。上述二者都不是客户的钱因为被骗而直接支付给了公司，而是需要客户操作和亏损，而客户是否操作、是否亏损，都不是公司能决定的。也就是说，A资产管理有限公司获得的不法收益不是通过骗来的，而是通过非法经营“赚”来的。因此，从公司所获利润的来源来看，本案不是诈骗而是非法经营。

三是现有证据不能证明平台数据是虚假的。本案中的假平台实际上是指该平台没有经营资质，但根据刘某及其他被告人的供述，平台里面的数据是真实的，是根据国际原油期货交易市场的数据变化的。因此，虽然平台是假的，但平台上所载的数据是真实的，既然是真实的数据，结合A资产管理有限公司不能操作平台的这一事实，不能认定A资产管理有限公司用虚假的数据骗取客户钱。

四是A资产管理有限公司对平台、数据、出入金、客户均不具备控制能力。A资产管理有限公司不能控制平台数据的走势，并非客户入金就一定会亏损，根据审计报告载明的内容，部分客户也赚了钱，现有证据证实，本案A资产管理有限公司所获得的利润是通过平台上客户操作的次数和亏损的情况来确定的，如果A资产管理有限公司能全方位控制平台，则意味着能控制客户是否亏损。然而本案现有证据根本不能证实A资产管理有限公司能控制平台的数据走势，因此不论是员工如何劝导客户，都不会必然导致客户会亏损，从该角度出发，该公司的经营行为应当认定为非法经营。

五是欺骗行为与客户亏损之间没有因果关系。根据诈骗罪的内在构成逻辑，要求欺骗行为是导致客户作出处分财物的唯一因素，继而导致客户亏损，欺骗行为与亏损之间具有必然的因果关系。虽然A资产管理有限公司有实施欺骗行为，但客户只是基于该欺骗行为实施了开户和入金行为，开户和入金行为并不是一个财产处分行为，而是一个财产投资行为，是否遭受损失，关键在于客户的操作是否恰当。结合本案A资产管理有限公司客观上不具备故意造成客户亏损的情况，辩护人认为，本案客户真正亏损的原因是自身的操作不当所致，而非基于被告人的欺骗行为，欺骗行为与客户亏损之间没有因果关系，或者说该因果关系被其他因素所阻断，据此，本案不应当认定为诈骗犯罪，而应当基于A资产管理有限公司没有经营期货的资质而认定为非法经营罪。

（三）本案部分事实不清

公诉机关以审计报告审计得出的数据作为本案犯罪金额，缺乏严谨性。审计报告中也载明，该审计报告的审计数据来源于赵某远电脑中，但现有证据无法排除赵某远电脑里的数据在长达一年多的时间里未被修改过的可能，在此基础上得出的数据统计缺乏客观性。

关于审计报告中提到的部分客户亏损金额大于入金金额及客户留存资金去向不明等事实会造成犯罪金额难以确定，从而导致本案事实不清。

（四）应当认定被告人程某为非直接负责的主管人员和其他直接责任人员

根据本案中刘某、赵某远、叶某的供述及其他被告人的供述，均一致认为程某并未直接参与公司黄金期货交易这一业务。首先，虽然程某为A资产管理有限公司的股东，但其实际持有股份并非办理工商登记时登记的股份，其股份比刘某和赵某远都要低；其次，其在公司里从事的是人事管理工作，并不与公司的“犯罪行为”有直接的关系。即便是共同犯罪中的刑事责任，也一定是与其行为相一致的，况且本案中，程某的职责并不包含原油期货的买卖，更不用说其直接参与犯罪行为了，行为人具有股东的身份并不能直接得出，其为主要责任人员和承担主要负责人责任这一结论，否则显然是违背罪责刑相统一原则的，会造成事实上的不公正。

（五）即便本案为共同犯罪，也应当认定程某为从犯

即便本案最终被认定为个人犯罪，但基于程某在本案中的地位和作用，也应当认定其为从犯，在量刑上应当区别于刘某和赵某远，也应当区别于陈某勇和余某。从地位上来看，程某虽然是公司股东，但相对于期货交易业务，其地位比公司的普通员工都有所不如；从作用上来看，对于公司从事的期货业务，其既事先不知，事后也不参与，也不具备专业能力参与，根据罪责刑相适应的基本原则，不能机械地以表面的身份来确定共同犯罪中的地位和作用，而应当实质去考察其在整个犯罪过程中的地位和作用，本案中程某的地位和作用都是次要的，甚至没有发挥任何的作用，因此，应当认定程某为从犯，对其减轻处罚。

（六）不应当认定A资产管理有限公司构成侵犯公民个人信息罪

虽然起诉书指控程某犯侵犯公民个人信息罪，但在庭审中，公诉人出示的证据显然不能证实A资产管理有限公司犯有该罪。

首先，作为信息收集实际经办人的赵某远，已对“信息”来源作了合理

性解释，公诉机关并未提交赵某远购买信息的任何证据。

其次，该“信息”是否属于“公民信息”并未进行核实，信息中载明的姓名、身份证号码、手机号码、家庭住址等信息是否能一一对应到公民个人不得而知，如果上述信息是虚假的，则A资产管理有限公司不能构成本罪。

三、裁判观点

（一）本案组织客户到平台交易的行为应当认定为非法经营罪

案涉平台交易符合国务院颁布的《期货交易管理条例》（国务院令第676号）中期货交易的特征，即集中交易；交易对象为标准化合约；交易实行保证金制度；交易实行当日无负债结算制度，故案涉平台交易行为实为变相的期货交易。被告人刘某、赵某远、程某、叶某等使用的两个交易平台为虚拟平台，并非“虚假”平台，但该两个平台未经国家有关部门批准而设立。被告人违反国家规定，未经国家有关主管部门批准从事期货交易的代理活动，明知公司的经营模式仍积极开发客户到公司平台投资交易，并按照公司规定分得客户亏损，属于非法组织期货交易的行为。但是，被告人无法通过控制行情走势、人为修改数据来达到致使客户亏损的目的。

因此，本案被告人刘某、赵某远、程某、叶某等的行为不构成诈骗罪，其行为均符合非法经营罪的构成要件，因而各被告人行为的定性应当为非法经营罪。

（二）被告人刘某、赵某远、程某、叶某不构成侵犯公民个人信息罪

企业根据法律规定或为经营所需而公开的企业信息，即使包含了个人姓名、联系方式，亦不属于刑法意义上的公民个人信息，本案证据不能证明被告人赵某远等人使用的收集软件具有非法窃取功能，亦无证据证实被收集的公民信息来源于非公开的信息，故其行为不构成侵犯公民个人信息罪。

A资产管理有限公司成立后，组织客户到平台交易系公司主要活动和主

要收入来源，故本案不属于单位犯罪。

1. 关于本案定性及各被告人的犯罪地位问题

（1）本案组织客户到平台交易的行为应当认定为非法经营罪

根据国务院颁布的《期货交易管理条例》（国务院令第 676 号）的规定，期货交易必须符合以下几点特征：集中交易；交易对象为标准化合约；交易实行保证金制度；交易实行当日无负债结算制度……综上，本案两个涉案平台进行的交易实为变相期货交易。

被告人刘某、赵某远、程某等违反国家规定，未经国家有关主管部门批准从事期货交易的代理活动，明知公司的经营模式仍积极开发客户到公司平台投资交易，并按照公司规定分得客户亏损，属于非法组织期货交易的行为。现有证据无法证实被告人刘某等人系通过控制行情走势、人为修改数据来达到致使客户亏损的目的，故上述被告人的行为均符合非法经营罪的构成要件，而不构成诈骗罪。

（2）侵犯公民个人信息罪是否成立以及如何定罪量刑

《刑法》第 253 条之一规定的“公民个人信息”是指以电子或者其他方法记录的能够单独或者与其他信息结合识别特定自然人身份或者反映特定自然人活动情况的各种信息，企业法定代表人按规定在工商等部门登记时，将自己的手机号等信息予以登记，是便于相关部门的监督管理，而并不丧失与其个人相联系且为特定个人信息的特征，也并不当然同意他人不正当利用其个人信息，故上述企业法定代表人等个人信息属于公民个人信息。被告人刘某、赵某远、程某、叶某通过购买信息采集软件等方式非法获取上述公民个人信息 3 万余条，其行为符合侵犯公民个人信息罪的构成要件。但被告人系出于一个犯罪目的，实施了组织期货交易非法经营和非法获取公民个人信息两个犯罪行为，两个犯罪行为之间存在目的与手段的牵连关系，符合牵连犯的构成特征，应择一重罪即非法经营罪定罪量刑，不需要实行数罪并罚。

2. 关于本案是否构成单位犯罪问题

A 资产管理有限公司成立后，组织客户到平台交易行为系公司主要活动和主要收入来源，根据最高人民法院《关于审理单位犯罪案件具体应用法律有关问题的解释》第 2 条之规定，公司设立后，以实施犯罪为主要活动的，不以单位犯罪论处，故本案不属于单位犯罪。

一审法院认为，被告人刘某、赵某远、程某、叶某、陈某勇、李某春、余某、李某、吴某松、李某 A、杨某、雷某、吴某、朱某龙、吴某 A 与人结伙，违反国家规定，未经国家有关主管部门批准从事期货交易的代理活动，属非法经营期货业务，扰乱市场秩序，情节特别严重，其行为均已构成非法经营罪，系共同犯罪。公诉机关指控罪名不成立，予以纠正。被告人刘某、赵某远、程某、叶某在共同犯罪中起主要作用，系主犯，被告人陈某勇、李某春、余某、李某、吴某松、李某 A、杨某、雷某、吴某、朱某龙、吴某 A 在共同犯罪中起次要、辅助作用，系从犯，依法应当从轻或者减轻处罚。各被告人归案后均如实供述其主要犯罪事实，虽然部分被告人对定性有所辩解，但均可依法从轻处罚。被告人程某补偿被害人瞿某部分经济损失并取得其谅解，可酌情予以从轻处罚。综合全案犯罪性质、情节及社会危害性，结合各被告人在本案共同犯罪中所起的实际作用，决定对被告人刘某、赵某远、程某、叶某、陈某勇、余某依法予以从轻处罚，对被告人李某春、李某、吴某松、李某 A、杨某、雷某、吴某、朱某龙、吴某 A 依法予以减轻处罚。各辩护人就此提出的辩护意见，法院予以采纳。

二审法院认为，上诉人（原审被告人）刘某、赵某远、程某、叶某、陈某勇、李某春、余某、李某、吴某松、李某 A、杨某、雷某、吴某、朱某龙、吴某 A 结伙，违反国家规定，未经国家有关主管部门批准从事期货交易的代理活动，属非法经营期货业务，扰乱市场秩序，情节特别严重，其行为均已构成非法经营罪，系共同犯罪。关于各上诉人的上诉理由及其辩护人的辩护意见、检察院的抗诉意见，经审理认为：（1）被告人刘某等人设立的交易平台虽然是一个独立于正规期货交易市场之外的虚假的交易平台，并使用各种欺诈手段诱使被害人进入其交易平台开户、交易，但其并不控制被害人的账户，且亦无证据证明被告人等人在被害人的投资过程中有进行反向指导，故原判认定本案系非法经营而非诈骗定性准确;（2）企业根据法律规定或为经营所需而公开的企业信息，即使包含了个人姓名、联系方式，亦不属于刑法意义上的公民个人信息，本案证据不能证明被告人赵某远等人使用的收集软件具有非法窃取功能，亦无证据证实被收集的公民信息来源于非公开的信息，故其行为不构成侵犯公民个人信息罪。综上，抗诉机关关于本案应当认定为诈骗罪，并应当对被告人刘某、赵某远、程某、叶某予以数罪并罚的抗诉理由不予支持。

四、办案心得

（一）对牵连犯的准确把控实现了诈骗罪转变为非法经营罪

所谓牵连犯，是指犯罪的手段行为与目的行为分别触犯不同罪名或者结果行为与原因行为分别触犯不同罪名的犯罪形态。我国刑法并未明确规定牵连犯，但是牵连犯是司法实践中出现的一种罪数形态，准确认定牵连犯对于落实罪责刑相适应原则具有重要意义。

本案中，针对诈骗罪的指控，辩护人从正反两个方面围绕非法经营罪进行有力辩护。辩护人正面从案件事实中的手段行为与结果行为入手，明确诈骗行为并非诈骗罪独有的手段，在其他犯罪中也存在诈骗，进一步指出所谓的诈骗行为是在非法经营的主观目的支配下的手段行为，是为“非法经营”这一结果行为进行铺垫，因此，该欺诈行为应当被非法经营的结果行为吸收。此外，从控方立场出发，采用归谬法的论证方法，从交易平台中的数据属于真实数据、涉案公司对平台不具有实际控制能力、欺骗行为与客户亏损之间不具有因果关系三个方面具体论述诈骗罪不成立的原因，对诈骗罪的指控进行逐一击破，有力反驳了控方指控，上述观点在一审、二审判决中得到一审法院认可，成功实现罪名变更。

从辩护思路上，对于诈骗罪这个罪名，辩护人的辩护思路是全面深刻的。从全面的角度来看，辩护人把涉及的相关辩点均阐述清楚，辩点梳理清晰有序；从深刻的角度来看，辩护人不局限于自身角度，指出诈骗罪存在逻辑矛盾与问题，使诈骗罪的指控不攻自破。

（二）从构成要件角度成功摘下侵犯公民个人信息罪

构成要件是判断罪与非罪的衡量标准，是实现无罪辩护的有力武器。辩护人在侵犯公民个人信息罪的辩护上，从信息的合理来源、该信息是否属于公民信息、现有证据是否能够证明案件事实三个角度逐条对侵犯公民个人信息罪进行判断。本案中，在实际经办人已经对信息作出合理解释的情况下，不能说明案涉信息属于购买，从证据角度也无法证明案涉信息属于公民信息，上述观点均得到一审、二审法院的认可，并被采纳作为裁判理由。从本罪的辩护思路来看，以构成要件作为辩护基点，逐个检验现有案件材料是否达到构成要件标准，对于案件辩护有着突出的效果，对于此类罪名的辩护具有很大的启发意义。

作者简介

张国佳

贵达律师事务所执业律师，吉林大学法律硕士，曾办理某知名集团袁某某、谭某某、王某某，观山湖区人民政府丁某某，水矿集团王某某，盘江集团王某某等多起重大职务犯罪案件。担任多家单位法律顾问，具有丰富的诉讼及实务经验。

2. 事实多重不确定时，应坚持疑点利益归被告人

——杨某某利用网络支付平台非法经营从轻处罚案

【辩护思路】随着互联网的日益普及，利用网络实施犯罪的案件数量呈急剧上升趋势，由于网络犯罪本身具有非接触性、隐蔽性等特点，直接决定了涉案证据的跨地域和难以收集性。在刑法条文存在大量竞合的情况下，往往一个关键证据的有无直接决定了行为人的行为是构成此罪还是彼罪，是轻罪还是重罪。这种极大的不确定性为辩护人争取良好的辩护效果打下了基础。

一、基本案情

自 2019 年 11 月起，刘某某邀约杨某某、范某某、张某某、黄某某，由刘某某通过租用服务器搭建某第四方支付[①]平台，为他人提供违法资金结算业务，其中杨某某、范某某负责日常维护支付平台，张某某、黄某某负责值守平台查看收款情况。2020 年 3 月至 5 月，刘某某通过 SKYPE 聊天软件联系唐某某，唐某某又将“金主”“Lady”（真实身份不详）介绍给刘某某，由刘某某为“Lady”提供资金支付结算通道服务，刘某某联系了 Z 省 A 市王某某、Z 省 B 市潘某某负责资金结算，王某某、潘某某通过网络寻找“码商”，将

① 第四方支付是相对于第三方支付而提出的概念，又被称为“聚合支付”，是指通过聚合第三方支付平台、合作银行、合作电信运营商及其他服务商接口等多种支付工具进行的综合支付服务，集通道聚合、资金聚合、信息聚合等多种功能于一身。

"码商"① 的收款二维码嵌入刘某某使用的第四方支付平台，为"Lady"提供资金结算通道服务，进行资金结算业务过程中，刘某某等人在为唐某某介绍的"金主"进行资金结算时，从中收取2‰～3‰的通道手续费。经司法鉴定机构鉴定刘某某等人为唐某某介绍的"金主"非法提供资金结算1100余万元，共计获利 40 余万元（见图 3–1）。

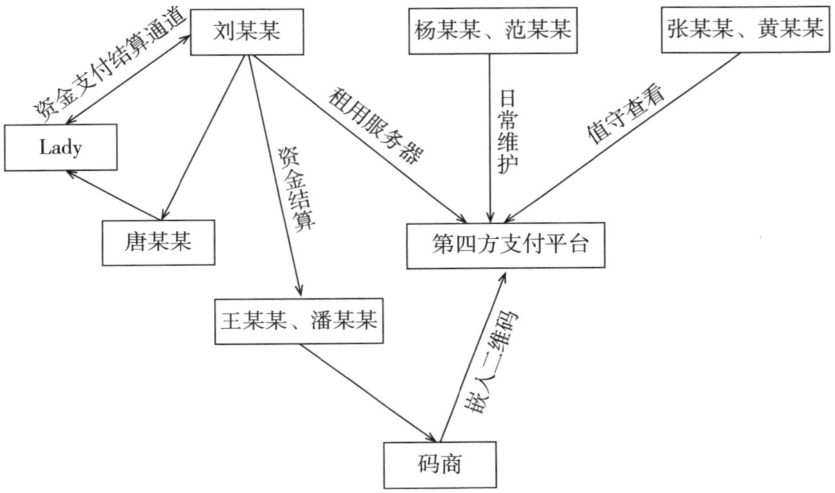

图 3–1　案情梳理

本案案发后，辩护人接受委托后第一时间介入，及时会见杨某某，了解全案情况，并与公安机关进行初步沟通，了解到公安机关认为行为人等是在为网络赌博平台等平台进行非法资金结算，杨某某等人的行为已经涉嫌洗钱和掩饰隐瞒犯罪所得、犯罪所得收益，公安机关正在收集相关证据。辩护人了解到该情况后第一时间再次会见了杨某某，着重阐明洗钱罪、掩饰隐瞒犯罪所得、犯罪所得收益与相关犯罪的区别和联系，杨某某告知其从事资金结算业务时，虽然知道相关资金是或者可能是网络赌博平台等平台的非法资金，但究竟是赌博资金还是其他犯罪资金并不清楚，且其也不知道资金流入方和流出方的身份信息。仅从同案犯及现有证据无法准确确定涉案资金性质。了

① 本案中的"码商"限指大量持有支付宝、微信等第三方支付平台二维码的个人或商户。

解情况后，辩护人再次与公安机关沟通，着重强调洗钱罪的上游犯罪是特定的七类犯罪，在本案中并无相关证据证明涉案资金系特定七类犯罪所得资金，本案不应定性为洗钱罪。且目前的证据亦不能证实涉案资金系其他犯罪的犯罪所得及其收益，也不能将杨某某等人的行为定性为掩饰隐瞒犯罪所得、犯罪所得收益罪。公安机关移送审查起诉时充分考虑和采纳辩护人意见，最终本案定性为非法经营罪。案件移送审查起诉后，与检察官交流时辩护人再次提出杨某某等人的行为不能定性为洗钱或掩饰隐瞒犯罪所得、犯罪所得收益后，检察院随后将案件退回补充侦查。再次移送审查起诉后，因仍无证据确实充分证实涉案资金性质，但因结算资金数额已达非法经营罪入罪标准，最终以非法经营罪提起公诉。

法院经审理后认为，杨某某犯非法经营罪，判处有期徒刑 1 年 4 个月，并处罚金人民币 30,000 元，该判决已生效。

二、辩护意见

（一）杨某某等人的行为不构成洗钱罪或掩饰隐瞒犯罪所得、犯罪所得收益罪

虽然杨某某等人在讯问笔录中自认其搭建、运维的涉案第四方支付平台系为网络赌博平台等平台提供资金支付结算服务，但这仅是相关人员的主观猜测，本案并无客观、确实的证据证明涉案资金系犯罪所得及其收益，更无证据证明本案资金为洗钱罪上游特定七类犯罪的犯罪资金。在案证据并不能准确充分证实涉案资金的具体性质，根据《刑法》第 191 条、第 312 条等相关法律的规定及疑点利益归被告人的原则，应认定杨某某等人的行为不构成洗钱罪或掩饰隐瞒犯罪所得、犯罪所得收益罪。

（二）杨某某在本案中涉及的犯罪数额不应是起诉书指控的1100余万元，应作相应扣减

在案证据及本案庭审已经充分证明，公诉机关据以指控杨某某等非法经营数额达1100余万元的核心证据是会计师事务所对潘某某及朱某某等的银行流水的审计。但该鉴定意见并没有区分涉案的各个平台的非法结算金额。本案的远程勘验笔录显示，涉案的A平台显示该平台涉及的金额为4,751,949.70元。而本案的庭审及刘某某的讯问笔录已经充分证实，杨某某根本没有参与该平台，其也不知情，该平台完全是刘某某自己在负责运营。根据罪责自负的刑法原则，杨某某在本案中的犯罪数额应当扣减该平台所涉及的犯罪数额。在依法扣减以后，杨某某在本案中的犯罪数额只有597万余元。

（三）杨某某犯罪情节轻微，依法可对其免予刑事处罚

在案的远程勘验笔录已经充分证实，杨某某在本案中涉及的非法经营数额只有597万余元，违法所得数额只有14万元左右，依据《刑法》第225条第1款“违反国家规定，有下列非法经营行为之一，扰乱市场秩序，情节严重的，处……”及最高人民法院、最高人民检察院《关于办理非法从事资金支付结算业务、非法买卖外汇刑事案件适用法律若干问题的解释》第3条“非法从事资金支付结算业务或者非法买卖外汇，具有下列情形之一的，应当认定为非法经营行为‘情节严重’：（一）非法经营数额在五百万元以上的；（二）违法所得数额在十万元以上的……”的规定，杨某某在本案中的犯罪数额及违法所得数额实际上只稍微高出入罪标准，其涉案数额相对较小。

此外，杨某某从2019年10月中旬加入到2020年3月中旬就已退出，前后持续时间只有5个月左右，持续时间较短。在本案具体实施过程中杨某某完全受刘某某的领导，从属于刘某某。杨某某只是在刘某某的安排下将“码商”的二维码发布到网站上就完成了工作，杨某某的前述行为明显情节

轻微。

且杨某某在归案后就第一时间向公安机关如实全面地供述了自己的犯罪事实并积极配合公安机关侦破案件。其已经认识到了自己行为的严重错误并已真诚认罪悔罪，愿意认罪认罚，同时杨某某愿意全部退回自己的违法所得。依据最高人民法院、最高人民检察院《关于办理非法从事资金支付结算业务、非法买卖外汇刑事案件适用法律若干问题的解释》第 8 条“符合本解释第三条规定的标准，行为人如实供述犯罪事实，认罪悔罪，并积极配合调查，退缴违法所得的，可以从轻处罚；其中犯罪情节轻微的，可以依法不起诉或者免予刑事处罚”的规定，杨某某在本案中情节轻微，对其依法可以免予刑事处罚。

（四）即使需要对杨某某判处刑罚，其在本案中也具有法定或酌定的从轻或减轻处罚情节，依法可对其从轻或减轻处罚

1. 杨某某不是本案犯意的发起者和组织领导者，其在共同犯罪中只起次要、辅助作用，系从犯，依法可对其从轻或减轻处罚。

2. 杨某某主观恶性小，积极认罪悔罪、愿意认罪认罚，其人身危险性和社会危害性有限，依法可对其从轻处罚。

3. 杨某某在本案前无犯罪前科，在本案中系初犯、偶犯，且其在本案中具有坦白情节，并愿意全额退缴违法所得，依法可对其从轻处罚。

三、裁判观点

被告人刘某某、范某某、杨某某、张某某、黄某、潘某某、唐某、王某、朱某某破坏社会主义市场经济，违反国家规定，扰乱市场秩序，非法从事资金支付结算业务，其行为均已构成非法经营罪，应依法予以惩处。被告人刘某某在共同犯罪中起主要作用，系主犯；被告人杨某某在共同犯罪中起次要作用，系从犯，应当从轻处罚，杨某某具有坦白情节可以从轻处罚，杨某某认罪认罚可以从宽处理。

四、办案心得

本案在各行为人都自认涉案资金是或可能是赌博平台等的犯罪资金的情况下，辩护人通过及时会见杨某某了解全案过程及案件现有证据情况，及时与办案机关沟通交流意见，在核心待证事实上充分运用法律规定、刑法原则及在案证据阐述疑罪从轻的意见，最终将本案由重罪边缘拉回了轻罪视域，实现对杨某某等人从轻处罚。

无论是公检法机关对案件的定性还是律师辩护工作都是将案件事实涵摄进法条的过程。只有查清事实，才会得出是否适用相关法条的结论。但因网络犯罪本身的特殊性及行为的难以回溯性，无论现代侦查手段如何进步，总会存在重要事实查不清楚的情形。如何实现对这种事实不明的情况作出合理公正的处理，实现惩罚犯罪与保障人权的统一，就涉及刑法上的存疑有利于被告人原则，从某种意义上讲，存疑时有利于被告人是对罪刑法定原则的落实和保障。

作者简介

张　扬

贵州大学刑法学硕士，贵达律师事务所专职律师，贵州省企业联合会/贵州省企业家协会法律服务中心合规与刑事法务部专家成员。擅长处理刑事案件及建设工程合同纠纷。荣获贵阳市优秀青年律师、贵阳市 2018 ~ 2021 年度优秀党员律师、2021 年度贵达律师事务所新锐律师、2022 年度贵达律师事务所优秀刑辩律师称号。

肖 洁

法学硕士，贵达律师事务所专职律师，贵州省法学会矿产资源法学研究会副秘书长、贵州省企业联合会/贵州省企业家协会维权工委副秘书长、贵州省企业联合会/贵州省企业家协会法律服务中心办公室副主任。擅长处理刑事案件、金融纠纷、借款纠纷、合同纠纷等案，被评为2021年度贵达律师事务所优秀专业律师。

3. 准确把握法律概念内涵与特征是区分罪与非罪的基础

——李某某侵犯公民个人信息罪撤销案

【**辩护思路**】在当前信息化时代背景下，我们时刻被各种信息围绕，也在时刻接收、创造和传递各种信息。其中公民个人信息保护在近些年为热点、焦点和难点，而保护中的公民个人信息是否属于刑法意义上的公民个人信息，往往是认定行为人的行为最终是否构成侵犯公民个人信息罪的前提。本案中辩护人通过及时介入了解案情，准确把握公民个人信息的内涵与特征，辅以案例实证，成功在审查逮捕期间实现取保候审，最终当事人未被移送检察机关审查起诉，解除取保候审后撤销案件。

一、基本案情

2021 年 4 月至 5 月，李某某通过向中介购买的方式获得了中介通过地推获得的他人的手机号码用于注册微信，李某某再将所注册的微信号留作自用或部分出售给他人用作小号聊天。中介确切告知李某某他们在获取号码过程中明确得到号码所有人许可用于网络应用，号码所有人也因此获得一份小礼品或一定数额的资金作为感谢。同时，因在注册微信过程中需要向腾讯公司发送验证短信，在李某某从中介处购买到电话号码注册微信收到验证短信后，号码所有人再根据收到的信息提示用自己的手机向腾讯公司发送验证短信以辅助李某某完成微信注册。李某某通过这种方式前后从中介处获得了几百个电话号码注册了几百个微信号。其中大部分微信号在完成注册后不久就直接被腾讯公司风控部门封号无法使用。李某某实际只向他人提供了不足50个微信号，总获利数百元。

二、辩护意见

（一）李某某主观上无侵犯公民个人信息的犯罪故意

李某某注册微信使用的电话号码均系通过中介合法购买得来，中介也都是由电话号码所有人在自愿同意的情况下获得其号码，并在自愿提供腾讯微信注册验证信息的情况下，李某某才得以成功注册微信账号。李某某注册微信的验证信息也都是电话号码所有人在真实自愿的情况下所提供，其主观上没有侵犯公民个人信息罪的主观故意。李某某向他人提供的微信号是在电话号码所有人同意注册并由他人使用后李某某才向其他人提供的，且号码所有人在协助李某某注册微信过程中根本不知道具体注册微信并最终使用的人是谁。在此情况下号码所有人仍然同意提供号码并自愿协助李某某完成微信注册，已经表明号码所有人完全同意由他人用自己的电话号码注册微信并使用，并未限定于特定的人员。李某某将微信注册完成以后交给他人使用也完全在号码所有人同意他人使用的授权范围之内，其使用行为并未违反相关国家规定。

依据《刑法》及相关法律法规的规定，侵犯公民个人信息罪，主观方面是直接故意，即行为人的目的、动机就是违反相关国家规定，向他人出售或者提供公民个人信息，以实现自己扰乱社会信息管理的目的。本案中，李某某仅是在号码所有人自愿提供微信验证信息，且所有人明知提供验证信息后会被使用的情况下，依然自愿提供验证信息对微信号进行注册，并默许他人使用。李某某使用也是在号码所有人默许的情况下进行的，并不存在违反相关国家规定的情形，且完全是因中介称验证信息均是号码所有人自愿提供并同意使用，李某某才会使用涉案电话号码进行注册，才会进一步使用注册后的微信号。李某某并没有违反相关国家规定向他人出售或者提供公民个人信息的主观故意，其注册及使用微信号都是在号码所有人同意的情况下的正当合法行为，未扰乱社会信息管理，其主观目的在常人判断中既符合法理也符合情理，且号码所有人处分号码是法律赋予他们的权利，李某某也不是为了扰乱社会信息管理才去注册使用微信，其完全是得到号码所有人的默许和认可后为之。其获取电话号码和使用微信号都具有合法性。

（二）李某某在本案中无违反相关国家规定侵犯公民个人信息的客观行为，其行为更没有造成严重损失

侵犯公民个人信息罪的前提必须是行为人的行为“违反相关国家规定”且情节严重才可能构成本罪，但李某某在本案中的行为并不存在这些情况。第一，李某某系在中介及号码所有人同意并自愿处分权利的情况下使用电话号码及验证信息注册微信账户，不是通过违反相关国家规定的方式获得电话号码及微信注册验证信息，李某某的行为并未违反相关国家规定，更不存在违反相关国家规定的客观行为。第二，最高人民法院、最高人民检察院《关于办理侵犯公民个人信息刑事案件适用法律若干问题的解释》（法释〔2017〕10号）第1条规定：“刑法第二百五十三条之一规定的‘公民个人信息’，是指以电子或者其他方式记录的能够单独或者与其他信息结合识别特定自然人身份或者反映特定自然人活动情况的各种信息，包括姓名、身份证件号码、通信通讯联系方式、住址、账号密码、财产状况、行踪轨迹等。”李某某在使用验证信息注册微信号后，都是由其自己管理和使用，注册的微信号实际上已经与电话号码相对独立，不能根据相应的微信号识别特定自然人，李某某注册使用的微信号也不可能与特定的某个自然人联系起来，且使用电话号码注册的微信号能随时修改绑定的电话号码。李某某使用验证信息注册微信号后，该微信号已不能识别特定自然人身份或者反映特定自然人活动情况的各种信息，依法不属于公民个人信息。本案电话号码在刑法意义上的公民个人信息特征已不存在，李某某的行为没有侵犯任何公民个人信息，不存在侵犯任何公民个人信息的行为。第三，本案中李某某实际获取的只是单纯可以通信的通信号码而已，仅凭这些号码并不能与特定人员联系在一起，这些可以通信的号码亦不能识别特定自然人身份或者反映特定自然人活动情况的各种信息，依法不属于公民个人信息。第四，李某某注册的微信号只有几百个，提供的微信号仅有 40 多个，不足 50 个，且其行为持续时间短、获利仅数百元。其提供的微信号都是由其他人 1～2 个的购买，用于网络聊天，并未用作其他非法活动，且客观上李某某的行为也未造成大的不良社会影响和严重损失。李某某无违反相关国家规定侵犯公民个人信息的客观行为。

综上，李某某主观上无侵犯公民个人信息的犯罪故意，客观上亦无侵犯公民个人信息的客观行为，李某某的行为依法不构成侵犯公民个人信息罪，继续羁押将可能羁押错误。

三、检察机关认为

本案承办检察官认为虽然本案微信号不具有公民个人信息的特征，不属于公民个人信息，但最高人民法院、最高人民检察院《关于办理侵犯公民个人信息刑事案件适用法律若干问题的解释》已经明确规定“通信通讯联系方式”属于公民个人信息的范畴，本案的电话号码是通信通讯联系方式，属于公民个人信息，李某某的行为已经侵犯公民个人信息，已经涉嫌构成犯罪。辩护人认为本案的电话号码只是单纯通信号码，不具有通信通讯联系方式作为公民个人信息的人身属性的内涵与特征，不属于公民个人信息，李某某的行为未侵犯公民个人信息，不构成犯罪，辅以判例实证，最终检察官采纳辩护人意见对李某某不予逮捕取保候审。取保候审期限届满后公安机关对李某某解除取保候审并撤销案件。

四、办案心得

第一，及时提供法律服务是保障服务效果的前提。本案当事人在被刑事拘留7天后，家属委托辩护人提供法律服务，接受委托后次日辩护人及时会见了李某某，了解了全案案情及李某某的诉求。会见结束后辩护人根据全案事实依法拟定取保候审申请书并于次日提交给公安机关申请取保候审。在此之后辩护人牢牢把握“黄金救援37天”的时限，及时与公安机关沟通掌握案件进度，在案件移送审查逮捕后第一时间向承办检察官提交不予批捕的法律意见书申请不予批捕并申请取保候审，最终检察官采纳辩护人的意见对李某某不予批捕并对其取保候审，实现了李某某要求尽快取保候审的要求。

第二，准确界定法律概念是有效辩护的基础。本案中因案件尚在侦查阶段，辩护人在此时无法获取全案卷宗，仅凭当事人的陈述难免出现无法全面掌握案件全部细节的情况。而本案系以公民个人信息为犯罪对象的犯罪，本案的相关信息是否属于公民个人信息将是李某某的行为是否构成犯罪的前提条件。虽然有关司法解释已经将“通信通讯联系方式”纳入公民个人信息的范畴，但不是所有能够通讯、通信的数字号码、账号等都能称为刑法意义上的通信通讯联系方式，任何具有通信功能的数字号码、账号等要被认定为“个人信息”，其在任何时候都不能脱离“人”的属性，即其必须要能与具体的个人相联系，能够识别和反映他人的相关信息。本案成功辩护的基础就在于辩护人准确把握公民个人信息的内涵和特征，从而使检察官在关于通信通讯联系方式这类公民个人信息的认定标准上与辩护人达成共识。

第三，有效运用判例是实现有效辩护的基本要求。本案中检察官与辩护人的意见分歧在于本案所谓的电话号码是否属于“通信通讯联系方式”类公民个人信息，检察官基于司法解释的规定，认为本案的电话号码就是联系方式的一种，属于个人信息。辩护人为了证明自己的观点说服检察官，通过搜集相关案例证实司法实践中单纯的（包括具有通信功能的）数字号码一般都被排除在个人信息范畴之外，最终成功让检察官采纳辩护人的意见。

作者简介

刘凡勇

贵达律师事务所高级合伙人，分管律所民商事团队。担任贵州省律师协会房地产及建筑专业委员会副主任，贵阳市律师协会理事，贵州省法学会矿产资源法学研究会常务理事，贵州省法学会诉讼法学研究会理事，贵州省建设法制协会会员，贵州省城镇化建设律师服务团、贵州省中小企业非公有制经济律师服务团成员律师，2015 年度被评为贵阳市优秀律师。

张　扬

贵州大学刑法学硕士，贵达律师事务所专职律师，贵州省企业联合会 / 贵州省企业家协会法律服务中心合规与刑事法务部专家成员。擅长处理刑事案件及建设工程合同纠纷。荣获贵阳市优秀青年律师、贵阳市 2018～2021 年度优秀党员律师、2021 年度贵达律师事务所新锐律师、2022 年度贵达律师事务所优秀刑辩律师称号。

4. 刑事辩护的精准化实现辩护效果的实质化

——钟某某被控帮助信息网络犯罪活动罪获缓刑处理案

【辩护思路】针对新类型信息犯罪，如何找准办案关键点为辩护重点。在本案前期工作之中，辩护人在接受案件后向公安机关、检察机关提出行为人构成自首并且仍是在校学生，存在自愿退赃等有利情节，取得取保候审突出辩护效果。之后，全面精准阐述行为人不具有严重的人身危险性，获得法院认可。

一、基本案情

2021年4月，被告人钟某某为非法获利，在明知他人将利用其银行卡从事违法犯罪活动的情况下，先后在G市Y区、G区等地办理了9张银行卡，并将之前办理的2张银行卡，共计11张银行卡提供给他人使用，按流入卡内资金金额的2‰收取好处费。2021年4月下旬至5月上旬，被告人钟某某先后在G市N区多家民宿的房间内，将上述银行卡及自己的手机、身份证等物品交给田某某、王某甲、王某乙、"小兵"、"丁哥"、"猫哥"、"小超"等人（上述人员均另案处理）用于收取、转移电信网络诈骗资金，并在旁实施输入密码、人脸识别等操作，由此获利人民币4000余元。经查，被告人钟某某的银行卡直接接收电信网络诈骗被害人宗某某被骗资金共计人民币20万元，其提供的11张银行卡的流水金额共计人民币800余万元。

2021年5月20日，被告人钟某某经公安机关电话传唤后自动到案，归案后如实供述了上述犯罪事实。另查明，被告人钟某某作案时系G省某职业技术学院在读学生。

法院经审理后，依照《刑法》第52条、第53条、第64条、第67条第1款、第72条、第73条、第287条及《刑事诉讼法》第15条、第201条规定，判决如下：

1. 被告人钟某某犯帮助信息网络犯罪活动罪，判处有期徒刑1年6个月，缓刑1年6个月，并处罚金人民币3000元（缓刑考验期限从判决确定之日起计算，罚金限判决生效后10日内缴纳）；

2. 被告人钟某某非法所得的人民币4000元依法继续追缴，予以没收，上缴国库。

该判决已生效。

二、辩护意见

（一）钟某某具有自首情节

钟某某在5月初停止犯罪行为后，就在一家公司上班。2021年5月21日，办案民警打电话叫其到派出所配合调查，他打车到了派出所后如实交代了自己的罪行。因此，根据《刑法》第67条之规定，应认定其为自首。

（二）钟某某系从犯

本案的证据材料证实本案属于共同犯罪，首先，就钟某某而言，他在老乡的反复邀约下，因家庭困难才被迫对他人的犯罪提供帮助；其次，在实施犯罪的过程中，他既不是组织者，又不是管理者，一切听从他人的安排指挥，他只是向他人提供了银行卡并在转款时提供输密码、人脸识别等帮助行为；最后，钟某某帮助他人犯罪的时间短。他是在2021年4月下旬才参与犯罪，5月初听到有人讲别人的银行卡被冻结，这才意识到他的帮助行为的严重性和法律风险，于是主动离开了犯罪窝点，停止实施帮助行为，总共才10多天。非法所得数额小，仅有4000多元。由此可见，钟某某的行为对整个犯罪的实施及造成的社会危害后果仅起了辅助性的作用，根据《刑法》第27条第1款的规定，应认定其为从犯。

（三）钟某某系在校学生

钟某某于2002年2月9日出生，案发时刚满19岁。他在2018年8月就读于G省某职业技术学院，案发时在实习期间，还未毕业。因此，钟某某案发时系在校学生，涉世不深，识别能力差，被其他犯罪分子利用才触犯了刑律。

（四）钟某某没有前科

这是钟某某第一次涉嫌犯罪，系初犯。案发前，在家里和学校里表现一贯良好，无吸毒、赌博、打架斗殴等不良恶习。

（五）钟某某愿意退赃

辩护人第一次会见他时，他就主动表示愿意退赃，请辩护人告知其父母帮助他把自己所得的4000多元的好处费交给办案机关。在侦查阶段和审查起诉阶段，钟某某和本辩护人均向承办人提出了退赃的请求。

（六）钟某某具有认罪认罚情节，依法应当从宽处理

钟某某在审查起诉阶段就签署了认罪认罚具结书。按照《刑事诉讼法》第15条之规定，应对其从宽处理。

综上，钟某某犯罪情节轻微，具有自首、从犯等从轻减轻等情节，主观恶性小，犯罪行为的社会危害程度低。钟某某现在年龄还小，一直有上大学继续深造的愿望。如果对其判处实刑，对于他今后的学习、就业等必然会造成非常不利的影响，极有可能会毁了他的前途和人生。辩护人认为对于涉世不深的学生的轻微犯罪，希望法庭根据教育为主、惩罚为辅的原则，贯彻宽严相济的刑事司法政策，给钟某某一个改过自新的机会，最大限度地挽救他，依法对其宣告适用缓刑。

三、裁判观点

被告人钟某某明知他人从事网络犯罪活动，非法将自己的银行卡提供给他人为电信网络诈骗提供支付结算帮助，其行为已构成帮助信息网络犯罪活动罪，应依法予以惩处。Y 区人民检察院指控被告人钟某某犯帮助信息网络犯罪活动罪的罪名成立，法院予以确认。被告人钟某某经公安机关电话传唤后自动到案，归案后如实供述自己的罪行，系自首，依法可以从轻处罚；其认罪认罚，可以从宽处理。被告人是初犯，犯罪情节较轻，有悔罪表现，没有再犯罪的危险，宣告缓刑对所居住社区没有重大不良影响，可以对其宣告缓刑。关于辩护人提出的被告人有自首情节，是初犯，认罪认罚，悔罪态度好，有从轻处罚从宽处理的情节，适宜宣告缓刑的辩护意见，法院予以采纳。关于辩护人提出的被告人在共同作案中起辅助作用，系从犯，获取的非法利益小，建议判处被告人有期徒刑 9 个月的辩护意见，因田某某、王某甲、王某乙等人未到案，关于被告人在作案中所处的地位作用仅有其供述，不能证明其系从犯，且被告人获取非法利益方式为按流入其银行卡内资金进行提成，其社会危害性相对以固定价格将银行卡提供他人使用的方式较大，故法院对该辩护意见不予采纳。公诉机关量刑建议适当，法院予以采纳。

四、办案心得

（一）快速介入实现取保候审的辩护成果

取保候审是体现辩护效果的重要尺度。辩护人在介入本案之后，迅速开展会见、阅卷工作，精准抓住自首情节和在校学生这两个情节，与公安机关展开交流，但公安机关认为实习期的学生不算在读大学生，并且办理取保候审的程序烦琐，不愿接受辩护人所提出的对被告人采取取保候审的建议，使案件的办理陷入了困境。面对这样的情况，辩护人迅速转变思路，从检察院入手，通过提起羁押必要性审查的方式，详细阐述钟某某存在自首情节、在校学生、自愿退赃等有利情节，在事实与法律上积极与检察官进行沟通，并取得了良好成效，犯罪嫌疑人钟某某得以取保候审。在前期的办案过程中，辩护人的思路是迅速并且准确的，在发现与公安机关的沟通交流存在僵局时不过多纠缠，精准定位办案突破口，成功实现本案取保候审，体现办案的精准和高效。

（二）精准把握自首、立功、退赃等量刑情节实现有效辩护

有效辩护是评价律师办案质量和水平的重要尺度，也是对律师办案水平的高度认可。在本案的辩护工作之中，辩护人将案件事实与相关法律条文进行紧密结合，详细阐述辩护人观点。

一是对于自首情节，以被告人是办案民警电话通知，自己打车到派出所，其行为完全符合自动投案，如实供述的自首认定标准，具有自首的真实性、主动性和自愿性。

二是围绕本案从犯的认定，从犯罪前的牵头来看，被告人是被迫参与犯罪的；从犯罪过程中的安排来看，被告人只是被动地接受别人的安排和管理；从犯罪之后的危害结果来看，犯罪时间短，获利金额小，社会危害性是轻微的。尽管法院没有采纳上述观点，但是上述观点也具有合理充分的依据，既体现出辩护人的辩护功底，也有力地维护了当事人的合法权益。

三是从没有前科和在校学生的角度充分说明，对本案不仅是要打击犯罪，更要保障好被告人的合法权益。注重对被告人的教育改造，打击犯罪的目的既是为了实现一般预防的目的，也是为了实现特殊预防的目的，并努力贯彻宽严相济的刑事政策。

四是结合认罪认罚和积极退赃，体现被告人本身真诚悔罪，通过认罪认

罚的方式改变原有的对抗式司法方式，既起到节约司法资源，提升办案效率的作用，也能够修补受损的社会关系，实现法律效果与社会效果的统一。

五是从退赃角度实质性修补社会关系，通过实际行动真诚认罪悔罪，有效降低被告人的人身危险性。

总之，在本案的办理过程中，迅速与精准是办案思路中的亮点，一方面，通过迅速开展辩护工作，在面临困难时不过多纠缠，找准办案突破口，加大工作力度，实现取保候审阶段性成果。另一方面，在审判阶段，准确把握本案存在的从犯、自首等量刑情节，充分释法说理，最终取得缓刑的辩护成果。

作者简介

谢荣刚

2001 年取得律师资格证，2002 年至今在贵达律师事务所执业，合伙人，专业刑事辩护律师，贵州省政法委案件评查专家库专家。曾任两届贵阳市律师协会法律援助委员会主任、贵州省律师协会刑事专业委员会委员、贵阳市人民监督员、贵州省法学会犯罪学研究会理事等。

5. 法益侵害性的有无是判断罪与非罪的关键

——李某某涉嫌侵犯公民个人信息罪获不起诉案

【辩护思路】随着个人信息及数据安全领域立法的逐步规范和完善，涉及网络信息犯罪的案件在高技术领域、高知识领域及在校学生群体中多发。构成侵犯公民个人信息罪的关键在于行为人是否实施了侵犯公民个人信息的行为。换言之，即便该信息属于公民个人信息，但是若行为人并未侵犯公民个人信息权，即相应法益并未被侵害，该行为当然不构成侵犯公民个人信息罪，行为人也不会因此而受到刑罚处罚。

一、基本案情

2021年6月至10月，李某某与同案犯罪嫌疑人甲、乙、丙（三人另案处理）在G市N区某信息咨询有限公司内，将从丁（另处）处非法获取的某保险公司G市分公司的14,320条客户信息发放给公司员工，用于联系客户办理退保业务，李某某从中获利人民币8430元，使该保险公司遭受严重损失。

二、辩护意见

（一）从主观上来说，李某某在工作中从领导甲处获取客户名单的行为不具有“以其他方法非法获取公民个人信息”的主观故意，主观恶性不大

最高人民法院、最高人民检察院《关于办理侵犯公民个人信息刑事案件适用法律若干问题的解释》第4条规定：“违反国家有关规定，通过购买、收受、交换等方式获取公民个人信息，或者在履行职责、提供服务过程中收集公民个人信息的，属于刑法第二百五十三条之一第三款规定的‘以其他方法非法获取公民个人信息’”。本案中，李某某获取的客户名单来源于公司领导的分发，并不存在购买、交换等行为，其获取的个人信息均用于领导安排的工作业务，信息没有再流出扩散，没有“以其他方法非法获取公民个人信息”的主观意识，主观恶性不大。

（二）李某某系初犯、偶犯，已全部退赃，确有悔罪表现，实属情节轻微

本案中，李某某作为刚毕业离校寻找工作的学生，由于法律意识淡薄，认为领导分发的客户名单是为其安排的工作内容，其获取的个人信息均用于领导安排的工作业务，而未尽到保护公民个人信息的注意义务，系初犯、偶犯。在办案警官来公司调查时，主动将全部客户名单上交给办案警官，并积极配合办案警官的各项调查活动，如实供述了其行为，确有悔罪表现。在取保候审期间也积极配合公安机关和检察机关的各种调查工作，没有再犯罪的危险。李某某本人及家属已将在本案中所获利的8430元全部退赃至公安机关，信息没有再流出扩散的可能，不具有社会危险性，实属情节轻微。

根据最高人民法院、最高人民检察院《关于办理侵犯公民个人信息刑事案件适用法律若干问题的解释》第10条“实施侵犯公民个人信息犯罪，不属于情节特别严重，行为人系初犯，全部退赃，并确有悔罪表现的，可以认定为情节轻微，不起诉或者免予刑事处罚”之规定，再结合本案实际，特请求检察院依法对李某某作出不起诉的决定，让其能早日回归社会、回归家庭。

三、检察机关认为

经G市N区人民检察院审查，认定李某某犯罪情节轻微，具有坦白法定从轻处罚情节，系初犯、偶犯，且认罪认罚，对其作出不予起诉的决定。

四、办案心得

侵犯公民个人信息罪是一个罪名、两种行为类型。所以，本罪之实行行为包括两类：一是违反国家有关规定，向他人出售或者提供公民个人信息，情节严重的行为；二是窃取或者以其他方法非法获取公民个人信息的行为。

（一）细分侵犯公民个人信息罪的行为类型

1. 第一种行为类型的分析

第一种行为类型是指“违反国家有关规定，向他人出售或者提供公民个人信息，情节严重的行为”。首先，关于“公民”的认定。一般指称任何人，无论是具有中国国籍的公民还是外国人、无国籍人，均属于刑法保护的权利主体。当代信息社会，公民个人信息不仅直接关系到个人信息安全与生活安宁，而且关系到社会公共利益、国家安全乃至信息主权，所以，《刑法》使用“公民个人信息”而没有直接规定为“个人信息”或者“他人的个人信息”，其意义在于表明“个人信息”主要是指具有中国国籍的中国“公民”的个人信息，但是又不限于中国公民，还包括生活在中国或者通过互联网与中国政府机关、公司、企业、社会组织以及公民个人发生联系的外国人以及无国籍人的个人信息。

其次，关于“公民个人信息”，是指个人身份信息和隐私信息两大类。依据《网络安全法》第76条的规定，所谓个人信息，是指以电子或者其他方式记录的能够单独或者与其他信息结合识别自然人个人身份的各种信息，包括但不限于自然人的姓名、出生日期、身份证件号码、个人生物信息、住址、电话号码等。“等”表示列举未尽，“包括但不限于”更加明确了这一点。

《网络安全法》强调公民个人信息为自然人“个人身份信息”，依据其具体规定，此种“个人身份信息”可以广义解释为“身份识别信息”，可以涵括识别公民身份的隐私信息，但是难以扩张至全部个人隐私信息。2017年5月8日最高人民法院、最高人民检察院《关于办理侵犯公民个人信息刑事案件适用法律若干问题的解释》第1条规定：“公民个人信息，是指以电子或者其他方式记录的能够单独或者与其他信息结合识别特定自然人身份或者反映特定自然人活动情况的各种信息，包括姓名、身份证件号码、通信通迅联系方式、住址、账号密码、财产状况、行踪轨迹等。”依据该规定，公民个人信息既包括识别“自然人身份”的信息，也包括“反映特定自然人活动情况的各种信息”，最为重要的是“行踪轨迹”信息。行踪轨迹既包括特定自然人身体活动轨迹，也包括手机轨迹、住宿轨迹等。自然人“个人活动情况信息”大多数情况下属于个人隐私信息，但是又不限于隐私信息，还包括公开活动的信息。当然，行踪轨迹信息广义上可以单独或者与其他信息结合识别公民身份，也可以归入身份信息范围。“账号密码”与特定自然人密切关联，常常还绑定身份证号、手机号码等特定个人信息，具有识别公民个人身份的作用，所以司法解释将其归入公民个人信息范围。

“财产状况”，既不属于身份信息，也不属于“个人活动情况信息”，大致上可以归入“隐私信息”的范围，司法解释似乎不是基于“隐私信息”概念将“财产信息”纳入“公民个人信息”范围，因为“财产信息”以及“健康信息”等与其他信息结合可以“识别”公民个人身份，属于“身份识别信息”，而且属于直接或者间接地涉及公民财产和人身安全的敏感信息。可见，最高人民法院、最高人民检察院《关于办理侵犯公民个人信息刑事案件适用法律若干问题的解释》基本上以《网络安全法》的规定为基础解释“公民个人信息”，既有清晰的列举，又有一定的模糊处理。《刑法》规定“侵犯公民个人信息罪”并不能仅以《网络安全法》为前置法，揭示“公民个人信息”的含义还应当考虑全国人民代表大会常务委员会《关于加强网络信息保护的决定》的有关规定。根据全国人民代表大会常务委员会《关于加强网络信息保护的决定》的规定，能够单独或者与其他信息结合识别公民个人身份的隐私信息，主要是财产状况、生理及健康状况、公民活动情况的行踪轨迹信息等个人信息，属于公民个人信息。

最后，所谓“向他人出售”，是指向他人提供公民个人信息并获得报酬。依据最高人民法院、最高人民检察院《关于办理侵犯公民个人信息刑事案件适用法律若干问题的解释》的规定，向特定人提供公民个人信息，以及通过信息网络或者其他途径发布公民个人信息的，应当认定为“提供公民个人信息”。收集公民个人信息后，未经被收集者同意向他人提供的，属于“提供公民个人信息”，但是经过处理无法识别特定个人且不能复原的除外。

2. 第二种行为类型的分析

第二种行为类型是指“窃取或者以其他方法非法获取公民个人信息”的行为。“窃取”，是指秘密窃取。“窃取”本身即表明违法性，故无须“非法”修饰。“以其他方法非法获取”之选择性要件的关键构成要素是“非法”而不是“获取”的具体方式。从原则上讲，除了依法强制公民提供个人信息的情形之外，凡是未经公民个人明示或者默示之同意而获取公民个人信息的，均属于“非法”获取。“非法”不需前置的配套法律法规。公民个人信息权是公民个人自决权范围内的个人权利，这决定了“合法”与“非法”可以从整个法律体系（主要是《宪法》《刑事诉讼法》《刑法》）中获取，这就是公民是否“同意”。《刑法》直接规定了“窃取”方式，除此之外，还包括通过购买、收受、交换等方式，以及利用通信技术手段侵入计算机信息系统。例如，侵入公民个人手机端，获取公民电子活动轨迹、生活隐私信息等，属于“以其他方式非法获取公民个人信息”。总之，“违反国家有关规定，通过购买、收受、交换等方式获取公民个人信息，或者在履行职责、提供服务过程中收集公民个人信息的，属于刑法第二百五十三条之一第三款规定的‘以其他方法非法获取公民个人信息’”。公民个人信息无须公民个人采取保密措施，均属于刑法保护的范围，当然，公民个人自愿公开的除外。

一般来说，能够通过互联网公开渠道搜索到的公民个人信息不属于刑法保护的范围。但是，以获取公民隐私为目的，通过互联网公开渠道购买、征集公民个人信息的，属于“非法获取”；当然，公开征集、汇总公民个人犯罪、侵权、违约之诚信状况信息以及向他人提供此类信息的，是否也属于“非法获取”尚需要进一步研究。非法获取公民个人信息，还是与非法提供公民个人信息相对应的一种行为，故意从非法提供者那里取得公民个人信息的，是非法获取。因为“非法获取”要件的关键构成要素在于“非法”而不在于“获取”及其方式，所以，任何人非法拥有并散布众多公民的个人信息，而无合法辩护理由的，可以推定为“非法获取”。

（二）准确掌握侵犯公民个人信息罪的量刑标准

1. 针对第一种行为类型的量刑标准

最高人民法院、最高人民检察院《关于办理侵犯公民个人信息刑事案件适用法律若干问题的解释》第5条第1款规定：“非法获取、出售或者提供公民个人信息，具有下列情形之一的，应当认定为刑法第二百五十三条之一规定的‘情节严重’：（一）出售或者提供行踪轨迹信息，被他人用于犯罪的；（二）知道或者应当知道他人利用公民个人信息实施犯罪，向其出售或者提供的；（三）非法获取、出售或者提供行踪轨迹信息、通信内容、征信信息、财产信息五十条以上的；（四）非法获取、出售或者提供住宿信息、通信记录、健康生理信息、交易信息等其他可能影响人身、财产安全的公民个人信息五百条以上的；（五）非法获取、出售或者提供第三项、第四项规定以外的公民个人信息五千条以上的；（六）数量未达到第三项至第五项规定标准，但是按相应比例合计达到有关数量标准的；（七）违法所得五千元以上的；（八）将在履行职责或者提供服务过程中获得的公民个人信息出售或者提供给他人，数量或者数额达到第三项至第七项规定标准一半以上的;(九)曾因侵犯公民个人信息受过刑事处罚或者二年内受过行政处罚，又非法获取、出售或者提供公民个人信息的;(十)其他情节严重的情形。”

第6条规定:“为合法经营活动而非法购买、收受本解释第五条第一款第三项、第四项规定以外的公民个人信息，具有下列情形之一的，应当认定为刑法第二百五十三条之一规定的‘情节严重’:(一)利用非法购买、收受的公民个人信息获利五万元以上的;(二)曾因侵犯公民个人信息受过刑事处罚或者二年内受过行政处罚，又非法购买、收受公民个人信息的;(三)其他情节严重的情形。实施前款规定的行为，将购买、收受的公民个人信息非法出售或者提供的，定罪量刑标准适用本解释第五条的规定。”上述司法解释将公民个人信息大致上区分为高度敏感信息（包括行踪轨迹信息、通信内容、征信信息、财产信息四种），可能影响人身、财产安全的敏感信息（包括住宿信息、通信记录、健康生理信息、交易信息等）以及其他一般个人信息。

依据最高人民法院、最高人民检察院《关于办理侵犯公民个人信息刑事案件适用法律若干问题的解释》，非法获取公民个人信息后又出售或者提供的，公民个人信息的条数不重复计算。向不同单位或者个人分别出售、提供同一公民个人信息的，公民个人信息的条数累计计算。

2. 针对第二种行为类型的量刑标准

《刑法》第253条之一第3款规定:“窃取或者以其他方法非法获取公民个人信息的，依照第一款的规定处罚。”显而易见，这种类型的侵犯公民个人信息行为，构成犯罪的，并不以“情节严重”为必要条件，也就是说，不以“情节严重”为构成要件。但是，最高人民法院、最高人民检察院《关于办理侵犯公民个人信息刑事案件适用法律若干问题的解释》第5条“有意无意”地将第二种类型的侵犯公民个人信息罪视为以“情节严重”为构成要件，以“情节特别严重”为加重构成要件，并明确了行为属于情节严重或情节特别严重的具体情形，这些情形均可直接适用，从而作为认定非法获取公民个人信息行为构成犯罪的“情节”。

（三）关于该罪情节严重如何认定

一是查明其主观恶性。利用出售、提供、获取的公民个人信息进行违法犯罪活动的主观恶性更为恶劣。实践中，有些行为人出售、提供、获取公民个人信息是为了拓展公司业务或是个人人脉，此类行为人的主观恶性相较于获取公民个人信息进行违法犯罪活动的行为人而言较为轻微。对于为了实施违法犯罪目的而获取、使用公民个人信息的，应当属于主观恶性较大的情形。

二是考虑造成的犯罪结果。出售、提供、获取公民个人信息对公民合法权益造成严重损害的，其中包括造成公民严重精神损害或者重大经济损失。严重扰乱公民正常的生活、工作和学习的，应当认定为侵犯公民个人信息的行为造成了严重后果，应确定为情节严重。当然，并非只有犯罪后果实际发生才构成情节严重，可以结合犯罪结果的发生与否，或是特定公民的人身权利、财产权利所面临的风险大小来确定是否属于情节严重。一般而言，产生实际损害的情节重于面临极大风险的情节。

三是考虑出售、提供、获取公民个人信息手段的恶劣程度。有的行为人为了达到出售或获取公民个人信息的目的，往往会额外实施一些辅助行为；有些行为人则是组织化、规模化或者用恶劣手段获取公民个人信息。因而，就行为方式而言，行为人以暴力、胁迫、欺诈等方式，或纠集、雇用多人出售、提供、获取公民个人信息的，可视为情节严重。

四是考虑利用所掌握的公民个人信息从中获利数额，即行为人出售公民个人信息违法所得数额较大的。数额较大的标准，可以根据经济社会发展情况及相关犯罪立案标准综合确定，出售公民个人信息获利数额达 5000 元以上的，可确定为情节严重。

五是考虑其他应当认定为出售、提供、获取公民个人信息情节严重的行为。虽未达到以上标准，但综合考量案件的全部情况，有两个以上情节接近以上标准，或者有一个情节接近以上标准，同时具有其他从重情节的，也应当认定为非法获取公民个人信息情节严重。

作者简介

杨鹏飞

中共党员，上海对外经贸大学硕士研究生，贵达律师事务所专职律师。公开发表论文数篇，现担任贵州省人民防空办公室、贵州省商务厅等单位的法律顾问，代理民商事案件50余件。主要业务领域为民商事法律争端解决、公司业务、涉外法律业务、财产型犯罪刑事辩护。

第四章

其他犯罪

1. 准确评估被告人人身危险性使其获得宽缓处置

——马某某寻衅滋事获缓刑处理案

【辩护思路】被告人马某某于案发18年后被判处寻衅滋事罪，辩护人从案发原因、案件定性、犯罪客体、行为人人身危险性等多方面出发论证不宜对被告人判处刑罚的事由，最终使被告人获缓刑处理。

一、基本案情

2001年4月13日，被告人马某某作为甲方与被害人张某某签订《煤矿承包合同书》，对煤矿进行投资建设。2002年5月19日，被告人马某某同被告人瞿某某等人签订合伙协议对某煤矿进行投资经营，由瞿某某担任法定代表人兼矿长。同日，瞿某某与被害人张某某签订联营协议，约定由甲方（法定代表人瞿某某）提供煤矿和场地，由乙方（法定代表人张某某）提供技术及部分设备共同联营，乙方在生产过程中向甲方缴纳采矿提成款。合同签订后张某某得知该煤矿归属权存在争议，由于担心自身利益受损，因而拒绝向被告人马某某、瞿某某等股东缴纳提成款。2002年8月23日，马某某、瞿某某等人邀请其余煤矿股东至马某某家中开会，讨论向张某某索要采矿提成款的事宜，若索要不成则以张某某未按时缴纳采矿提成款为由将张某某等人驱逐出煤矿。

次日，瞿某某得知张某某出现在G省D乡政府，遂通知马某某等人前往

D 乡。其间，瞿某某带领王某、赵某等人到 D 乡找到张某某等人，双方发生口角后闹至派出所，派出所以此事为经济纠纷为由建议双方到法院进行处理。而后张某某等人到 D 乡法庭高庭长处寻求帮助，并通知其妻王某某带领杨某某、梁某某等人过来解围，之后瞿某某便指使赵某、王某等对杨某某、梁某某实施殴打，致使杨某某受轻微伤。随后，瞿某某等人将张某某带至煤矿，并带领几十人手持木棒对矿上山东员工进行驱赶，在食堂及办公室进行打砸，烧毁办公室资料。2002 年 8 月 27 日，马某某、瞿某某再次纠集数十人持械前往煤矿对张某某等人进行驱赶，并在此过程中将吴某某打伤，使张某某等人被迫离开煤矿。

法院经审理后认为，综合全案情节，马某某为维护己方债权，采取私力救济方式暴力追讨，在受到公安机关警告、制止及相关人员受到行政处罚后，仍不停歇，继续实施殴打、恐吓和毁损他人财物的行为，妨害社会管理秩序，情节恶劣、严重，其行为触犯《刑法》，构成寻衅滋事罪。辩护人所提出的“被告人马某某年龄已大、有病在身，其实际已被羁押十月有余，建议法庭对马某某适用缓刑”的意见应予考虑。依照《刑法》（2002 修正）第 25 条第 1 款，第 26 条第 1 款，第 27 条，第 67 条第 3 款，第 69 条，第 72 条第 1 款，第 73 条第 2 款、第 3 款，第 77 条，第 293 条第 1 款第 1 项、第 3 项，《刑事诉讼法》（1996 修正）第 15 条，最高人民法院、最高人民检察院《关于办理寻衅滋事刑事案件适用法律若干问题的解释》第 1 条第 3 款的规定，判决被告人马某某犯寻衅滋事罪，判处有期徒刑 1 年 6 个月，缓刑 2 年。该判决已生效。

二、辩护意见

（一）本案在案件定性上存在偏差

本案的最大特征在于案件当事人都曾经是涉案煤矿的股东或承包者，之所以发生所谓寻衅滋事的事件并被举报到 G 省各级部门乃至中央相关部门，其实际背景就是基于煤矿巨大的收益发生的激烈的利益争夺关系。对此，有关民事规范文件是调整这种关系的基础和核心，自 2001 年以来围绕该煤矿转让、入股合伙的相关诉讼已有发生民事法律效力的多份判决书，这些判决实际上已经在实质基础上回答了为什么会发生 2002 年 8 月 24 日在 G 省 D 乡的煤矿事件。如果孤立地审查该事件而不把本案当事人之间复杂而激烈的利益关系在民事关系上梳理清楚，则无法全面完整地把握本案的核心实质。就是否是马某某单方面的责任，是否被害方在具体事件发生过程中也有过错存在？一定要把握法治原则和标准，不能动辄因为案件具有重大的社会关注度和各级政法机关的重视就放弃对于案件罪与非罪标准的把控，放弃对于本案马某某基本权利的保障，尤其是忽视马某某作为一个民营企业家基本权利的保护。因而本案在案件定性上存在一定偏差。

（二）本案在办理过程中违反实体法基本规定

根据《刑法》（2002 修正）第 87 条及第 88 条的规定，法定最高刑不满 5 年有期徒刑的，经过 5 年不再追诉；只有在人民检察院、公安机关、国家安全机关立案侦查或者在人民法院受理案件以后，逃避侦查或者审判的，不受追诉期限的限制。被害人在追诉期限内提出控告，人民法院、人民检察院、公安机关应当立案而不予立案的，不受追诉期限的限制。根据本案涉及的事实和证据情况，应当适用寻衅滋事罪第一档 5 年以下有期徒刑。本案案发至今已经过 16 年 3 个月之久，在此期间司法机关并未受理案件，涉案人员均未逃避侦查或审判。本案中张某某在 2002 年至 2019 年多次信访，但是接受调查任务的相关司法机关不认为该案为刑事案件，也不属于应当立案而不予立案的情形。由此，根据案件事实，本案不存在追究马某某刑事责任的实体法依据。

（三）本案证据在证据能力和证明力上难以达到案件所需的证明标准

1. 本案核心证据是证明被害人杨某某受伤的伤情报告，但在诊断被害人伤情的医院无法找到病历的情况下，该证据处于无法重新鉴定的状况，其证据的真实性难以达到证据能力的标准。该证据仅凭复印件和所谓证人证言难以作为本案定罪的依据。

2. 作为本案重要证据的梁某某受伤的证据，除了其本人陈述外，没有其他客观证据佐证，也难以作为定案依据。

3. 本案中张某某妻子吴某某于 2018 年得精神疾病，与本案无直接联系，无关联性，也不能作为定案依据。

4. 本案致伤凶器一直没有确定，案件中涉及的被告方购买的木棒究竟是否使用？这些木棒是否就是致伤的凶器这一系列事实尚未查清。

5. 对于本案中被害方多人所陈述的听到枪声，看见有人持刀、有人看见有警车参与两次赶人行动，也未查清。这些证据如果不是事实，那就意味着被害方为了达到自身目的，在片面渲染当时情形，目的是恶化并强化当时行为的性质，将一个争夺矿权的双方行为，转化为一个单方面的犯罪行为。

（四）本案在构成要件的认定上存在问题

1. 本案在客体及客观方面的认定上存在问题

本案以寻衅滋事罪提起公诉，而该罪侵害的法益是社会管理秩序。对于该罪破坏社会秩序的解读，根据《中华人民共和国刑法释义》的解释，随意殴打、侮辱、恐吓他人，是指出于要威风、取乐等目的，无故、无理殴打、侮辱、恐吓相识或者不相识的人；任意损毁、占有公私财物，是指以蛮不讲理的手段，强行拿走、强行索要市场、商场的商品以及他人的财物，或者随心所欲损坏、毁灭、占用公私财物；在公共场所起哄闹事，是指出于取乐、寻求精神刺激等目的，在公共场所无事生非，制造事端，扰乱公共场所秩序。这些行为的共同特征，就是无根据和无理由，无事端而随意侵害他人及其财物，从而危害公共秩序。

2013 年最高人民法院、最高人民检察院发布《关于办理寻衅滋事刑事案件适用法律若干问题的解释》，其中第 1 条第 3 款规定：“行为人因婚恋、家庭、邻里、债务等纠纷，实施殴打、辱骂、恐吓他人或者损毁、占用他人财物等行为的，一般不认定为‘寻衅滋事’……”寻衅滋事罪的行为特征就是无事生非，主观上寻求刺激。由此，具备债务纠纷等原因的情况下，一般不认定为寻衅滋事。

本案马某某和张某某之间存在承包合同纠纷，双方作为甲乙方于 2001 年 4 月 13 日签订《煤矿承包合同书》，2002 年 5 月 19 日就利润问题签订了《联营协议》及《补充协议》，张某某基于这些合同约定曾经向马某某等股东交纳利润提成款，而之后在 1 年多的时间内以赵某某才是该煤矿实际矿主为由拒绝向马某某等股东交纳利润提成，明确违反双方协议。正是基于此，马某某召集股东众人向张某某讨要双方合同约定的利润提成的行为不具有寻衅滋事罪的客观特征，没有侵害该罪的客体。

2. 本案犯罪主体的认定存在疑问

本案在案发当时存在多位煤矿股东，尽管 2002 年 8 月 23 日是在马某某家里召开的股东会议，但是此情节并不能当然得出马某某就是该起事件的第一主犯。值得重视的是，在 2002 年 8 月 24 日发生纠纷乃至拉扯和斗殴的事发现场，马某某并不在现场。就寻衅滋事行为特征而言，这种不在场的事实，即使在构成犯罪的情形下，也不是当然的主犯。这种情况的发生，实质上是在前期侦查取证中以有罪推定方式将马某某确定为第一主犯，这是违背认定犯罪基本原则和认识规律的问题，存在选择性执法乃至选择性司法的嫌疑。

3. 本案马某某主观罪过难以证明

就客观反映主观的认识而言，本案中马某某的主观罪过难以被证明。马某某的主要目的就在于向承包人张某某索要双方协议所约定的提成利润，没有证据证明马某某不顾后果指使他人向被害人实施侵害，否则在己方人数众多，有所防备的情况下，不会只出现两人轻微伤的后果。在此，如果没有主观罪过证据，犯罪构成在严重缺失主观要件的情况下如何形成犯罪判断成为本案的又一重点问题。

4. 本案被告人马某某不具有社会危害性

本案被告人马某某年事已高，一贯遵纪守法，个人履历清白，无任何不良记录。马某某一生勤恳朴实，长期行善乡里，是当地知名的民营企业家，广受乡邻赞誉，其所教养的儿女均已成才，在各自领域为国家社会作出他们的贡献。

马某某已认罪认罚。被告人马某某无任何社会危害性，无继续羁押的必要性。案件整体上在证据收集情况下其客观危害性判断，涉嫌寻衅滋事罪构成要件的判断上均存在极大的疑点情况下，提请审判庭对此案审慎适用刑罚，以经得起国家法治标准和历史检验的标准对本案作出公正的判决。

三、裁判观点

行政机关对同案行为人的行政违法行为立案处罚后，被告人马某某后续实施殴打、恐吓、驱赶等行为，在前期行为违法的基础上成立犯罪，故公安机关的立案行为既是对前期违法行为的行政立案行为，也应推定视作对后期犯罪行为的刑事立案行为，其两者是可以相互转化的。此外，被害人张某某持续向相关部门主张保护其合法权益时，相关部门仅对涉案民事部分作出处理，未就刑事部分作出立案或不立案的决定。而通过现在的侦查查实，马某某等人已经构成犯罪，显然相关部门属于应当立案而不予立案的情形，因此本案依法不受追诉时效限制。

此外，辩护人提出本案不具有主观上寻求取乐和精神刺激的故意，客观上不满足随意的任意性，对象上不具备不特定主体的法定构成条件，据此提出无罪的辩护意见也不能成立。因本案是由于债权的不当追索而引发，犯罪对象已成为特定主体，客观上其实施的违法行为实际上已侵害了社会管理秩序，构成寻衅滋事罪。

四、办案心得

（一）案件定性分析是判断行为罪与非罪的重点

本案在案件定性上是否应当属于刑事案件仍然存在争议。在案件办理过程中切忌先入为主，倘若一开始就以办理刑事案件的思维去看待案件事实，实际上人为压缩了前置法对社会秩序进行调控的空间。因为不论是入罪思维还是出罪思维，都已经在潜意识中将案件当成刑事案件来处置，欠缺了对犯罪本质特征的观察与考量。从刑法理论上来讲，犯罪具有三大特征：社会危害性、刑事违法性、应受刑罚处罚性，在危害行为不能同时满足上述特征时，无论如何也不能将案件当作刑事案件来处置。本案发生的起因是被告人与被害人在煤矿承包过程中发生了债权债务上的纠纷，被害人违约在先，被告人维权在后，只不过被告人维权的方式过于激进。在此不否认被告人聚众暴力驱赶被害人的社会危害性，但这种社会危害性能否达到刑事违法性以及应受刑罚处罚性的程度尚值得商榷。

本案实施的寻衅滋事行为，主要体现在殴打、恐吓、驱逐、毁坏行为上，殴打行为现有证据只能证实致杨某某、梁某某二人受伤，其中一人轻微伤，另一人未达到轻微伤标准；恐吓行为，无确实充分证据证实与吴某某所患有精神疾病是否有关，且在案证据即医院病历记载的患者吴某甲与本案中吴某某的名字并不相吻合，审理中该事实亦未认定；驱逐、毁坏行为无相关证据证实造成多大的损害结果。因而上述构成要件行为所造成的社会危害性明显达不到应受刑罚处罚的程度，不应受到刑事追责。此外，判决书中指出："因本案的犯罪构成是因为债权的不当追索而引发，犯罪对象已成为特定主体，客观上因其实施的违法行为实际上已侵害了社会管理秩序，其不受上述犯罪构成条件的限制和制约。"这明显违背犯罪认定的基本原理，行为符合犯罪构成是行为人承担刑事责任的唯一法律根据，不符合犯罪构成各个要件的行为无论如何也谈不上承担刑事责任的问题。因此，从犯罪的本质特征出发对案件性质的分析把握对确立案件辩护思路至关重要。

（二）行为人人身危险性的全面评估是帮助其获得宽缓处理的关键

对行为人人身危险性进行评估的目的在于论证其不具有再犯可能性、无特殊预防必要性，并以此请求法院的宽大处理。虽然本案被告人最终被追究刑事责任，但值得欣慰的是其获得了较为宽缓的处置，这与对被告人人身危险性的准确评估密不可分。

总体而言，对行为人人身危险性的评估可以从以下几个方面着手：一是对行为人自身情况进行评估。主要考虑行为人身体状况、有无违法犯罪前科、家庭背景条件等，如本案中对被告人年龄、家庭情况、邻里相处情况等方面的分析。二是对行为人涉案后的表现进行评估。主要考虑行为人是否积极认罪悔罪、赔偿被害人损失、取得被害人谅解等，如本案中对被告人认罪认罚情况、积极赔偿情况等方面的总结。三是对行为人主观恶性进行评估。主要考虑行为人涉案原因、罪过形态、行为手段的恶劣程度等，如本案中对被告人与被害人之间民事纠纷的介绍、行为危害后果的论证等方面内容的提炼。通过上述分析最终使被告人的行为被定性为犯罪的情况下被判处缓刑，足以体现对行为人人身危险性的评估在案件辩护中的重要作用。

（三）关于刑事追诉时效制度的一点思考

关于本案是否超过法定追诉时效这一问题，法院认为，行政机关对同案行为人的行政违法行为立案处罚后，被告人马某某后续实施殴打、恐吓、驱赶等行为，在前期行为违法的基础上成立犯罪，故公安机关的立案行为既是对前期违法行为的行政立案行为，也应推定视作对后期的犯罪行为的刑事立案行为，其两者是可以相互转化的。并且，16 年以来，被害人持续通过各种渠道主张权利，相关部门仅对涉案民事部分作出处理，未就刑事部分作出立案或不立案的决定。而通过现在的侦查查实，马某某等人已经构成犯罪，显然相关部门属于应当立案而不予立案的情形，因此本案依法不受追诉时效限制。问题在于行政违法事实调查立案与刑事犯罪事实立案是否可以直接相互转化。

在我国，行政相对人违反了有关行政管理的法律，实施了违法行为，应当由行政机关启动对违法行为的调查程序。如果构成犯罪，则需要及时启动刑事侦查程序。一般不同时启动行政违法调查、刑事侦查程序，两者的程序、证据标准、法律规范、对行为人权利保障的程度等都有所不同。

此外，我国行政违法调查和刑事调查程序的功能明显不同，不能用行政违法调查程序调查犯罪，更不能为了调查违法行为适用犯罪侦查手段。为此，我国明确区分了治安违法行为与刑事违法行为的不同性质，采取了不同的调查程序，刑事侦查手段也一般要强于行政违法调查手段，其取证的程序规范也更为严格。基于主体的特定要求，以及程序规范的不同，依照行政程序收集的言词证据须经过转化才能在刑事诉讼中使用。同时，在认定事实上，刑事证明标准要高于行政违法事实的认定标准。因此，辩护人认为，行政违法调查程序与犯罪侦查程序二者程序分离，在具体案件处理中不同法律程序之间应当相互独立，不得出现程序混淆、程序借用、程序规避等情形。

本案中，不应当将行政立案行为直接推定为刑事立案行为，否则将出现以公安机关行政权代替侦查权。且《刑法》第 88 条所规定的“在人民检察院、公安机关、国家安全机关立案侦查或者在人民法院受理案件以后，逃避侦查或者审判的，不受追诉期限的限制”。应该理解为刑事立案侦查，而非行政立案调查。

作者简介

康　军

法学博士，贵达律师事务所高级法律顾问，贵州大学法学院副教授、刑法教研室主任、硕士研究生导师，访美学者。现任贵州省监察委员会专家咨询委员会委员，贵州省人民检察院专家咨询委员会专家，贵州大学法律顾问，贵阳市公安局专家组专家，贵阳市中级人民法院案件质量评查专家，贵阳市人民检察院咨询专家，安顺市人民检察院咨询专家，贵阳市南明区人民检察院专家库专家，贵阳市花溪区监察委员会专家咨询委员会委员；贵州省律师协会副秘书长，刑事专业委员会副主任，“扫黑除恶”专项斗争律师辩护代理工作指导委员会副主任。

2. 特殊防卫的认定

——王某某涉嫌故意伤害罪历经数载终被不起诉案

【辩护思路】准确把握正当防卫的时间条件，立足于防卫人在防卫时所处情境，认定“不法侵害是否尚在进行”，对于不法侵害虽然暂时停止，但是不法侵害人仍然可能继续实施侵害的，应当认定不法侵害尚在进行。同时在认定是否属于防卫过当时，不能单纯地因侵害人死亡而认定被侵害人防卫过当，在被侵害人身上多处受伤，所持工具在力量上显然不能与侵害人对抗的情形下，不宜认定被侵害人防卫过当。

一、基本案情

王某某涉嫌故意伤害罪一案由G省H市Y区公安分局侦查终结移送G省H市Y区人民检察院审查起诉，Y区人民检察院经审查两次将本案退回公安机关补充侦查，后作出不起诉决定，被害人家属不服提起申诉，H市人民检察院经申诉复查决定撤销公诉机关的不起诉决定，Y区人民检察院依法提起公诉。

公诉机关指控：2011年11月14日晚，本案被害人颜某某与其同事石某某、夏某、余某等人先在夏某家喝酒，后石某某、余某和被害人颜某某又至另一地喝酒，被害人颜某某与石某某喝酒至23时许，石某某与喝酒地点两名服务员一起扶着被害人颜某某，到门口叫了一辆出租车送被害人颜某某回家。

2011年11月14日晚，与被害人居住在同一小区的王某（本案被告人之女）与朋友曾某某、伍某某、汤某某在外打牌，王某某多次打电话催王某回家。2011 年 11 月 15 日凌晨 0 时 30 分许，伍某某开车送王某等人回家，车开至王某家附近时，曾某某下车护送王某回家。当曾某某、王某行至王某家居住的楼下时，被害人颜某某手持一把大约 50 厘米的砍刀向王某、曾某某追来，并称要砍死他们，王某即向其家附近的 3 单元楼上跑去，边跑边喊叫，曾某某则往伍某某停车的方向跑去，被害人颜某某追到 3 单元 3 楼时将王某追到后问王某为什么要跑，并说有人用东西砸他，并解释误认为是王某砸他才追赶王某的。而后被害人颜某某和王某一起下楼走向 2 单元。

被告人王某某在家中听见其女儿王某呼救声，从 7 楼家中厨房拿了一把菜刀跑下楼，跑到 3 楼时又捡了一根长木棒拿在手中。下楼后被告人王某某在 2 单元楼梯口附近见到被害人颜某某手持砍刀与其女儿王某站在一起，于是就上前用手中木棒向被害人颜某某打去，继而与颜某某发生扭打，被害人颜某某持刀对王某某进行砍刺后，被告人王某某先后将颜某某手中所持两把凶器夺下，在被害人颜某某丧失继续攻击能力的情况下，用最后夺下的一把匕首对颜某某胸腹部进行刺杀，致颜某某当场死亡。打斗过程中被告人王某某同时受伤。经 Y 区公安分局刑事科学技术室鉴定，颜某某系被他人用单刃锐器刺伤左胸部致右心室破裂造成失血性休克死亡。经 Y 区公安司法鉴定中心法医活体检验鉴定，被告人王某某所受损伤符合锐器所致，其右侧面部创口疤痕明显，长达 12.8 厘米，该损伤评定为重伤。

公诉机关认为，被告人王某某故意伤害他人身体，致人死亡，应该以故意伤害罪追究其刑事责任。一审法院经审理后认为，被告人王某某的行为属于正当防卫，依法不负刑事责任，判决王某某无罪。一审判决后被害人家属不服提起上诉，同时公诉机关提起抗诉，H 市中级人民法院以原判部分事实不清、证据不足裁定撤销一审判决将本案发回 Y 区人民法院重新审判。在重新审判过程中，公诉机关以证据不足为由申请撤回对于被告人王某某的起诉，法院裁定准予撤诉。被告人王某某终获无罪。

二、辩护意见

本案发生于2011年11月15日，历时近4年。其间，Y区公安分局作出撤销案件的决定，此后，Y区人民检察院又对王某某作出了不起诉的决定。因被害人家属不断地上访、申诉、纠缠不休，给相关部门施加压力，导致该案又走上了审判程序。

在公诉机关指控被告人的行为构成故意伤害罪的情况下，辩护人经全面查阅本案卷宗材料，仔细听取被告人关于本案事实的陈述，认为被告人的行为构成特殊正当防卫，依法不构成犯罪，不应该承担民事赔偿责任。具体辩护意见如下。

（一）希望人民法院以事实为根据、以法律为准绳，不要受当事人上访等所谓“维稳”因素左右

《刑事诉讼法》（2012修正）第2条规定：“中华人民共和国刑事诉讼法的任务，是保证准确、及时地查明犯罪事实，正确应用法律，惩罚犯罪分子，保障无罪的人不受刑事追究……”第5条规定：“人民法院依照法律规定独立行使审判权，人民检察院依照法律规定独立行使检察权，不受行政机关、社会团体和个人的干涉。”第6条规定：“人民法院、人民检察院和公安机关进行刑事诉讼，必须依靠群众，必须以事实为根据，以法律为准绳。”

上述法律规定说明：第一，“保障无罪的人不受刑事追究”同样是我国刑事诉讼法的任务之一；第二，人民法院依照法律规定独立行使审判权，不应受到个人行为的干涉；第三，刑事诉讼必须以事实为根据，以法律为准绳。

（二）关于本案的基本事实

刑事审判的目的在于通过对证据的审查判断，最大限度地还原案件基本事实，从庭审的调查来看，以下事实是确定无疑的：

第一，王某、曾某某在步行接近王某家楼下时，颜某某手持砍刀向他们

冲来，并高喊："砍死你们！"子夜时分，这样的情景，对任何一个人来说，都是现实的巨大威胁！

第二，曾某某与王某跑散之后，当即往汤某某、伍某某停车的方向跑，边跑边喊救命。这不但有曾某某、汤某某、伍某某的证言，同时还有邹某的证言相印证，更重要的是还有"110"接警电话相佐证。

第三，王某某下楼时，身上带有一把菜刀，但王某某在事件发生之初并未率先使用菜刀（菜刀上无血迹，无损伤即明证），证明王某某并未主动伤害颜某某。

第四，现场的砍刀及匕首均系颜某某所携带。林某贵证实："年轻男子拿的是一把刀""一年轻男子手上拿着一把匕首"；邓某证实"那名男子就用刀一刀砍在女子父亲的脸上"。上述证言证明：砍刀、匕首均是颜某某所携带。

第五，王某受到了现实的侵害。证人林某贵证实"这时这名女子就跑到男子旁踢了几脚，说'看你还敢掐我的脖子'"，这足以说明，颜某某对王某实施了现实的侵害。

（三）本案王某某的行为应当定性为正当防卫，并属于特殊防卫

《刑法》（2011修正）第20条第3款规定："对正在进行行凶、杀人、抢劫、强奸、绑架以及其他严重危及人身安全的暴力犯罪，采取防卫行为，造成不法侵害人伤亡的，不属于防卫过当，不负刑事责任。"

结合本案证人林某贵、邹某、邓某的证言、鉴定意见等及相关证据证实，被害人与王某某相遇后，被害人没有说话，提刀就向王某某头部连砍3刀，王某某才奋起反击。王某某之伤经鉴定为右侧颞顶部、右侧面部皮肤裂伤、右侧颞顶骨骨折、右侧顶部硬膜外血肿、颅内积气等，系重伤。由此可见，被害人下手之重、之狠。被害人的行为理所应当评价为危及王某某人身安全的暴力犯罪。由于被害人自身行为及客观环境因素，王某某出于救女儿、救自己的目的，对被害人采取正当防卫，符合上述法律规定，构成正当防卫，依法不负刑事责任。

（四）法律应当具有正当性和可预测性，公平正义是法律追求的价值

第一，1997年《刑法》修订正式确立特殊防卫，其目的在于更加有效地打击严重暴力犯罪，保护人民群众生命财产安全，鼓励人民群众与犯罪分子作斗争。结合本案，王某某在面对自身生命安全与女儿生命安全，而采取正当防卫，依据法律不应负责，如果判决结果与法律背道而驰，一定会对法律的可预测性发出挑战，这样的后果极其严重。再看昆明暴恐案十几名暴恐分子砍死、砍伤100多名人民群众，究其原因是人民群众不敢与暴恐分子作斗争。特殊防卫的立法目的就是鼓励人民群众与犯罪分子作斗争。本案发生前，王某某所居住的小区时常发生抢劫案件，但自从王某某奋不顾身与犯罪分子进行搏斗后，该小区至今治安良好，这就是正义所带来的社会效果。

第二，根据《G省见义勇为人员奖励和保护条例》第2条的规定："本条例所称见义勇为，是指非因法定职责或者法定义务，为保护国家利益、社会公共利益和他人人身、财产安全，挺身而出，与正在发生的违法犯罪行为作斗争或者抢险、救灾、救人的合法行为。"本案中，王某某为了保护自己女儿与自身的生命安全对被害人进行正当防卫，符合上述规定。

三、裁判观点

Y区人民法院经审理认为：结合在案证据证实，被告人王某某深夜在家听到女儿呼救声后，冲出家门下楼，遇见被害人颜某某持刀与女儿在一起，救女心切的被告人王某某持木棒遂与持砍刀的颜某某发生扭打，并在扭打过程中致颜某某被刺当场死亡，被告人王某某也被砍伤头部、右面部、左耳部、右拇指，经鉴定王某某所受损伤为重伤。被害人颜某某在深夜持刀追杀回家的被告人王某某之女王某，并在王某某听到王某呼救声后遇见他时，还持刀与王某在一起，致使被告人王某某为了救女儿而上前与颜某某发生扭打，在扭打过程中，被告人王某某仅持有木棒，与持砍刀的颜某某在力量上显然不能对抗，且王某某身上也多处受伤，被告人王某某为使女儿及自己人身不受

正在进行的不法侵害而进行的防卫，造成不法侵害人损害的行为属于正当防卫，且不属于防卫过当，不应负刑事责任，也不应承担民事赔偿责任。故被告人及其辩护人提出的辩解、辩护意见成立，法院予以采纳。

四、办案心得

自 2011 年 11 月 15 日案件发生到 2016 年 1 月 4 日王某某收到人民检察院的不起诉决定书，历时 4 年有余，在这 4 年多的时间里，王某某身心疲惫，家庭四分五裂。同时因长期处于取保候审的状态，不能正常工作，每月只有 500 元生活费，经济拮据、精神几近崩溃。

虽然本案的最后结果并没有通过法院直接判决王某某无罪，但最终“事实不清、证据不足”的不起诉结果，还是具有极大的现实意义的。

（一）王某某在个案感受到了公平正义

司法机关办案的目标最终是要公平处理案件，实现正义。就本案而言，时间跨度虽然长，但最终结果，还是让王某某在司法个案中感受到了公平正义。

（二）司法权威得到了尊重

一段时间以来，在部分群众中形成了一种“信访不信法”的观念，不相信司法机关，不论案件处于何种阶段，动辄上访，以上访作为解决矛盾的有效手段，极大损害了司法机关的权威。

该案的正确处理发出一个信号，即必须依法办事，一切矛盾和纠纷，一旦进入司法程序，就必须由司法机关进行处理，而不能依靠不断地上访、信访解决问题。

（三）鼓励公民勇于和犯罪行为作斗争、鼓励公民敢于见义勇为

由于种种原因，一方面，事不关己、明哲保身的行为大行其道；另一方面，正当防卫难以被认定，导致大多数人在犯罪行为面前一再忍让，不愿或不敢同犯罪行为作斗争，对于正当防卫限制较严，恐怕是一个不容忽视的现实。

《刑法》关于正当防卫的规定，目的在于进一步体现“法不能向不法让步”的秩序理念，该案的正确处理，向群众昭示：只要符合特殊防卫的规定，不论给不法侵害者造成什么样的损害，均无须承担刑事责任。

（四）本案对于正当防卫的认定具有一定的实践指导意义

实践中对于正当防卫的认定，必须综合判断全案的事实和证据，既要避免对防卫行为作过苛、过严要求，也要防止“一刀切”“简单化”的处理方式。准确把握正当防卫“五要件”，依法维护当事人合法权益。

第一，起因条件：不法侵害现实存在。

根据《刑法》第 20 条的规定，不法侵害可以是针对人身、财产或其他权利的任何行为；同时，对于不法侵害的程度，相关法律并没有作出限定，既可以是达到犯罪程度的侵害行为，也可以是一般意义上的侵权行为。

本案中，被告人王某某的女儿深夜被颜某某持砍刀追赶，颜某某扬言要砍死被告人的女儿等人，针对被告人女儿的不法侵害现实存在，并且是严重危及被告人女儿人身安全的暴力犯罪行为。

第二，时间条件：不法侵害正在进行。

防卫行为只能针对正在进行的不法侵害实施。所谓的“正在进行”，指的是一个过程，并非某个时点。在判断不法侵害是否正在进行的问题时，需要注意：应当坚持一般理性人标准，站在行为时的角度，考虑防卫人当时所处的具体境况，不应在事后对防卫人过分苛责。

本案中，公诉机关认为在被告人王某某听到女儿的呼救声后赶到现场时，看到侵害人颜某某持刀与其女儿站在一起，于是上前用手中的木棒向颜某某

打去，继而与颜某某发生扭打，在颜某某持刀对其进行砍刺时，被告人王某某先后将颜某某手中所持的两把凶器夺下，在此时颜某某丧失继续攻击能力的情况下，用最后夺下的一把匕首对颜某某胸腹部进行刺杀，致颜某某当场死亡。即认为在颜某某与被告人女儿“误会”已经解除，且凶器被夺，没有能力继续实施侵害行为的前提下，不法侵害已经结束，王某某的行为不构成正当防卫。

但是，对于不法侵害是否已经结束，应该着眼于案发时的整个侵害过程，不应着眼于王某某到达现场的那一刻或者侵害人的工具被短暂夺下的那一刻，应该从整体综合判断不法侵害是否已经结束。在辩护人看来，当时的情形下，对于年轻力壮的颜某某，其完全可能随时再次夺取凶器予以反击，不法侵害并未结束，颜某某并非没有能力继续实施侵害行为。

第三，主观条件：具有防卫意识。

防卫人事先预见到侵害人可能的侵害行为，并在心理上或行动上有所准备，包括准备相应的工具，符合一般理性人标准，具有可理解性，并不能因此就否定其主观上的防卫意识。本案中，被告人王某某在子夜时分听到自己女儿急切的呼救声，其提前准备工具，拿着菜刀和木棒（途中拾取）前往现场并不影响其后续正当防卫行为的认定。

第四，对象条件：针对侵害人防卫。

该要件在实务中一般争议较小，要求防卫人的防卫行为仅限于不法侵害人本人，不能损害无辜第三人的合法权益，其中不法侵害人不限于直接实施不法侵害的人，包括现场的组织者、教唆者等共同实施不法侵害的人。

第五，限度条件：没有超过必要限度。

防卫限度的把握上，应当以足以有效制止不法侵害为标准，但不严格要求防卫的强度与不法侵害的强度绝对相当。在具体界定防卫行为是否超过必要限度时，要优先保护防卫人，避免“谁死伤谁有力”的唯结果论的做法。

本案中，虽然被告人王某某的防卫行为造成了侵害人颜某某死亡的结果，但是综合全案证据来看，被告人女儿面对的是深夜持砍刀追赶并扬言要杀死她的、严重侵害其人身权利的暴力犯罪行为者。被告人到达现场后，面对持有两把凶器（砍刀和匕首）、体力上比自己占优势的行凶者，其并未率先使用自己早就备好的菜刀，仅是在不法侵害人颜某某持刀朝自己头部连砍 3 刀后才奋起反抗，王某某为自己及女儿免受不法侵害实施的伤害（致死）的行为并未超过必要限度，更进一步，在当时的情景下，王某某应该构成特殊防卫，得以“无限防卫”。

（五）特殊防卫的认定

本案对于特殊防卫的认定也具有一定的指引作用。《刑法》第 20 条第 3 款对特殊防卫的起因条件限定为“行凶、杀人、抢劫、强奸、绑架以及其他严重危及人身安全的暴力犯罪”。对“行凶”应作狭义理解，意指足以致人重伤或死亡的暴力伤害行为。行凶字意指打人或杀人。通说认为行凶是指严重的行凶，即可能致人重伤、死亡的故意伤害犯罪，而不论是否使用凶器，也不包括一般的拳脚殴打。该理解既符合《刑法》将其与杀人、抢劫等并列规定的立法原意，又有相关指导案例可以参照。最高人民检察院在指导案例第 47 号于某明正当防卫案中指出：对于犯罪故意的具体内容虽不确定，但足以严重危及人身安全的暴力侵害行为，应当认定为《刑法》第 20 条第 3 款规定的“行凶”。行凶已经造成严重危及人身安全的紧迫危险，即使没有发生严重的实害后果，也不影响正当防卫的成立。判断行凶，要根据现场具体情境和社会一般人的认知，看是否使用凶器，关键看侵害是否严重危及人身安全，不能苛求防卫人应急反应时作出精准判断，更不能以防卫人遭受实际伤害为前提。司法实践中，对因民间矛盾引发、互有过错、夹杂泄愤报复成分的案件，认定特殊防卫时应当十分慎重。对仗势欺人、恃强凌弱、寻衅滋事、不法与合法对立明显的以及恐怖和黑社会性质组织暴力犯罪，要敢于认定和保护防卫人的防卫权。

作者简介

付永盛

三级律师，曾任贵达律师事务所刑辩团队负责人，执业二十余年，办理各类案件千余件，主要执业方向为刑事业务，曾获贵州省优秀律师称号。

生前曾任第十届全国律协刑事专业委员会委员、贵州省律师协会刑事专业委员会委员、贵阳市律师协会刑事专业委员会副主任、贵州省法学会诉讼法学研究会常务理事、贵州省法学会犯罪学研究会副会长、贵州省涉案企业合规第一批第三方监督评估机制专业人员。

3. 有效辩护应从控方的证据体系着手

——陈某某非法买卖枪支案

【辩护思路】本案涉及买卖枪支的时间跨度长、地域范围广、涉案人数多，案件卷宗数量较大，证据繁杂。公诉机关指控被告人涉嫌买卖枪支的数量为249支，辩护人通过梳理证据，多次会见被告人，确定了部分指控事实不清、证据不足，所指控枪支数量大部分不能成立的辩护思路。法院最终采纳了辩护人的意见，认定被告人非法买卖枪支数量为14支，对被告人作出了从轻判决。

一、基本案情

公诉机关指控：自2012年以来，被告人陈某某为牟取暴利，向刘某某等上家购买大量M1911、M3.8等型号枪支，后聘用李某某、龙某某、杨某某从事包装货物、运送货物等工作，通过发放宣传名片、电话联系买家、以银行汇款的方式进行交易，大量贩卖M1911、M3.8等型号枪支、管制刀具、警用装备。

2013年3月，陈某某等人向G省A市曲某（已判决）非法贩卖4支枪型物品，经鉴定，其中3支为枪支。

2013年7月，陈某某等人向H省B市买家罗某非法贩卖10支枪型物品，经鉴定，送检的10支枪型物品均为枪支。

2013年11月，陈某某等人向B省A市买家王某非法贩卖1支枪型物品，经鉴定，贩卖的该枪型物品为枪支。

2013年12月，陈某某等人向G省C县买家何某（另案处理）非法贩卖115支枪型物品，后经抽样鉴定枪型物品16支，经鉴定，送检的16支枪型物品中有10支为枪支。

2014年2月14日，陈某某等人向G省B市的买家富某（另案处理）非法贩卖4支枪型物品，经鉴定，送检的4支枪型物品中有3支为枪支。

2014年2月25日，陈某某等人向N省A市的买家余某（另案处理）非法贩卖13支枪型物品及一批子弹，后将其中12支枪型物品进行鉴定，经鉴定，送检的12支枪型物品中有8支为枪支，送检的6发子弹认定为弹药。

2014年2月27日，陈某某等人向S省A市的买家王某（另案处理）非法贩卖5支枪型物品，经鉴定，送检的5支枪型物品中有4支为枪支。

2014年3月1日，公安机关在被告人陈某某位于D省A县的库房内缴获枪型物品1110支，后将型号为M1911的枪型物品共102支抽样1支、型号为M3.8的枪型物品共108支抽样1支进行鉴定，经鉴定，送检的枪型物品均为枪支。

法院经审理后认为，陈某某向他出售的枪支数量为曲某案1支、余某案8支、王某案3支，陈某某仓库查获的2支，共计14支，属于非法买卖枪支情节严重的情形。据此，依据《刑法》第64条、第69条、第125条、第281条之规定，被告人陈某某犯非法买卖枪支罪，判处有期徒刑11年。该判决已生效。

二、辩护意见

（一）起诉书所指控的多起犯罪中，部分事实不清，证据未达到确实充分、排除合理怀疑的证明标准，所涉枪支的数量指控不当，依法应予扣减

1. 起诉书所指控的第一起事实，即2013年3月，陈某某等人向曲某贩卖3支枪支，辩护人认为只应认定为1支。

陈某某在多次笔录以及庭审中明确供述：只向曲某贩卖过M3.8型号的枪

型物品，没有贩卖过 M1911 型枪型物品。且第 268 号《鉴定意见通知书》中并没有将该 M1911 型枪型物品的鉴定结果通知陈某某，该 2 支鉴定为 M1911 型的枪支依法不应当认定为陈某某等人所贩卖，只能认定 1 支 M3.8 型的枪支。且关于曲某贩卖枪支的另案已审理查明，明确曲某贩卖的枪支为 1 支，而不是 3 支。

2. 起诉书所指控的第二起事实，即 2013 年 7 月，陈某某等人向罗某贩卖 10 支枪支，辩护人认为应当依法不予以认定。

H 省某市公安局（2014）012 号《枪弹检验鉴定书》的鉴定意见为“送检的 10 支仿真枪除标记为 guo—2 的仿真枪外均属枪支”也即 9 支为枪支，而起诉书指控的为 10 支，起诉书并未将标记为 guo—2 的仿真枪扣除。其他枪支的起诉证据不足，应当依法不予以认定。

3. 起诉书所指控的第三起事实，即 2013 年 11 月，陈某某等人向 H 省 A 市王某贩卖 1 支枪支，辩护人认为对该宗起诉依法应不予认定。

2014 年 4 月 10 日，H 省 A 市公安局司法鉴定中心《枪支检验报告》，送检枪支：M1911 型，结论：送检枪支是以气体为动力的仿真气手枪。根据该鉴定结果，2013 年 11 月，陈某某向 H 省 A 市买家王某贩卖 1 支枪型物品为仿真枪，不属于刑法意义上的枪支，不能因该鉴定书上有“具有对人体的致伤力”的描述就将该仿真气手枪认定为枪支，小于 1.8J/cm^2 也可以模糊地描述为“具有对人体的致伤力”。该宗指控不能成立，应当不予以认定。

4. 起诉书所指控的第四起事实，即 2013 年 12 月，陈某某等人向 G 省 C 县买家何某贩卖 10 支枪支。辩护人认为依法不应当予以认定，理由如下：

（1）陈某某的多次供述及辩解中，均明确并未销售过长型号的气步枪，在该次犯罪中，陈某某也多次向侦查机关供述并未向何某贩卖过长型号气步枪。且陈某某对 G 省 C 县公安局侦查人员出示的气手枪图片予以认可，对气步枪否认是自己所卖。

（2）在陈某某库房中搜查、扣押的物品中，也没有长型号的气步枪。

（3）何某多次讯问笔录前后不一，先是供述仿真枪是在某市场给一个老板进的货，后供述给陈某某进的货。其证据前后矛盾存疑，不排除其长型号的气步枪是给他人购买的合理怀疑。如无发货单据等证据相佐证，不能得出该起指控的长形的气步枪是陈某某贩卖给何某的结论。

（4）《枪支、弹药鉴定书》显示送检的检材和样本是6支枪型物品，即J001、J002、J003、J004、J005、J006，鉴定结果3支为枪支。鉴定结果的3支枪支中，J002、J006是仿真气步枪，陈某某并没有贩卖，对该2支步枪应当予以扣除。

（5）《枪支、弹药鉴定书》显示送检的检材和样本是10支枪型物品，即HJ-2014-0071-J001、HJ-2014-0071-J002、HJ-2014-0071-J003、HJ-2014-0071-J004、HJ-2014-0071-J005、HJ-2014-0071-J006、HJ-2014-0071-J007、HJ-2014-0071-J008、JHJ-2014-0071-J009、HJ-2014-0071-J010，鉴定结果7支为枪支。鉴定结果的7支枪支中，HJ-2014-0071-J008号为气手枪，其余6支为气步枪。《鉴定意见通知书》只对HJ-2014-0071-J008号气手枪鉴定为枪支的鉴定结果告知了陈某某，而未将其他6支鉴定为枪支的气步枪告知陈某某。其余6支是仿真气步枪，陈某某并没有贩卖，对该6支步枪应当予以扣除。该宗指控辩护人认为证据之间相互矛盾，根据有利于被告的原则，依法不应当认定。

5. 起诉书所指控的第六起事实，即2014年2月25日，陈某某等人向N省余某贩卖8支枪支及6发子弹。辩护人认为该6发子弹依法不应当认定。

余某红的讯问笔录并未提到向陈某某等人购买过弹药。陈某某本人也陈述并未贩卖过弹药，综合本案陈某某贩卖给其他人的物品中并没有弹药的情况，该“底火全部完好，为制式‘51式’手枪子弹”并非陈某某等人卖给余某红的，该起犯罪中指控贩卖子弹6发不能成立。

6. 起诉书所指控的第七起事实，即2014年2月27日，陈某某等人向S省A市买家王某贩卖4支枪支，辩护人认为只应认定为3支。

王某的讯问笔录称：“2013年12月，我在S省A市某市场一玩具店购进了一把打‘BB弹’和钢珠的007步枪。”且王某在公安机关的控制下在该市场一玩具店内对购买该步枪的地点进行了指认。结合陈某某贩卖给其他人的物品中并没有气步枪及其库房中也未查出气步枪的实际情况，该 007 步枪并非陈某某等人卖给王某，而该宗指控中送检的枪型物品中包含了这支步枪（送检的 20140421JC1 号非制式枪），且属于 4 支鉴定为枪支中的 1 支。对该步枪应当予以扣除。只应当认定为 3 支。

7. 起诉书所指控的第八起事实，即 2014 年 3 月 1 日，公安机关将陈某某所持有的 M1911 型的枪型物品共 102 支、型号为 M3.8 的枪型物品共 108 支分别抽样 1 支进行鉴定，经鉴定，送检的 2 支枪形物品均为枪支，遂认为陈某某所持所有枪型物品均属于枪支。辩护人认为应当依法只将送检的枪形物认定为枪支。

《枪支弹药检验鉴定书》并没有对每支枪支分别列出最基本测试数据表和测试报告，而只是简单地对两支抽样枪支得出鉴定意见。作为一份对被告人定罪量刑有重大影响的鉴定意见，鉴定 2 支为枪支，不能以抽样的样品是枪支就得出其他同类物品都为枪支的必然结果。涉案枪形物品是否属于枪支，这对被告人的量刑是重大决定性因素，必须分别鉴定，否则不客观，不严谨，对被告人不公平，也违背事实清楚、证据确实充分、排除合理怀疑的刑事证据规则。在被告人库房内查获的枪型物品中，辩护人认为依法只应当认定送检的 2 支枪形物品为枪支。

（二）陈某某虽然构成非法买卖枪支罪，但其有众多从轻、减轻处罚情节，请求法庭在量刑时能充分考虑

1. 我国以比动能大于等于 1.8 焦耳 / 平方厘米作为认定枪支的标准过于严厉。陈某某所涉案的枪支打击力度较小，其社会危害性相对较轻，且枪支流入社会后并未造成他人死伤等严重的社会后果。

陈某某所涉案的枪支大多在 2 焦耳 / 平方厘米（$2J/cm^2$），其打击力度较小。根据《公安机关涉案枪支弹药性能鉴定工作规定》（公通字〔2010〕67 号）及《枪支致伤力的法庭科学鉴定数据》（GA/T 718—2007）的规定，当所发射弹丸的枪口比动能大于或等于1.8焦耳/平方厘米时，一律认定为枪支。而根据2008年第2期《福建警察学院学报》刊登的《非制式枪支杀伤力标准的实验研究》一文的结论，16焦耳/平方厘米的断面比动能是弹丸穿透皮肤的最小值，也就是说，比动能为1.8焦耳/平方厘米的枪支所射弹丸根本不能穿透皮肤。因此，本案中所涉及枪支不具有严重的杀伤力，陈某某买卖枪支的行为也不具有严重的社会危害性。

2. 被告人陈某某平时表现良好，是初犯、偶犯。

3. 被告人陈某某归案后，主动交代犯罪事实，认罪悔罪态度较好。

（三）本案所扣押的被告人及其家人的共同财产，不是犯罪所得、与本案无关的，应当予以退还

本案侦查阶段，公安机关扣押冻结了大量陈某某及其家人的财产，有房产、有银行账户内的现金、有车辆。根据本案卷宗内的被告人供述及证人证言以及庭审查明的事实，陈某某及家人多年从事五金生意，积累了一定的财富，其与家人共同出资所购买的房产和积累的现金，不能因为陈某某的一次犯罪就将其合法获取的财产化为乌有。

且《刑法》第125条“非法制造、买卖、运输、邮寄、储存枪支、弹药、爆炸物的”并没有并处罚金或没收财产的附加刑的处罚，根据罪刑法定的刑法原则也不能对其合法获取的财产予以没收或处以罚金。依据《刑事诉讼法》的规定，庭审查明与案情无关的扣押财产，应当在3日内解除扣押。不然，该被扣押财产将处于被侦查机关非法扣押的侵权状态。

三、裁判观点

关于辩护人提出买卖枪支的数量应以实际鉴定的数量作为量刑依据的辩护意见，经法院查实，本案被告人交易的枪形物品均不是制式枪支，采用抽样鉴定的方法不能确定同类型的枪形物品为枪支的结论，辩护人的该项辩护意见法院予以采纳。陈某某仅出售过仿真手枪，公诉机关指控的长枪均不应认定为陈某某出售。其中曲某案中，曲某贩卖枪支数量经生效判决确认，且陈某某只认可向曲某贩卖 M3.8 型号的仿真枪，该桩指控中贩卖枪支的数量只能确定为 1 支；罗某案中，经鉴定确认的枪支数量为 9 支，公诉机关指控 10 支不实；王某案中，经鉴定“送检枪支是以气体为动力的仿真气手枪”，依此结论，该桩指控的“枪支”实为仿真枪，应当不予认定；何某案中，只应认定陈某某出售了手枪 2 支，另外 8 支经鉴定为步枪，不应认定为陈某某出售；王某案中，只应认定陈某某出售了 3 支手枪；陈某某仓库案中，M1911 型号抽样鉴定 1 支，M3.8 型号抽样鉴定 1 支，本桩指控只应认定 2 支。关于陈某某未出售过长枪的辩护意见法院予以采纳；此外，曲某案中曲某贩卖的枪支数量经生效判决确认，陈某某辩护人的辩护意见法院予以采纳；罗某案、何某案的辩护意见有其合理性，但该两桩指控法院未予确认。王某案、陈某某仓库案其辩护意见经查属实，法院予以采纳。

四、办案心得

多起指控的犯罪中，要耐心细致地将对应每一起指控的证据进行梳理，找出其矛盾、瑕疵、不足之处，用“案件事实清楚，证据确实充分，能够排除一切合理怀疑”刑事证明标准去说服审判人员，以期达到还原事实真相，对被告人罚当其罪的判决结果。

（一）重视证据审查，对于孤证或证据之间相互矛盾的地方尤其要重视

在与被告人多次沟通交流中，被告人陈述了未经营过“长枪”，即起诉书中所指控的气步枪。辩护人经仔细阅卷，发现所涉气步枪的指控证据中存在诸多问题：被告人供述与其他涉案人员的供述、证言相矛盾，陈某某库房中搜查、扣押物品清单中并没有该类枪型物品，枪支鉴定意见中没有对每支枪支分别列出最基本测试数据表和测试报告，同一个鉴定机构在相隔一个多月

对同一枪型物品得出两份不同的鉴定报告,《鉴定意见通知书》未完全对被告人进行告知以致剥夺了被告人申请重新鉴定权利，扣押物品时间与《扣押物品清单》制作时间不一致，没有发货清单、货运单据、付款凭证佐证等。在法庭调查的举证质证阶段、法庭辩论阶段，辩护人从不同角度充分阐述了上述辩护意见，最终被审判机关采纳。

公诉机关其他指控中，因庭前的充分准备，对控方证据的仔细梳理，开庭时辩护人也充分发表了意见，法院判决书基本予以采纳。

（二）熟悉掌握控方的证据体系，以彼之矛，攻彼之盾

对被告人涉嫌买卖枪支有 8 起指控，涉及的枪支数量为 249 支，如该涉枪数量被认定，依据《刑法》第 125 条及最高人民法院《关于审理非法制造、买卖、运输枪支、弹药、爆炸物等刑事案件具体应用法律若干问题的解释》第 2 条的规定，被告人将被处以重刑。对于此类涉案时间长、地域广、人数多，卷宗数量较大，证据繁杂的刑事案件，刑辩律师现阶段无力改变的“侦查中心主义”“案卷笔录中心主义”，刑事辩护还是要着眼于案卷，善于以彼之矛，攻彼之盾。

刑事诉讼“排除合理怀疑”的证明标准远高于民事证据“高度盖然性”的证明标准。当然排除合理怀疑的证明并不排除所有的可能性，而是排除那种没有根据的可能性，排除合理怀疑的证明要求我们对指控的犯罪事实形成内心确信，深信不疑，在存在合理怀疑时，应当作出有利于被告人的认定结论。本案中，辩护人对公诉机关 8 起指控的辩护观点基本被法院采纳，并将被告人所涉买卖枪支的数量从指控的 249 支，最终认定为 14 支，就是从控方的证据体系着眼，精细化地梳理及分析证据，从而达到有效辩护、维护被告人权利的效果。

（三）除了案件本身的事实、证据、法律的辩护外，刑辩律师应重视收集其他法院的同类判决，收集相类似案件的学术论文、新闻报道，作为相关材料向法庭提交，以佐证自己的辩护意见

该案办理过程中，辩护人向法庭提交了2008年第2期《福建警察学院学报》刊登的《非制式枪支杀伤力标准的实验研究》一文，以及《南方都市报》2015年5月22日题为《男子买仿真枪被判走私武器罪申请用所买物“枪决”自己》的报道，以证明：我国以1.8焦耳/平方厘米作为认定枪支的标准过于严厉，陈某某所涉案的枪支打击力度较小，其社会危害性相对较轻。虽然我国不是判例法国家，学术论文或新闻报道也不能作为案件证据使用，但作为辩护人，应穷尽一切合法途径维护被告人的合法权益。

（四）鉴定意见的审查要点

本案凭以定罪的关键证据就是对于涉案枪支的鉴定意见。辩护人在本案中能取得良好辩护效果的着眼点也就在于对鉴定意见的审查，对于鉴定意见，审查时应当做到以下几点。

1. 审查鉴定意见的形式要件：手续、委托资料是否齐全；是否注明受理日期及委托事项；是否列明鉴定依据；是否注明鉴定及论证过程；是否有明确的鉴定意见；是否注明鉴定机构并盖章；是否注明鉴定文书的出具日期；是否附有鉴定人、鉴定机构的资质证明材料；鉴定意见书附件是否齐全等。

2. 审查鉴定机构、鉴定人资质及鉴定的实施过程：鉴定机构是否具有法定资质及资质是否在有效期内；鉴定人是否具有法定资质及资质是否在有效期内；鉴定人数是否达到法定标准；鉴定项目是否属于鉴定机构、鉴定人的业务范围；鉴定人是否违反回避规定；鉴定人是否直接参与鉴定活动。

3. 审查检材的来源、取得、保管、送检：过程是否合法；鉴定对象与送检材料、样本是否一致；鉴定检材的取样数量是否达到相关要求或检材是否完整；重点审查无原物、无实物的鉴定；审查检材是否具备重新鉴定的条件。

4. 审查鉴定程序、过程和方法：受理鉴定的程序是否合法；鉴定取样的

程序是否合法；是否进行前置鉴定；鉴定方法是否合法；送检时间是否符合法律规定；委托程序是否合法；鉴定基准日的选择是否准确；鉴定时间是否超过期限；重新鉴定是否符合法律规定。

5. 审查鉴定依据：鉴定标准分类；鉴定方式。

6. 审查鉴定意见的送达。

7. 审查鉴定人应当出庭作证而未出庭作证的鉴定意见。

8. 审查鉴定意见的证明力：鉴定意见的结论与待证事实是否具有关联性；检材、样本与案件是否存在关联性；鉴定意见与其他在案证据是否存在矛盾。

9. 熟练掌握常用鉴定相关法规，例如，最高人民法院《关于适用〈中华人民共和国刑事诉讼法〉的解释》、《公安机关办理刑事案件程序规定》、《公安机关鉴定规则》、《人民检察院鉴定机构登记管理办法》、《物证类司法鉴定执业分类规定》、《司法鉴定人登记管理办法》、《司法鉴定程序通则》等。

作者简介

王 松

贵达律师事务所专职律师，贵州大学法律硕士，贵州省法学会诉讼法学会常务理事、刑法学会理事。2010年执业至今，办理过多起重大疑难刑事案件：六盘水市李某某跨国走私毒品案、开阳花梨帮涉黑案、福泉市马场坪76吨炸药爆炸案、“贵阳地下军火库”案等。2012年至2016年先后四次获评贵阳市优秀律师，先后担任多家政府机构、企事业单位、外省市驻贵阳分支机构法律顾问。

4. 通过排除伤情司法鉴定书使重罪变更为轻罪

——金某某被控故意伤害罪改为聚众斗殴罪并获缓刑处理案

【辩护思路】通过认真细致的阅卷工作，辩护人发现现有刑事诉讼证据中存在矛盾及疑点，基于此，排除被害人重伤的伤情司法鉴定意见，并合理确定辩护方案，最大限度维护当事人合法权益，在重罪与轻罪间作出对当事人最有利的选择，通过轻罪辩护和降档量刑辩护以争取被告人缓刑处理结果。本案辩护人的总体辩护方案是通过排除某医学院法医司法鉴定中心鉴定意见书重伤二级的鉴定意见，力争被告人从被诉的重罪故意伤害致人重伤变更为轻罪聚众斗殴罪，通过罪轻降档辩护以争取被告人缓刑处理结果。

一、基本案情

2014年1月6日，G省C县B镇鼠场工业园区工人张某前、张某1、张某2与另一施工工地刘某锦、金某某等人因现场施工道路通路权发生纠纷，双方持钢钎、木棒、伸缩棍等工具互殴，张某前、张某1、张某2被刘某锦、金某某等人打伤，经法医鉴定，张某前伤情评定为重伤二级，张某1伤情评定为轻伤二级，张某2伤情为轻微伤，刘某锦伤情为轻微伤。C县人民检察院以刘某锦、金某某涉嫌故意伤害致人重伤提起公诉。

法院经审理后认为，被告人金某某持械聚众斗殴，应当处3年以上10

年以下有期徒刑，考虑到二被告人案发后主动到公安机关投案，到案后如实供述自己的犯罪事实，系自首，依法可从轻或减轻处罚；二被告人与被害人自愿达成和解协议，积极赔偿被害人的损失，取得被害人的谅解，依法从宽处罚；本案的引发被害人有一定过错，相应减轻二被告人的责任。据此，根据二被告人的犯罪性质、情节和对社会的危害程度，依照相关法律规定判决：被告人金某某犯聚众斗殴罪，判处有期徒刑 2 年，缓刑 3 年。该判决已生效。

二、辩护意见

（一）没有充分的证据证明被害人张某前、张某 2、张某 1 的伤害是本案被告人造成，由被告人金某某来对全部伤害承担责任，不符合客观事实，也不公平

被害人张某前自述，其不清楚其伤情是用何种工具造成的，也不清楚具体施暴者是谁。同时，结合刘某的证人证言、被害人张某 1 的陈述，现场还有其他人用石头、泥巴等其他东西在攻击、互殴。因而本案中产生的伤害是多人混战互殴造成的，没有充分的证据证明张某前的伤情就是由本案被告人造成。如果仅是参与群殴就当然对产生伤害的结果承担全部责任，那么应当追究本案中所有参加的人的刑事责任，否则就会导致一部分人受到处罚，一部分人逍遥法外。故由被告人金某某来对全部损害结果承担责任，不符合客观事实，也不公平。

（二）G 医司法鉴定中心〔2014〕临检字第 ×××× 号鉴定意见书（以下简称鉴定书）存在多处疑点，不能排除合理怀疑，对该份证据应予以排除

1. 鉴定书第一页第三项检验过程所记载，张某前因“右眼被刀伤 2 月，自诉视物不清”于 2014 年 3 月 27 日就诊。依据该记录证实本次张某前鉴定的伤情是因刀伤所致。而结合本案卷宗材料证实，被告人与被害人发生冲突时没有任何人持有刀具参与互殴，因此不排除张某前是因其他纠纷导致其再次受伤，因此该份鉴定书所鉴定的伤情与本案无关。

2. 本案发生于 2014 年 1 月 6 日，当时被害人张某前已经前往医院救治，应当有就诊病历等资料，但是鉴定书是依据 2014 年 3 月 27 日张某前就诊病历资料为依据而进行鉴定，因此不排除张某前因其他纠纷导致其再次受伤住院，故本次司法鉴定意见书不能客观证实张某前在本案发生时的伤情情况，也不能排除是因张某前不及时治疗导致伤情加重的可能。

3. 依据 G 医司法鉴定中心未出庭而出具的书面意见，鉴定意见是根据张某前提供的资料和陈述作出的，而其提供的资料并不完善，陈述不客观，导致鉴定书结论不能客观反映张某前的受伤情况。

4. 在有上述诸多疑点的情况下，法院通知被害人张某前重新鉴定，但是被害人张某前却百般推脱，拒绝重新鉴定，导致重新鉴定不能进行，应当不予采信该鉴定意见。

综上所述，鉴定书不能真实反映被害人张某前的伤情，并且被害人张某前不配合人民法院对其伤情进行重新鉴定，导致其受伤情况无法确定，因此，被告人金某某不应对鉴定书确定的张某前所受伤为重伤二级的伤情承担刑事责任，根据“疑罪从无、疑罪从轻”的刑事司法政策，应对被告人改判为聚众斗殴罪。

（三）关于对被告人金某某的量刑意见

被告人金某某具有以下从轻或减轻处罚的量刑情节，对其减轻或从轻处罚不会造成社会矛盾，建议合议庭对其免除处罚。

1. 被告人金某某具有自首情节

本案 1 月 6 日发生后，被告人金某某在侦查机关通知去调查时就交代了参与打架的事实，1 月 8 日本案才正式立案，后 9 月 22 日被刑事拘留。因此，根据最高人民法院《关于处理自首和立功具体应用法律若干问题的解释》、最高人民法院《关于处理自首和立功若干具体问题的意见》的规定，依法属于自首，并且公安局也出具说明，被告人金某某系自首，依法应当减轻处罚。

2. 被告人金某某积极赔偿被害人，取得谅解，消除社会危害后果

在本案发生后，被告人金某某已认识到自己的过激行为给被害人及其家属带来了严重的伤害，为了弥补自己的过错，被告人已超出法律规定标准赔付被害人106,000元。双方家属已于2014年11月17日达成刑事和解协议书，并已于当天交接完毕。根据《G省高级人民法院〈人民法院量刑指导意见（试行）〉实施细则》第21条“对于积极赔偿被害人经济损失的，综合考虑犯罪性质、赔偿数额、赔偿能力等情况，确定从宽的比例。积极赔偿被害人全部经济损失的，可以减少基准刑的30%以下”之规定，应当将量刑减少基准刑的30%以下。

此外，被害人自愿书面谅解了被告人金某某的过错，辩护人认为被告人在家庭条件十分困难的情况下积极赔偿，悔过表现很好，并且依据《G省高级人民法院〈人民法院量刑指导意见（试行）〉实施细则》第22条“对于取得被害人或其家属谅解的，综合考虑犯罪的性质、罪行轻重、谅解的原因以及认罪悔罪的程度等情况，可以减少基准刑的20%以下”之规定，应当将量刑减少基准刑的20%以下，因此请求有关司法机关对金某某从宽处理。

3. 被害人张某1、张某前、张某2对本案的发生有严重过错，也应承担相应的责任，依法应减轻被告人的责任

依据本案证据材料证实是被害人因车辆道路通行问题故意堵住被告人工友简某某驾驶的车辆，后双方发生争执，被害人张某1、张某前、张某2等人首先使用钢钎、木棒、伸缩棍打简某某、刘某锦。因此被害人对本案的发生负有直接责任，具有严重过错。依据《G省高级人民法院〈人民法院量刑指导意见（试行）〉实施细则》第19条“对于被害人有过错或对矛盾激化负有直接责任的，综合考虑犯罪的性质，被害人对法律规范、伦理道德、善良风俗的背离程度，以及促使被告人实施加害行为的关联程度等情况，确定从宽的比例。被害人对犯罪发生有严重过错的，可以减少基准刑的30%以下”之规定，应当将量刑减少基准刑的30%以下。

4. 被告人金某某认罪态度好，主观罪过较轻，本次犯罪系初犯，偶犯，之前从未受过刑事处罚，应当对其从轻处罚

被告人金某某上有老下有小，其工作收入是家庭生活支出的主要来源。依据最高人民法院《关于贯彻宽严相济刑事政策的若干意见》第 16 条“对于所犯罪行不重、主观恶性不深、人身危险性较小、有悔改表现、不致再危害社会的犯罪分子，要依法从宽处理。对于其中具备条件的，应当依法适用缓刑……”和第 19 条“对于较轻犯罪的初犯、偶犯，应当综合考虑其犯罪的动机、手段、情节、后果和犯罪时的主观状态，酌情予以从宽处罚……依法应当予以刑事处罚的，也应当尽量适用缓刑或者判处管制、单处罚金等非监禁刑”之规定，依法应当对被告人金某某从轻处罚。

综上所述，本案伤害是多人混战造成的，没有证据证明系由本案被告人造成，由被告人金某某来对全部伤害后果承担责任，不符合客观事实，也不公平。且关键证据鉴定书存在诸多疑点，不能排除合理怀疑，被告人金某某不应对鉴定书确定的张某前所受伤为重伤二级的伤情承担刑事责任，根据“疑罪从无、疑罪从轻”的刑事司法政策，应对被告人金某某改判为聚众斗殴罪，并且被告人金某某具有自首、积极赔偿被害人损失，并取得被害人的谅解，有明显悔罪表现，平时表现良好，本次犯罪是初犯、偶犯等多种从轻或减轻处罚的情节，请合议庭考虑上述情况，考虑惩罚与教育相结合的刑罚效果，对被告人金某某免予处罚，给其一个改过自新的机会。

三、裁判观点

聚众斗殴罪是指为了私仇、争霸一方或者其他不正当目的，纠集多人成帮结伙的互相殴斗的行为，综观全案指控的事实，被告人刘某锦、金某某等人与被害人张某前、张某 1 等人因车辆通行发生纠纷，双方没有通过正当途径寻求相关部门解决纠纷，而是通过暴力的方式解决矛盾，本案被告人刘某锦、金某某等人积极参与斗殴，导致被害人张某前、张某 2、张某 1 等人受

伤，被告人刘某锦、金某某参与斗殴的事实清楚，在斗殴中属于积极参加者，二被告人的行为符合聚众斗殴罪的构成要件。被害人张某前的损伤经某法医司法鉴定中心作出鉴定书，鉴定属重伤二级，依照《刑法》第 292 条第 2 款的规定，聚众斗殴致人重伤的转化为故意伤害罪，公诉机关以故意伤害罪对被告人刘某锦、金某某定罪处罚。经法院审查，该鉴定意见具有一定瑕疵，须结合其他证据相互印证才能充分认定，且二被告人在聚众斗殴中属于积极参加者而不是首要分子，不应转化为故意伤害罪，因此，应当以聚众斗殴罪对二被告人定罪处罚。公诉机关指控犯罪的事实清楚，证据确实、充分，但指控的罪名不成立，法院不予确认，对被告人刘某锦、金某某的行为应当以聚众斗殴罪定罪处罚。

针对辩护人提出的鉴定书不予认定的辩护意见，法院予以采纳，对被告人金某某具有自首情节，系初犯、偶犯，积极赔偿被害人的损失，取得被害人谅解，被害人方有过错，应从轻或减轻处罚的意见予以采信。

四、办案心得

（一）积极与被害人亲属沟通协商赔偿事宜，尽力取得被害人书面谅解并达成和解协议

对于故意伤害案件，特别是对犯罪事实基本清楚即被告人确实有伤害行为，被害人所受伤达到轻伤及以上的刑事案件，要协调被告人家属与被害人家属达成谅解，积极化解双方的矛盾，为接下来的审查起诉及法院审理工作打下坚实的基础。

（二）通过仔细地阅卷以及多次会见了解有利于当事人的案件事实，并及时与承办人进行沟通，提出辩护意见

辩护人接受委托后，通过仔细阅卷以及多次会见当事人了解到以下有利

事实：（1）双方发生口角后被害人一方先动手打被告人一方工友导致双方发生互殴；（2）根据被害人陈述、被告人供述及证人证言证实案发现场没有任何人使用刀具或锐器互殴，但鉴定意见书记载张某前因“右眼被刀伤2月，自诉视物不清”，该证据存在重大疑点；（3）案发当天被告人接到出警人员通知就前去配合调查并如实交代整个案发过程，而本案立案时间为案发后第三天，应当认定被告人为自首；（4）本案发生于2014年1月6日，当时被害人张某前已经前往医院救治，应当有就诊病历等资料，但是鉴定书是以2014年3月27日张某前就诊病历资料为依据而进行鉴定，因此鉴定意见书依据的鉴定材料有重大瑕疵。了解到上述情况后辩护人多次前往C县人民法院，积极与主审法官就鉴定意见书存在疑点与矛盾等问题进行沟通交流，并及时申请法院重新鉴定。主审法官采纳辩护人意见要求张某前配合司法鉴定机构重新鉴定，但被害人拒不配合，后辩护人申请鉴定人员出庭，但鉴定人员也未出庭，只提交书面意见承认鉴定意见主要是根据张某前提供的资料和陈述作出的，由此辩护人成功说服主审法官对该份鉴定意见不予采信，并予以排除。

（三）梳理辩点、确定辩护方案

辩护人对本案事实及证据进行详细梳理后，认为某医学院法医司法鉴定中心作出鉴定书应当予以排除，被告人的行为不应以故意伤害罪定罪而应改为聚众斗殴罪，并提出被告人具有自首、积极赔偿、达成和解协议，被告人有过错等减轻和从轻处罚的量刑意见，最终合议庭基本采纳辩护人的辩护意见，达到了总体的辩护效果，实现了当事人利益最大化。

（四）聚众斗殴罪与故意伤害罪的区分

《刑法》对故意伤害罪除第234条的基本规定外，另有第234条之一、第238条、第247条、第248条、第289条、第292条、第333条针对几种特定犯罪行为致人重伤（或者伤残）的情形，明文规定依照《刑法》第234条的规定定罪处罚。根据《刑法》规定，聚众斗殴的首要分子应当对全部犯罪承担刑事责任；在聚众斗殴中出现致人重伤的结果时，应当以故意伤害罪定罪处罚。本案中，重伤鉴定意见是公诉机关定性的核心证据，要想实现轻罪辩护效果，被害人的伤情鉴定意见是辩护人证据审查的重点。

鉴定意见应详细载明鉴定及论证过程。鉴定过程应当客观、真实、清晰地描述鉴定活动发生的过程，包括鉴定人员、鉴定地点、鉴定内容、鉴定方法、鉴定材料的选取、使用及采用的技术标准、技术规范或者技术方法等。在具体审查时，应该结合以上要素核实鉴定程序是否违反规定、鉴定过程和方法是否符合相关专业的规范要求，如果违反前述要求，则相关鉴定意见不得作为定案证据。

本案中，辩护人针对鉴定意见检材的选取存在的问题提出针对性意见，就本案检材的来源、取得、保管、送检是否符合法律、有关规定，与相关提取笔录、扣押清单等记载的内容是否相符（在案证据材料显示本案双方打斗过程中并未使用刀具），检材是否可靠（鉴定机构鉴定所依据的病历非被害人案发后第一时间的诊疗记录）一一提出质证意见，直接取得本案因鉴定意见存在瑕疵且无法作出补正或合理解释，而使本案关键性证据得以排除，实现轻罪辩护的效果。

此外，值得思考与注意的是，对因聚众斗殴造成的重伤或死亡结果，是对聚众双方均实行转化定性，还是根据在案证据等因素实行单方面转化定性？在对本方人员并无伤害的故意，但最终斗殴致使本方人员重伤结果发生的情况下，聚众斗殴的首要分子和其他积极参加者应否构成转化型故意伤害罪？

一种观点认为，根据《刑法》关于聚众斗殴首要分子或积极参加分子承担刑事责任的原则以及《刑法》第 292 条第 2 款的具体规定，作为邀约者，应对斗殴行为导致本方成员重伤承担故意伤害罪的刑事责任。因此，聚众斗殴双方都应对致一人重伤的结果进行转化定性。另一种观点认为，因该邀约者在聚众斗殴中没有加害本方人员的主观故意，因此亦不应对本方人员的重伤后果承担故意伤害罪的刑事责任，也即仅应构成聚众斗殴罪。

总之，对于此类案件与被害人亲属进行沟通取得谅解是关键，也是争取缓刑判决的基础条件，同时辩护人需要仔细阅卷，并对定罪量刑有关键作用的证据更需要仔细阅卷，从而发现单份证据或证据与证据之间存在的矛盾和疑点，对这些存在重大疑点的证据要发扬穷追不舍的精神，积极与案件承办人沟通，积极按法律规定正当使用辩护律师的调查权、申请重新鉴定、申请证人或鉴定人出庭作证的诉讼权利，一步步让案件承办人内心确信这些存在重大疑点或矛盾的证据不能采信，从而达到辩护的效果，同时要全程辩护、全面辩护、精细化辩护，在诉讼各阶段要主动，有理、有据地提出辩护意见。

作者简介

黄　俊

贵达律师事务所合伙人、专职律师，贵州省法学会矿产资源法学研究会常务理事，主要执业方向为刑事辩护、民商事纠纷解决等。

令狐昌勇

贵达律师事务所合伙人、专职律师，贵州大学法学学士。贵州省法学会矿产资源法学研究会常务理事，贵州省法学会企业法治与发展研究会理事，贵州省企业联合会劳动仲裁维工委委员。

5. 如何结合犯罪构成要件审查在案证据实现无罪辩护

——雷某某被控寻衅滋事罪、敲诈勒索罪获不起诉处理案

【辩护思路】辩护律师对案卷材料进行反复的探索、研究后，发现指控当事人构成犯罪的证据严重不足。结合当事人的无罪辩解和意愿，辩护人最终确定采取无罪辩护方案。本案辩护人的总体辩护方案是通过结合犯罪构成要件审查在案证据，对行为人的行为性质予以认定，并在此基础上作无罪辩护，以争取到公安机关撤案、检察院不起诉或法院判决无罪的处理结果。在辩护人通过书面、口头方式与公诉机关多次、紧密的意见交换后，公诉机关最终采纳了辩护律师意见，作出不起诉决定，取得良好的办案效果。

一、基本案情

2015年2月3日23时许，被害人田某以及杨光某、薛某等人在B县步行街A酒吧喝酒期间，田某打电话辱骂雷某某，雷某某被骂后感到非常气愤，于是驾车来到该酒吧找田某算账。雷某某持刀进入酒吧看见田某后，直接将手中砍刀抽出朝田某砍去，导致田某的手指被刀划伤（未达轻伤）。其间，在场的杨光某和薛某看见田某受伤后立即上前进行劝解，在双方纠缠持续十余分钟后，田某与犯罪嫌疑人雷某某走出酒吧，到旁边电信局后面停车场内谈话。双方谈话结束走出停车场之际，在场的杨光某因劝解一事又与雷某某发生口角，

雷某某遂被杨光某安排并埋伏于附近的杨某某等人追砍，导致雷某某脸部被砍伤。当晚雷某某被送至该市人民医院抢救治疗。经鉴定，雷某某所受伤情达到轻伤标准。同案犯雷某人知道哥哥雷某某被他人砍伤后驾车四处寻找田某、杨光某等人的下落。同时持钢管到田某开设的房地产开发公司售楼部进行打砸，导致售楼部大门及售房沙盘模型不同程度受损。次日凌晨，雷某人知道雷某某伤情后，便打电话给田某，并告知田某如果不出面解决此事就要对其施加伤害。随后田某多次通过中间人刘某与雷某某进行协商和谈，最终经双方协商决定，由田某拿200万元（实际支付100万元）给雷某某作为其被砍伤的赔偿，雷某某获得赔偿后出具谅解书对杨光某等人砍伤自己的行为进行谅解。

上述两案件经过6年后，公安机关认为雷某某持刀在公共场合随意殴打、挑衅他人，其行为构成寻衅滋事罪；此外，雷某某以自己被砍伤为由强迫田某赔偿200万元，其行为构成敲诈勒索罪，遂对雷某某及其弟雷某人进行立案侦查，并将雷某某、雷某人刑事拘留。

该案经过检察机关两次退回侦查机关补充侦查后，辩护人提出的大部分意见被采纳，最终审查认定“侦查机关认定雷某某的犯罪事实不清、证据不足，本案现有证据难以认定雷某某的行为符合寻衅滋事罪、敲诈勒索罪的构成要件，不符合起诉条件，决定对雷某某不起诉”。

二、辩护意见

（一）雷某某的行为不符合寻衅滋事罪的构成要件，不构成犯罪

辩护人认为被告人雷某某的行为不构成寻衅滋事罪，具体理由如下。

1. 在主观方面，雷某某不具有寻衅滋事罪所要求的寻求刺激、发泄情绪、逞强好胜、无事生非等不良动机

最高人民法院、最高人民检察院《关于办理寻衅滋事刑事案件适用法律若干问题的解释》第1条规定：“行为人为寻求刺激、发泄情绪、逞强耍横等，无事生非，实施刑法第二百九十三条规定的行为的，应当认定为‘寻

衅滋事’。行为人因日常生活中的偶发矛盾纠纷，借故生非，实施刑法第二百九十三条规定的行为的，应当认定为‘寻衅滋事’，但矛盾系由被害人故意引发或者被害人对矛盾激化负有主要责任的除外……”因此可以看出，从主观动机来看，仅当行为人实施的殴打、追逐、辱骂等行为是在无事生非、借故生非的流氓动机支配下进行时，才能将此类行为认定为寻衅滋事行为。

本案中，雷某某持刀到A酒吧伤害田某属于事出有因，不符合寻衅滋事罪在主观方面的要求。雷某某持刀到A酒吧找寻田某，是因为田某在杨光某、薛某表示可以为其撑腰出头的情况下蓄意电话辱骂、挑衅雷某某，雷某某被激怒的情况下所做出的不理智行为，法律不能强人所难，不能要求一个正常人在受到他人辱骂挑衅的时候保持绝对的理智。而田某也正是在了解雷某某性格，知道雷某某被骂后必然会到现场的情况下所实施的有预谋的挑衅，因此雷某某到现场的主观动机是基于常理常情的正常反应，并非寻衅滋事罪中所要求的无事生非、借故生非。

综上所述，雷某某之所以针对田某实施伤害行为，是由于田某的恶意挑衅所引发，因而田某对矛盾的激化负有主要责任。根据最高人民法院、最高人民检察院《关于办理寻衅滋事刑事案件适用法律若干问题的解释》第1条之规定，雷某某的行为应当属于司法解释规定的但书情形，不宜将其行为认定为犯罪。

2. 在客观方面，雷某某攻击的对象特定，并未侵害寻衅滋事罪保护法益

从寻衅滋事罪在我国《刑法》分则中的定位来看，该罪位于《刑法》分则第六章第一节中，而第六章是关于妨害社会管理秩序的犯罪，因而该章节中的法条所保护的法益为社会管理秩序，而第一节扰乱公共秩序罪则进一步明确了在此节之中的法条所保护的法益为社会管理秩序之中的公共秩序，因此倘若行为并未扰乱公共秩序便不能成立寻衅滋事罪。基于此，从犯罪对象的选择来看，寻衅滋事罪的犯罪对象一般是不特定的社会公众，只有针对不特定社会公众实施随意殴打、追逐、辱骂等行为才能引起公共秩序的混乱。而本案中，雷某某在实施行为之前，对行为对象的选择非常明确，不具有殴打

不特定人从而导致公共秩序混乱的主观故意，也并未实施针对不特定人的殴打行为。这一点可以从田某本人以及薛某，在场的两位女子裴某、夏某的证人证言中得以证实：雷某某进入A酒吧后，持刀砍向的对象仅针对田某，并没有针对其他不特定人。据此，雷某某的行为并没有造成公共秩序混乱的可能，不符合寻衅滋事罪所预设的行为类型，不会对寻衅滋事罪的保护法益造成侵害。

综上，雷某某的行为不符合寻衅滋事罪的犯罪构成。同时，侦查机关在侦查阶段是按照黑恶势力案件的方向侦查雷某某及雷某人涉嫌的犯罪，侦查力度大、范围广。但是经长达10个月的侦查，并未发现雷某某有涉嫌其他犯罪或有新的违法犯罪。事发至今已6年半，其行为造成的不良影响也已经消失殆尽，且本案的发生以田某故意激化矛盾为前提，雷某某相比其他主动、多次、无事生非挑起事端的行为而言，其行为产生的社会危害性、主观恶意性都要小得多。如法院经过审查，仍认为雷某某的行为构成寻衅滋事，辩护人建议法院根据《刑法》第13条但书“情节显著轻微危害不大的，不认为是犯罪”之规定以及宽严相济刑事政策，从有利于减少社会对抗，促进社会和谐稳定角度考虑，对雷某某寻衅滋事一案不作犯罪处理。

（二）雷某某并未以威胁或要挟方法向田某索要财物，不构成敲诈勒索罪

敲诈勒索罪是指以非法占有为目的，以威胁或者要挟方法，强行索取公私财物，数额较大的行为。主观方面表现为直接故意，具有非法占有他人财物据为己有的目的，客观方面表现为行为人采用威胁、要挟、恫吓等手段，迫使他人交出财物的行为。具体到本案中，认定雷某某和雷某人构成敲诈勒索罪的事实不清、证据不足，且二者并未实施敲诈勒索行为，因此不能认定二人构成敲诈勒索罪。

1. 在案证据不足以认定雷某某与雷某人构成敲诈勒索罪

（1）雷某某被砍伤后，雷某人向田某实施威胁行为的事实不清，证据不足

据田某证词，其在雷某某被砍伤后，被雷某人威胁4次，时间节点在事

发后3天左右。一次是事发当天晚上雷某人去打砸售楼部；一次是事发次日接到雷某人电话恐吓说要杀了田某；一次是事发后3天内，雷某人曾持刀到售楼部找田某；一次是事发后雷某人持刀到 × 家找田某。田某所述的以上事实，关于事发当天晚上雷某人去打砸售楼部及次日雷某人打电话给田某的事实，辩护人无异议，但没有证据显示雷某人实施该行为是以勒索财物为目的。关于雷某人持刀到售楼部及 × 家里找田某的事实，现有证据不足以证实。经侦查机关寻找多个当时在售楼部上班的证人进行调查，并未发现有雷某某曾持刀到售楼部找田某的事实。

（2）雷某人打砸售楼部、言语攻击田某等行为与雷某某实际获得赔偿之间具有刑法上因果关系的证据明显不足

综观全案材料，没有证据能证明案发时至田某赔偿雷某某的期间，雷某某实施过任何威胁、恐吓的行为强迫田某赔偿其200万元，也没有证据证实雷某人曾向田某表达过索要财物的意思。且据田某第三次笔录所述："威胁持续的时段及节点具体我不记得，大概在事发后3天左右，我到医院看雷某某以后，雷某人就再也没有对我进行威胁""出院后，是我约雷某某协商，也谈过多次，过程中雷某某没有提出要500万元""雷某某协商过程中没有提及雷某人威胁我的情况。"这些证言能证明田某亲自找到雷某某协商的过程中，雷某人未参与也未实施任何威胁行为，也能证明是田某主动找雷某某协商而雷某某未实施威胁行为；且田某与雷某某达成赔偿金额共识的时间是在2015年4月中旬，距雷某人打砸售楼部、言语攻击田某等行为已经两个月有余，不足以达到使田某产生恐惧心理进而交付财物的程度。

（3）认定田某基于受到胁迫而交付财物的事实不清、证据不足

本案中间人刘某作为关键证人已死亡，导致协商的过程无法查清，进而无法查清田某是自愿主动赔偿还是因为被威胁而赔偿。刘某是田某安排找雷某某协商和解的说客，刘某应该知晓田某是基于什么目的和原因主动找雷某某求和。如无法查清田某给付财物究竟是属于自愿协商赔偿的民事行为还是被敲诈勒索导致，根据"存疑有利于被告"的原则，应认定田某给付钱财的

行为属于履行民事赔偿责任而非因基于恐惧交付钱财。而且可疑的是，如果田某赔偿200万元是因为被敲诈勒索，事发至今5年以上，这期间，田某为什么不报案？为什么本案要在5年后中间人刘某死亡了才立案侦查？因此可以认为，认定田某基于受到胁迫而交付财物的事实不清、证据不足。

2. 雷某某及雷某人的行为不符合敲诈勒索罪犯罪构成

（1）雷某某及雷某人的行为不具备敲诈勒索罪中“以非法占有为目的”的主观特征

起诉意见书概述“犯罪嫌疑人雷某某明知砍伤自己的人不是田某，砍伤自己的这件事也已经公安机关等司法部门介入调查处理，砍伤自己的人也被抓获归案的情况下收取了田某200万元”与客观事实不符。直接砍伤雷某某的虽然不是田某本人，但是通过本案已查明的事实可知，2015年2月3日晚上，田某、杨光某等人在A酒吧喝酒，过程中田某得知杨光某、薛某会为其撑腰出头后，就故意打电话辱骂挑衅雷某某，让雷某某去A酒吧找田某，接着在A酒吧附近的电信局门口雷某某被杨光某叫来的人埋伏砍杀。事后，田某主动找人协调求和，并为杨光某聘请辩护律师辩护，为杨光某进行民事赔偿获取谅解书。基于上述事实，在当时的情形下，雷某某有足够的理由相信和认为其被故意伤害是田某安排指使的，故才愿意与田某协商调解和接受田某的赔偿。

基于前述理由，雷某某就其被伤害一事答应与田某协商赔偿是一项正常行使自身民事权利的行为，其与田某协商的过程是一个民事谈判的过程，而不是敲诈勒索的过程，田某主动提出赔偿200万元是自愿的民事行为，且赔偿金额的大小是双方基于意思自由的情况下所作的真实意思表示，法律并不禁止，故雷某某不具备非法敲诈他人财产的主观故意。

（2）雷某某、雷某人的行为不符合敲诈勒索罪中“以威胁、要挟手段，强索公私财物”的客观要件

成立敲诈勒索罪的客观行为要件应当符合以下几个特征：采用威胁、要挟手段；威胁、要挟的内容足以引起被威胁、要挟的人内心恐慌、惧怕；被

胁迫者因之处分了财产，将财物交予威胁、要挟者。本案中，雷某某、雷某人的行为不符合敲诈勒索的客观行为要件。理由在于：

首先，雷某人实施的上述行为与雷某某获得田某的赔偿不具有刑法上的因果关系。雷某人实施打砸售楼部、电话恐吓行为的目的仅是因为自己的同胞哥哥被砍伤，意气用事想向田某和杨光某讨要说法，想报复田某，并非想向田某索取财物。从查明的事实来看，雷某人未向田某索要过任何财物，或表达过如果不给予财物就将实施伤害的意思。应当特别注意雷某人实施上述行为的时间节点，均是雷某某被砍伤后当日或3天左右，田某自己也表示，雷某人扬言找自己麻烦的时间为自案发后两三天时间，田某与雷某人在医院见面后，雷某人再也没有和田某联系过，也没有从行为和语言上对田某有威胁的行为。因此，雷某人于雷某某被砍伤后基于想报复田某的前提下在事发后短期内打坏售楼部大门和小部分模型、言语攻击田某等行为是事出有因，虽违法但符合情理，不能简单评价雷某人的行为是为了逼迫田某拿钱。

其次，雷某某也没有指使雷某人做过任何威胁、伤害田某的行为。雷某人实施的上述行为均没有向雷某某汇报，也没有取得雷某某的授意，二人之间无任何合意。雷某某得到赔偿款以后，没有分配任何赔偿金额给雷某人，而是用于偿还自己欠下的债务和生活开支，说明该笔费用是雷某某的个人赔偿款，而不是违法所得。如果是二人共谋实施犯罪，犯罪所得金额应当分配部分给雷某人才符合常理。

最后，雷某某从未向田某实施过以威胁、要挟等恶害相通告的行为。田某于案发后多次托刘某等人主动找雷某某谈和，是其主动自愿实施的行为，而非在雷某某的威胁、胁迫下被迫进行的。值得注意的是，在2015年杨光某故意伤害雷某某一案中，田某与杨光某二人是具有紧密关联的。案发前，杨光某与薛某在A酒吧向田某表态说“如果哪个要搞田某，他们就搞哪个”等类似谁欺负田某，就要帮田某撑腰的话后，田某当即拨打雷某某电话，故意辱骂雷某某，主动挑衅，让雷某某来酒吧找田某。同时杨光某就叫王某等人带上刀具到A酒吧附近等候，直到雷某某被砍伤。现在将这些环节组织起来看，雷某某到A酒吧伤害田某的行为不是巧合，更像是田某设置的一个局，是一场有预谋的报复。虽然田某、杨光某均否认在实施伤害雷某某之前具有同谋，杨光某只是单方面想给田某撑面子，但从现有查实的事实来判断，不排除是田某指使杨光某伤害雷某某的。也正是基于这样的前提，田某才可能会为杨光某聘请辩护律师辩护，为杨光某进行民事赔偿获取谅解书，以及为杨光某支付看守所的生活费等。更贴近事实的真相应该是田某担心雷某某被伤害一事会牵连自己，被追究刑事责任，所以才会主动托人求和，自愿赔偿。据田某和杨光某所述，二人关系并不密切，在案发之前只是认识，如果杨光某伤害雷某某一事，只是杨光某单方面伤害雷某某，与田某无关，则田某没有理由要给杨光某请辩护律师（杨光某本人及妻子陈某证词证明杨光某的辩护律师系田某花钱帮忙聘请），并且为杨光某支付赔偿金获取谅解书，为杨光某支付看守所生活费等。

综上，雷某某、雷某人涉嫌敲诈勒索一案事实不清、证据不足，没有形成完整的证据链条，达到排除合理怀疑的标准，恳请检察机关根据“重证据、重调查研究、不轻信口供”的原则、疑罪从无原则作出公正处理。

三、检察机关不起诉理由

本案中雷某某寻衅滋事的作案动机无法查清，难以认定其符合寻衅滋事犯罪的主观构成要件。客观上雷某某虽与他人发生斗殴，但被害人及其他在场人员是否有过错，认定雷某某是否随意殴打他人，根据本案在案证据难以查实。

此外，上述寻衅滋事案发后，被害人田某及相关证人证实被害人在赔偿被不起诉人雷某某200万元人民币的过程中，雷某某是否以非法占有为目的，迫使被害人赔偿，根据在案证据无法查清。

综上，本案现有证据难以认定雷某某的行为符合寻衅滋事罪、敲诈勒索罪的构成要件，不符合起诉条件。依照《刑事诉讼法》（2012修正）第175条第 4 款的规定，决定对雷某某不起诉。

四、办案心得

（一）阅卷是基石，对构成要件事实须小心求证

按照犯罪构成要件对案件所发生的每一个要件事实对应证据材料进行探索，反复审查侦查机关对案件性质的认定到底有没有矛盾和漏洞，构成犯罪的每一个关键环节是否都有证据证明是本案最终取得良好效果的前提。将没有证据证明的事实或真实性、合法性存在问题的证据逐一罗列、说明，在反复论证后作为与办案机关进行沟通的核心要点提出来是进一步帮助当事人得到宽缓处置的关键。本案中，辩护人按照犯罪构成要件严格审查每一份证据，从而发现有的要件事实没有证据证明或现有证据达不到证据确实、充分的程度。正是基于此，辩护人才能最终从整体上厘清本案案件性质，并经过与办案机关的沟通实现当事人利益的最大化。

（二）沟通是桥梁，效率变实效

与办案机关的沟通异常重要，将发现的问题按照合适的方式呈现给承办人，决定辩护的效果。在为办理案件作好充足准备的同时一定要及时与办案机关沟通，所以在案件移送检察院后，需要立即申请阅卷，并对卷宗材料进行反复研读，发现待证事实在证据支撑、论证说理等方面存在的问题。在与承办人员的沟通上，针对重要问题一定要想办法当面沟通，不能仅仅提交书面意见了事。谁都不能保证遇见的承办人都是容易沟通的，所以必须动作迅速，一是为获得承办人的好感，感受律师的敬业和负责；二是如果将案件存在的重点问题及时反馈，引起承办法官的注意，也会制造更多与承办法官交流的机会。

但是也要特别注意在向承办法官反馈意见时懂得取舍，把握关键。无论是无罪辩护还是罪轻辩护，明确目标后，都要认真考虑怎样反馈意见。我们

沟通的终极目标就要让承办人采纳我们的意见，一般来讲，法律定性的无罪意见可以随便提，通常对当事人不会有太大的影响，但是证据不足方面的无罪意见，辩护人就必须谨慎对待。要防止在证据方面所提的意见变成补侦的提纲，使证据在证据资格或者证明力上补足补强，进而损害当事人的利益，违背辩护人的角色定位。

（三）把握成功辩护的要领，绝不仅限于办理案件本身，与犯罪嫌疑人本人及家属的畅通沟通也很重要

辩护律师的价值如何体现，怎样算是一次成功辩护，不同律师从不同的角度会有不同的理解。但是在本案中，笔者的理解是除了在案件中体现辩护人的专业水平，争取最优结果以外，将所做的工作展现在当事人以及家属面前也至关重要。要让当事人了解辩护工作的过程，感受辩护人耐心和负责。对此，以下工作必不可少，一是在会见、阅卷、办案机关沟通、调查前后等重要时间节点要及时反馈。在合法纪的情况下，充分保持和当事人及家属的联络，千万不要忽略当事人的感受。二是主动出击，保持热度。受案件本身复杂程度的影响，部分案件的时间跨度比较长，其间也不一定都会有很多的工作要做，这期间除保持对案件进度的跟踪，也需要保持和当事人或其家属的沟通，让其感受辩护人仍然保持对案件的高度关注。三是在有条件的情况下，在完成辩护任务后，将自接受委托以后代理的每个过程所做的各项工作以及意见建议形成书面汇报材料报告反馈当事人，增强当事人的信任感。

总之，对于刑事案件的辩护，阅卷是关键，阅卷一定要下足功夫，所有的辩护方案均是在对案件事实、证据有足够的熟悉基础上形成的，同时在诉讼各阶段要主动与案件承办人、当事人、家属进行沟通，有理、有据地提出意见，争取获得各方面的认同，才能实现办案效果和社会效果的统一。

作者简介

曾　超

中共党员，贵达律师事务所合伙人、专职律师、刑事辩护团队副主任，多次荣获优秀刑辩律师称号。原贵阳市公安局民警，擅长刑事辩护，以及侵权责任纠纷、合同纠纷处理等民商事业务。担任贵州省公安厅警保部、贵州省人民防空办公室、贵州恒泽科技环境有限公司、贵州蓝溪建筑工程有限公司、贵阳汇兴汽贸有限公司法律顾问，为贵州省自然资源厅法律顾问团成员。

6. 如何运用刑事基础理论实现精准有效辩护

——刘某某被控走私毒品罪终获不起诉案

【辩护思路】刑事辩护实务中，充分掌握犯罪的基本构成理论、证据规则等刑事规则并适时加以运用对案件的公正处理有着举足轻重的作用。对办理个案而言，越是重大案件，越要从细微之处着手，注意案件事实是否符合“常识常理常情”，在此基础上对全案证据能否形成完整证据链条、能否针对指控事实得出唯一结论进行全面审查，抓住控方所指控的罪名在犯罪事实、证据上存在的漏洞，进而明确案件辩护的路径和方向。本案辩护人的辩护思路始终围绕证据展开，针对关键证据从疑罪从无、存疑有利于嫌疑人原则对关键性证据提出合理怀疑。

一、基本案情

公安机关侦查认定：2017 年 12 月 11 日，嫌疑人蔡某某、朱某某从本市购买一辆重型半挂车欲前往 M 国走私、运输毒品到我国 H 省。2018 年 1 月 25 日，嫌疑人蔡某某、朱某某（已起诉判决）在我国 G 省 C 市以 29.8 万元的价格购买了一辆重型半挂车辆，2018 年 1 月 28 日，嫌疑人蔡某某、朱某某驾驶该车从我国 Y 省某口岸偷渡出境到 M 国，谎称运输薏仁米到我国西南进行销售，实则走私、运输毒品到我国 H 省。2018 年 2 月 3 日，我国 G 省 A 州公安局指定管辖，将本案指定 B 县公安局管辖，同日，嫌疑人蔡某某、朱某某驾驶重型半挂车辆从M国进入我国境内，犯罪嫌疑人刘某某对运毒车辆进入我国境内后有针对性地跟踪监控。嫌疑人蔡某某、朱某某在我国Y省某检测站被公安机关抓获，2018年2月7日，我国G省、H省两省公安机关在H省家中将犯罪嫌疑人刘某某抓获。在蔡某某、朱某某驾驶的重型半挂车水箱内缴获用汽车内胎藏匿的冰毒嫌疑物5条，共计178块，经称量净重108.85921千克。经某公安司法鉴定中心鉴定，缴获蔡某某走私的毒品冰毒108.85921千克嫌疑物中检出系甲基苯丙胺成分。经公安机关讯问，犯罪嫌疑人蔡某某、朱某某对到M国走私毒品运往我国H省一事供认不讳，犯罪嫌疑人刘某某对运毒车辆进入我国境内后有针对性地跟踪监控供认不讳。

在审查起诉阶段，由于案情重大，我国G省A州B县人民检察院受理后，依法移送上级A州人民检察院，A州人民检察院依法受理后，辩护人重点围绕公安机关认定刘某某在毒品运输、走私途中有针对性进行跟踪监控并且在相同的服务区、酒店停留和住宿的事实进行充分了解，并从证据、事实等方面提出本案缺乏有效的证据链，相关事实不清等多方面的意见，相关意见获得检察机关的采纳，A州人民检察院两次退回A州公安局补充侦查，并3次延长审查起诉期限。辩护人根据公安机关两次补充侦查的情况，重点围绕程序违法、事实、证据等焦点提出本案不符合起诉的法定条件，检察机关经讯问嫌疑人刘某某，就事实和证据问题多次听取了辩护人的意见，并就案件定性问题进行充分沟通，详细审查全部案件资料。检察机关在两次将案件退回公安机关补充侦查，并3次延长审查起诉期限后，最终认定刘某某走私毒品的犯罪事实不清、证据不足，遂作出不起诉决定。

二、主要辩护意见

（一）公安机关认定嫌疑人刘某某涉嫌走私毒品罪的事实不清、证据不足，不符合起诉条件，现有证据不能形成有效证据链，不足以认定刘某某构成走私毒品罪

本案中，公安机关虽查获大量毒品（108.85921千克），但并无证据证明刘某某直接或者间接参与了本次走私毒品的行为，且经公安机关现场抓获的嫌疑人蔡某某、朱某某指认，其二人并不认识刘某某，从公安机关对三人的讯问笔录来看，嫌疑人刘某某主观上对本次走私、运输毒品并不知情，现有证据也不能证实刘某某参与了本次走私、运输毒品，公安机关查获的大量毒品与嫌疑人刘某某在事实和法律上并无关联性。因而，公安局机关认定刘某某涉嫌走私毒品罪事实不清、证据不足。

（二）本案现有证据无法形成完整、有效的证据链，且据以定罪的证据与案件事实之间不能排除合理怀疑，重要案件事实未能查清

首先，公诉机关指控嫌疑人刘某某与其他两名现场抓获的嫌疑人之间的供述不能相互印证，并且存在诸多矛盾之处。此外，本案的主犯"上家"至今在境外未能抓获到案，对于嫌疑人刘某某是否受"上家"安排引导、监控运毒车辆的事实缺乏有效的证据。

其次，公安机关认定的嫌疑人蔡某某、朱某某、刘某某在Y省多地行程一致，并多次同时在同地停留和住宿，因而认定刘某某实施了引导和监控的行为缺乏有效证据支撑，也达不到刑事证据的唯一性。辩护人通过向嫌疑人刘某某了解、核实当时当地气象以及交通通行等情况，根据刘某某陈述，之所以在中途进行了停留和住宿，是因为当时正处于凝冻天气，且从Y省到H省的高速交通管制。为印证刘某某的陈述，辩护人通过向Y省气象部门、交通部门以及相关政府门户网站核实当时天气及交通管制情况。根据核实的情况和刘某某陈述基本一致，即当地当时处于凝冻天气，相关路段存在交通管

制情况。嫌疑人刘某某和另外两名嫌疑人蔡某某、朱某某多次因客观原因共同停留的合理性，从而得出公安机关认定刘某某多次停留进行引导和监控运毒车辆的证据缺乏唯一性，辩护人从而申请检察机关进行自侦或退回公安机关对上述相关情况进行补充侦查。后检察机关结合辩护人的意见，将本案两次退回公安机关补充侦查。

最后，关于公安机关称通过技术侦查手段所获取的刘某某与本次走私毒品的“上家”进行合谋走私毒品的证据，在移送检察机关起诉的证据卷中并未作为证据移送，经辩护人申请出示，再对合法性等要素发表意见，但在退侦后公安机关也未作为证据移送。

（三）本案中，刘某某没有相关犯罪事实，其主观上没有走私毒品的故意，客观上也未实施走私毒品的行为，且没有与他人合谋的行为

首先，刘某某只是在不知情的情况下，应 H 省老乡的邀请，从境外回到 Y 省，帮老乡开车回 H 省老家过年，对于公安机关认定其故意在途中多次停留，并根据“上家”的要求对运输毒品的车辆进行跟踪、监控行为，经两次退侦公安机关仍不能提供直接的证据予以证明。辩护人认为刘某某多次在 Y 省多地进行停留系客观因素导致，存在一定的巧合，公安机关该部分证据缺乏唯一性。关于公安机关所称的技术侦查手段获取的刘某某的犯罪证据，最终也未作为证据移送检察院。现有证据不能证明刘某某主观上知晓本次走私毒品的事实，客观上也不能证明其实施了相关行为。

其次，本案中基本事实没有查清。公安机关认定“犯罪嫌疑人刘某某入境后在 Y 省途中停留，目的是查看运输毒品的货车”。对此，辩护人在第一次退侦前就向检察机关提出意见：嫌疑人刘某某之所以会在入境后在 Y 省途中停留，是因为 Y 省前往 H 省的路线道路凝冻结冰且交通管制，不得已在途中停留和住宿，辩护人通过当地的气象信息以及政府网站查看当时天气及交通情况，确实存在低温结冰的以及部分交通管制的事实，并向检察机关申请向相应的当地气象、路政、交警等职能部门调取案发当日的天气、路况以及是否进行过交通管制等行为。这些证据材料事关案件定性，对查清案件事实至关重要，但是公安机关在两次退侦后就相关情况也并未完全查清，反而避重就轻地进行补侦。

最后，关于嫌疑人刘某某去 M 国的原因，是因为其在 M 国境内和名叫颜某某的 H 省老乡在 M 国合伙经营了一家私人加油站，当日过去是和颜某某约好到加油站去做年终结算，并且刘某某到 Y 省后，约好了加油站的会计朱某某（女）一起到加油站去结算账。但是侦查机关并未到加油站向其合作伙伴颜某某和加油站会计朱某某调查情况，这对查清案件事实有着重要的作用，对于一系列有利于嫌疑人刘某某的案件证据及事实，侦查机关均未调查核实及取证就单方推定嫌疑人刘某某出境是为了走私毒品，这样的类推，与我国《刑事诉讼法》相关规定严重不符。

（四）本案符合不起诉条件

本案经检察机关两次退回补充侦查，3 次延长审查起诉期限后，公安机关对刘某某涉嫌走私毒品罪的认定仍然事实不清、证据不足，检察院依法作出不起诉决定。

三、检察机关认为

本案案情复杂，多次听取了辩护人意见，讯问了嫌疑人刘某某，多次审查了案件全部材料。并经两次退回补充侦查，延长审查起诉期限 3 次，仍然认为 G 省 A 州公安局认定刘某某涉嫌走私毒品罪的事实不清、证据不足，不符合起诉条件。根据《刑事诉讼法》第 175 条第 4 款的规定，决定对刘某某不起诉。

四、办案心得

笔者认为，无论案件复杂程度如何，刑事案件的辩护最终离不开基本案件事实和基础刑事理论规则。同时，刑事案件关系到公民自由和生命，远比行政案件和民事案件涉及的利益范围都大，所以办理刑事案件，必须充分掌握刑事基本理论和规则，注重经验教训的积累和总结，方能不断地提高，不断为当事人提供更优质、有效的法律服务，从而实现利益最大化。

（一）本案的成功办理，离不开对刑法基础理论的深入分析与解读

以本案涉嫌走私毒品罪为例，在办理案件之前必须明确该罪的具体犯罪构成要件有哪些，有哪些构成要件的认定在司法实务中存在争议以及如何解决这些争议，只有对个罪理论认知、实践经验予以充分了解，才能在办案过程中迅速找到辩护方向。

1. 客观的构成要素

（1）行为对象。本罪的行为对象是毒品。根据《刑法》第357条规定，毒品是指鸦片、海洛因、甲基苯丙胺（冰毒）、吗啡、大麻、可卡因以及国家规定管制的其他能够使人形成瘾癖的麻醉药品和精神药品。

（2）行为。走私毒品是指明知是毒品而非法将其运输、携带、邮寄进出国（边）境的行为。直接向走私人非法收购走私进口的毒品，或者在内海、领海运输、收购、贩卖毒品的，以走私毒品罪论处。

2. 主观的构成要素

本罪要求明知是毒品，根据最高人民检察院、公安部《关于公安机关管辖的刑事案件立案追诉标准的规定（三）》第1条第8款的规定，走私、贩卖、运输毒品主观故意中的“明知”是指行为人知道或者应当知道所实施的是走私、贩卖、运输毒品行为。其中列举了10种应当知道的情形，但有证据证明确属被蒙骗的除外。

3. 罪名的认定

罪名的确定。走私、贩卖、运输、制造毒品是选择罪名，即实施其中一种行为的成立完整一罪，实施其中数行为的也是只判决一罪，并非数罪并罚。例如，甲贩卖毒品 200 克，走私毒品 300 克，成立走私、贩卖毒品罪，犯罪数量 500 克。

4. 毒品犯罪中的特情引诱处理

最高人民法院于 2008 年 12 月 1 日发布了《全国部分法院审理毒品犯罪案件工作座谈会纪要》，其中第 6 条指出："运用特情侦破毒品案件，是依法打击毒品犯罪的有效手段。对特情介入侦破的毒品案件，要区别不同情形予以分别处理。对已持有毒品待售或者有证据证明已准备实施大宗毒品犯罪者，采取特情贴靠、接洽而破获的案件，不存在犯罪引诱，应当依法处理。"

行为人本没有实施毒品犯罪的主观意图，而是在特情诱惑和促成下形成犯意，进而实施毒品犯罪的，属于"犯意引诱"。对因"犯意引诱"实施毒品犯罪的被告人，根据罪刑相适应原则，应当依法从轻处罚，无论涉案毒品数量多大，都不应判处死刑立即执行。行为人在特情既为其安排上线又提供下线的双重引诱，即"双套引诱"下实施毒品犯罪的，处刑时可予以更大幅度的从宽处罚或者依法免予刑事处罚。行为人本来只有实施数量较小的毒品犯罪的故意，在特情引诱下实施了数量较大甚至达到实际掌握的死刑数量标准的毒品犯罪的，属于"数量引诱"。对因"数量引诱"实施毒品犯罪的被告人，应当依法从轻处罚，即使毒品数量超过实际掌握的死刑数量标准，一般也不判处死刑立即执行。

对不能排除"犯意引诱"和"数量引诱"的案件，在考虑是否对被告人判处死刑立即执行时，要留有余地。对被告人受特情间接引诱实施毒品犯罪的，参照上述原则依法处理。此外，2015 年 5 月 18 日最高人民法院发布了《全国法院毒品犯罪审判工作座谈会纪要》，该纪要对毒品类犯罪作了细化规定，这些都是办理涉毒类案件需要掌握的知识储备。

（二）毒品类犯罪主要辩护要点

涉及毒品类犯罪的案件一般应考虑以下方面思路进行辩护：

1. 犯罪主体。首先，关于年龄的界定标准，未成年人犯罪以犯罪时的年龄为准，老年人犯罪以审判时年龄为准，此外年龄的界定以“周岁”为标准。其次，关于真实年龄的鉴定，如果存在无法查实真实年龄的情况，则需要进行骨龄的鉴定。这时，律师可以根据鉴定的结论来发挥律师的辩护空间。再次，还可能存在跨年龄段犯罪的情况，这时候需要严格区分不同年龄段应负不同的刑事责任的情况。最后，要关注是否存在吸毒人员和国家工作人员参与毒品犯罪的情况。

2. 主观方面。要重点关注行为人是否主观明知，如果其主观并不明知，例如受到他人蒙骗的情形，则可能存在无罪的情况。

3. 涉毒行为。涉毒品犯罪中，存在行为对象、方式等不同的情形，也将导致罪名不相同的情况。

4. 罪名认定。毒品犯罪中存在行为方式的竞合，毒品对象有时也存在竞合。应结合主观和动机目的进行更准确的判断。

5. 毒品的界定。行为对象是毒品，有毒品原植物、毒品制毒物品、毒品植物种子，麻醉药品、精神药品等，作为毒品犯罪的辩护律师，需要清楚了解毒品的种类、名称、如何认定数量和含量。

6. 犯罪情节。除了罪名的认定之外，还应该关注行为人存在的情节，例如，加重、减轻或者免予刑事处罚的情节。

7. 共同犯罪。要清楚共同犯罪的认定与处罚，需要根据参与作用区分主犯、从犯等。

8. 犯罪形态。切实根据案件情况区分犯罪既遂与未完成形态下的预备、未遂、中止。

9. 量刑意见。首先该类犯罪中，无论数量多少，都应该追究刑事责任，其次要准确掌握不同的情形对应的量刑幅度。

10. 特情引诱犯罪的介入。辩护律师要注意是否有特情人员介入办理的案件，并要根据最高人民法院会议纪要的相关规定提出从宽或者免予处罚的法律意见。

11. 程序辩护。对于毒品案件中的实物证据进行重点关注，例如，毒品的提取、扣押、称量、取样和送检等，发现这些程序中可能存在的瑕疵或程序违法问题，并根据实际情况提出非法证据排除。2016 年 5 月 24 日，最高人民法院、最高人民检察院、公安部共同颁布了《办理毒品犯罪案件毒品提取、扣押、称量、取样和送检程序若干问题的规定》，作为辩护律师应尽可能地熟练相关程序规定。

12. 死刑辩护。作为辩护律师，不但要掌握毒品类犯罪的死刑适用问题，还要掌握宽严相济的刑事政策，并结合案件情节等实际情况引导司法机关谨慎适用死刑。

（三）实际办案中需要持之以恒地和办案单位进行沟通，并建立起对当事人的基本信任

在侦查阶段需要做到以下几个方面：一是要多次有效会见当事人，了解案件情况，建立案件基本脉络框架；二是要主动积极和公安机关就案件情况进行沟通，并适时发表律师意见，获得专业上的认同感；三是要紧跟案件进展，提前准备不予批准逮捕法律意见书，在公安机关提请检察机关逮捕时，第一时间和检察机关承办人取得联系，请求当面就案件情况进行沟通，针对关键性问题、定性问题发表律师辩护意见，提出合理怀疑，充分交流沟通后，提交书面意见书。

在审查起诉阶段，实践中往往存在公安机关移送检察院后未及时通知辩护人的情况，在此情形下，辩护律师应熟知办案阶段期限，及时和办案单位沟通案件进展，在移送检察机关后，第一时间主动联系检察院承办人进行阅卷。考虑到当下都是进行电子阅卷，因此，在条件允许的情况下，尽可能将卷宗资料全部打印后进行仔细阅卷并标注重点，挑出公安机关认定的事实性

证据，和当事人进行核实了解，并通过其他客观途径再次核实合理怀疑情况，并在此过程中筛选出公安机关讯问笔录中前后矛盾、不一致的地方，从而提炼出案件辩点。此外，需要对案件保持持续跟进，多与承办人员沟通交流，在大部分案件中，检察院或者法院的承办人员往往都希望律师提出更多有效的法律意见，以帮助案件得以依法依规审理。本案中，辩护人多次与承办人主动沟通并发表专业意见，请求检察机关就包括就天气、交通管制，沿途服务区、酒店布局以及笔录前后矛盾等情况进行自侦或者退侦调查核实；积极申请检察机关承办人对提出的问题进行详细记录，并不断跟进案件情况，了解退侦补充调查情况，以及提出针对性问题是否得到解决，致使本案两次退回公安机关补充侦查，并延长审查起诉时限3次，最终使当事人获得不起诉处理。因此，在案件办理过程中保持与办案机关的沟通对于案件的辩护工作能否取得成效至关重要。

此外，必须建立对当事人的基本信任。在此类重罪案件中，基于对公安机关前期侦查情况的了解，大多数人往往会先入为主地认为当事人确实参与了相关违法事实。但作为辩护人，更应该从证据的角度建立对当事人的基本信任，不应进行道德判断，只有建立对当事人的基本信任，才能更好地深入了解案件事实，从而找到案件的突破口。只有在程序上实现了正义，才有可能更好地接近案件真相，进而实现案件整体的公平正义。

对于毒品类犯罪案件而言，由于一般量刑较重，因此在案件办理过程中，辩护人首先应当建立起对当事人的基本信任，紧密联系案件实际并运用好刑事理论对案件进行分析，进而实现案件办理的最好效果；其次，对这类案件最好进行全程精准辩护，在各阶段重要节点一定要主动与案件承办人进行有效沟通，切忌出现等通知的观念；最后，在与承办人进行沟通之前要提前做好准备，有的放矢地发表专业意见，从而获得承办人对辩护人专业和敬业度上的认可，这有利于后期案件的推进，逐步引导办案单位承办人和律师的法律交流和探讨。此外，针对程序以及证据上存在的问题，辩护人应当及时大胆提出不同专业意见，在刑事案件的每一个阶段，应有计划地制定辩护策略，适时提出意见。

笔者认为，法律人的价值在于法律人的职业本身，岗位才是实现自我价值的地方。对于刑事辩护的任何一个环节存在的问题，不论大小，作为辩护律师要善于发现并勇于提出，切忌“勿以善小而不为”，共同努力使刑事诉讼参与人极尽可能地实现公平正义。

作者简介

袁小伟

中共党员，贵达律师事务所派驻律师，贵达律师事务所贵安分所党支部书记、合伙人。曾任贵阳市人民检察院人民监督员。先后担任贵阳市人民政府、中共罗甸县委、贵阳市花溪区民宗局等多家党政机关的常年法律顾问。

7. 高度重视 37 天“黄金救援期”，认真做好“捕前辩护六部曲”

——陈某涉嫌赌博罪不予批捕案

【辩护思路】 在刑事诉讼流程中，审查批捕前的刑事辩护是律师在侦查阶段辩护工作的最前端，如果这一阶段能够通过捕前辩护达到不捕的目的，对于当事人而言就是最大的胜利。而辩护律师如何在 37 天黄金救援期内做好捕前辩护工作，需要步步为营、审慎思考。

一、基本案情

2019 年 4 月，陈某通过网站找到并下载“红单宝”App，通过注册账号并绑定自己的支付宝在“红单宝”里面投注、提现进行赌博。经公安机关对“红单宝”后台进行梳理，2019 年 4 月至 2019 年 8 月，陈某从“红单宝”平台充值赌资 717,797 元，提现金额 428,269 元，其间陈某累计输掉 28 万余元。2020 年 11 月 6 日，公安机关以陈某涉嫌开设赌场罪对其刑事拘留。

2020 年 11 月 13 日，辩护人接受委托后及时开展律师会见工作，对案件事实及证据情况向嫌疑人陈某进行核实，梳理证据情况及案件基本事实，拟写法律意见书向公安机关反馈律师意见：虽然陈某与赌博平台工作人员有通信来往及转账提现记录，但其并未与赌博平台工作人员有共谋开设赌场等犯意联络，主观上不存在共同犯罪故意；客观行为亦不存在司法解释明确为开设赌场共犯的任一种情形，陈某的行为不构成开设赌场罪。通过当面及书面与办案民警进行沟通，公安机关基本采纳辩护人意见。2020 年 12 月 3 日，公安机关调整罪名后以陈某涉嫌赌博罪提请检察机关批准逮捕。

审查逮捕阶段辩护人的总体辩护方案是通过解析《刑法》第 303 条规定构成赌博罪的两种情况——聚众赌博和以赌博为业，进而联系家属收集有关证据、梳理证据论证本案嫌疑人仅是个人自己参与投注，并没有组织、召集、引诱他人赌博的行为，不符合聚众赌博；嫌疑人有正当职业，生活或者主要经济来源完全来自劳动创造，仅是在热门赛事时偶尔参与投注，不符合以赌博为业，力争实现无罪不予批准逮捕。检察机关对于辩护意见予以采纳，并于 2020 年 12 月 9 日以陈某的行为不构成犯罪，作出不予批准逮捕决定，嫌疑人于次日释放。

二、辩护意见

（一）陈某的行为不构成赌博罪

《刑法》第 303 条规定：“以营利为目的，聚众赌博或者以赌博为业的，处三年以下有期徒刑、拘役或者管制，并处罚金……”从上述规定可以看出，构成赌博罪有两种情况，即聚众赌博或者以赌博为业。

1. 陈某未实施“聚众赌博”行为

“聚众赌博”是指组织、召集、引诱多人进行赌博，本人从中抽头渔利的行为。从本案基础事实来看，嫌疑人陈某仅是个人参与投注，并没有组织、召集、引诱他人赌博的行为；另外，本案中陈某参与投注的项目仅为足球彩票竞猜。涉案的赌博平台的竞猜规则、赔付比例、游戏玩法、设奖等与正规体彩店的体彩足球竞猜完全一致，加之赌博平台经营管理人员虚假宣称该平台所设立的足球竞猜项目完全是合法的线上博彩项目，导致嫌疑人陈某对该竞猜项目的合法性存在错误认识。基于该错误认识和自己对足球运动的兴趣爱好，同时基于自己工作不能频繁到实体彩票店的线下购买等原因，陈某在该平台上参与足球竞猜投注。据此，陈某主观无参与赌博的故意，而是将其作为合法竞猜项目参与其中。

2. 陈某并非“以赌博为业”

“以赌博为业”，是指无正当职业，以赌博为职业，即以赌博获取钱财为其生活或者主要经济来源的行为。本案中，陈某具有正当职业，其间先后在某科技有限公司从事零售行业且担任店长职务，以及在某物业公司从事系统软件搭建且担任信息部总监职务。其生活或者主要经济来源完全来自劳动创造，对此可以调取陈某银行流水，对其工资支付记录进行核查。据此，对陈某不应当认定为以赌博为业。

3. 陈某主观上不具备“以营利为目的”

从《刑法》条文规定来看，赌博罪主要有两种犯罪形式：一是以赌博为业，即以赌博所得为生活或挥霍的主要来源；二是聚众赌博，即组织多人赌博。需注意的是，以上两种犯罪形式均有一个前提——“以营利为目的”。“以营利为目的”要求行为人能够在赌博活动中现实地获得持续稳定的收益，最典型的莫过于抽头渔利，即在赌博活动中找一个名义收取固定的费用，不论输赢，行为人都能从中获得固定、持续的收益。本案陈某无抽头渔利，无提取收益，整个过程无任何形式的获利，据此陈某主观无以营利为目的的故意，正如陈某所言，参与足球竞猜投注完全基于对足球运动的兴趣爱好，并且是对该竞猜项目的合法性存在错误认识的前提下选择了在涉案赌博平台线上投注。

（二）陈某的行为不构成开设赌场罪

根据《刑法》及相关司法解释规定，“开设赌场”是指提供赌博的场所及用具，供他人在其中进行赌博，本人从中营利的行为。具体到网络赌博中，网络开设赌场是指：建立赌博网站并接受投注、建立赌博网站并提供给他人组织赌博、为赌博网站担任代理并接受投注、参与赌博网站利润分成等行为。本案中，陈某未实施上述有关开设赌场的任何行为，依法不构成开设赌场罪。

（三）陈某的行为不符合赌博犯罪共犯的情形

首先，在我国刑法理论中，共同犯罪指“共同故意犯罪”，也就是说各被告人之间必须有主观上共同的犯罪故意。本案陈某未与涉案赌博网站设立者、经营管理人员有任何形式的意思联络及犯罪共谋，即不存在共同犯罪故意。

其次，最高人民法院、最高人民检察院、公安部《关于办理网络赌博犯罪案件适用法律若干问题的意见》明确规定了构成赌博犯罪共犯的情形包括：为赌博网站提供互联网接入、服务器托管、网络存储空间、通信传输通道、投放广告、发展会员、软件开发、技术支持等服务，收取服务费数额在 2 万元以上的，为赌博网站提供资金支付结算服务，收取服务费数额在 1 万元以上或者帮助收取赌资 20 万元以上的，为 10 个以上赌博网站投放与网址、赔率等信息有关的广告或者为赌博网站投放广告等几种情形。本案陈某不存在以上任一司法解释明确为开设赌场共犯情形，依法不构成开设赌场罪。

三、检察机关认为

检察机关审查认为，本案证据显示嫌疑人陈某仅是个人参与投注，并没有组织、召集、引诱他人赌博的行为，不能认定其行为属于聚众赌博；另外，有关证据显示涉案时段陈某先后在某科技有限公司从事零售行业且担任店长职务，并在某物业公司担任信息部总监职务。嫌疑人陈某有正当职业，其生活或者主要经济来源完全来自劳动创造，仅是在热门赛事时偶尔参与投注，并未获利，不能认定陈某系以赌博为业。

据此，陈某的行为不符合《刑法》第 303 条之规定，其行为系治安违法行为，不构成犯罪。根据《刑事诉讼法》第 81 条及《人民检察院刑事诉讼规则》第 139 条规定，陈某无犯罪事实，依法不予批准逮捕。

四、办案心得

本案之所以能够取得不予批捕的良好效果，与律师对案件性质的准确认定、对刑事案件办理程序的准确认识、对案件沟通时机的精确把控密不可分。

刑法理论上认为，行为是否符合犯罪构成是认定是否成立犯罪的唯一根据。根据主客观相一致原则，仅当行为人在主观上具有犯罪故意，客观上实施了符合构成要件的危害行为时才能对行为人追究刑事责任。而本案中陈某实施的投注行为虽然金额较大，但其客观上并非以赌博为业，也并未实施组织他人赌博并从中抽头渔利的行为，因而并不符合赌博罪的犯罪构成要件，不能将其投注行为认定为赌博罪的实行行为；同时，陈某虽然同平台工作人员有转账交易记录，但该行为也仅是其投注行为的一部分，其主观上并没有同他人开设赌场并从中谋取利益的目的，客观上也并未实施司法解释明文规定的开设赌场的行为，因而也不能将其行为认定为开设赌场罪的实行行为。此外，从我国治安处罚与刑事处罚相结合的社会治理二元制裁体系出发，行政违法行为与犯罪行为之间应保持应有的界限，刑法作为保障法只能对其他社会治理手段难以规制的行为加以惩处，对行为性质的分析判断也应坚守罪刑法定的基本原则。基于此，在办理类似案件时，首先对案件性质做到心中有数，才能在刑事案件办理流程中占得先机，并按照《刑事诉讼法》的规定帮助当事人摆脱无端的刑事追究。

按照《刑事诉讼法》的规定，犯罪嫌疑人被刑事拘留到检察院决定是否批捕的最长期限是 37 天，这 37 天被称为刑事案件的“黄金救援期”。对于辩护律师来说，在 37 天黄金救援期内做好捕前辩护工作，是帮助行为人脱离不当指控的关键，需要紧锣密鼓，步步为营，做好“捕前辩护六部曲”：

第一步，黄金救援期内时间紧迫，接受委托之后辩护律师第一时间会见当事人，全面沟通、及时了解案件相关情况。

接受委托后，办案律师第一时间前往看守所会见当事人，详细询问案件情况，解答当事人的法律咨询，安抚当事人情绪，这些工作是第一次会见时的重要内容。通过会见，律师了解到陈某仅是自己通过赌博平台投注参赌，没有组织、召集、引诱他人赌博的行为，并未接受代理投注、宣传推广、发展会员或为赌博平台提供其他帮助行为；其投注参赌期间有正当职业，无非法获利，并非以赌博为业。通过这次会见，律师对案件情况有了基本了解，为之后分析案情、寻找辩护突破口打下了坚实的基础。

第二步，做好法律检索，深入分析案件。

在会见当事人之后，辩护人进行了详细全面的法律法规与案例检索，还查找了相关学术文章、新闻媒体报道，通过对整个案件背景、法律规定、既往判例、学术观点等进行梳理与研究，对案件有了一个全盘了解，进而对案件作出初步分析和基本预判。

第三步，“主动出击”，与办案机关积极沟通，将相关工作变“被动”为“主动”。

由于案件处于侦查阶段，法律并没有规定侦查机关需要将相关事项包括提请批准逮捕等主动告知办案律师，导致律师获取相关信息会有所延迟，工作极易处于被动状态。办案律师努力将相关工作变“被动”为“主动”，在会见当事人之后，多次积极主动与办案机关联系，沟通相关情况，了解案件进展，避免贻误任何“战机”。同时积极联系当事人家属，收集提供陈某在涉案期间具有正当职业，并非以赌博为业，不存在开设赌场等事实的有关证据，及时提交办案机关。

第四步，根据会见以及与办案机关沟通的情况，及时完善法律意见，为当事人递交取保候审申请。

37天黄金救援期的辩护工作必须环环紧扣，每一个步骤都应当及时高效。办案律师在会见当事人以及和办案机关沟通之后，第一时间到公安机关为当事人陈某提交了取保候审申请，同时明确当事人不构成开设赌场罪的律师意见。由于该案涉案人数达数十人，去办案机关提交申请时得知，办案律师是较早地为当事人提交取保候审申请的律师之一，充分说明办案律师把工作做在了前面，占领了先机。虽然由于案件复杂、涉案人数多，办案机关最终没有批准取保候审申请，但办案律师本着对案情的深入了解和研究，毫不气馁，坚信本案存在事实不清、证据不足，当事人无犯罪事实的辩护空间，仍然竭力在 37 天黄金救援期内为当事人争取不予批捕的辩护结果。

第五步，密切跟踪案件情况，得知送检察院审查批捕期间，再次会见当事人，全面沟通案情。

为了不耽误捕前辩护的进程，办案律师密切关注案件移送检察机关提请逮捕情况，紧密联系检察院案管部门，第一时间获取案件进展信息，及时递交委托手续并获知承办检察官信息。同时，再次会见当事人，针对之前案情中尚不清晰或存在争议之处，再次与当事人深入核实和沟通，并针对即将递交的不批捕申请，认真听取当事人的意见，从中获取有利信息，继续完善律师辩护意见。

第六步，在审查批捕期限内，形成完备的申请不予批捕的律师辩护意见，及时提交检察机关，持续积极沟通，竭力为当事人争取不予批捕的辩护结果。

办案律师结合了解到的案情、相关法律规定、法律检索及案例类案检索的成果，撰写了一份有理有据，具体翔实的律师意见提交给检察院。意见提交之后，律师又及时与检察机关进行沟通，所有的工作只为一个目标，即做好捕前辩护，竭力为当事人争取最佳辩护效果。功夫不负有心人，最终，检察院采纳了辩护律师的意见，对涉嫌赌博罪的当事人陈某作出不批准逮捕决定，陈某被释放。

本案中，辩护律师从实体法上审慎分析案件性质，高度重视 37 天“黄金救援期”的辩护工作，认真做好“捕前辩护六部曲”，兢兢业业，步步为营，最终为当事人的案件争取到良好的辩护效果。

作者简介

彭福颜

贵达律师事务所专职律师，六年检察院工作经验。执业以来，先后参与办理贵州赫之林食品饮料有限公司破产重整案等，并担任赫章县人民政府法律顾问等。

李　林

贵达律师事务所专职律师。2013 年 9 月至 2015 年 12 月，在贵州省大方县人民法院民事审判部门工作，具有扎实的法学理论基础，兼具民事审判和执行实务经验，办案思路开阔。2016 年 1 月加入贵达律师事务所，2017 年 6 月正式执业。

8. 故意伤害致人死亡与故意杀人的区分

——杨某某涉嫌故意杀人罪法院改变定性案

【辩护思路】故意伤害（致人死亡）罪与故意杀人罪（既遂）在死亡的结果上是一致的，区分伤害的故意和杀人的故意对个案性质的判断具有决定性的意义。应根据故意内容的表述、打击工具、打击部位、打击力度、打击烈度等因素，并考虑行为人是否有补救行为及是否忏悔的因素对伤害的故意和杀人的故意作出区分。

一、基本案情

被告人杨某某与被害人（殁年25周岁）于2010年结婚后育有一女。2014年2月14日13时许，杨某某听到被害人与一男子的通话内容后便心生怀疑，认为被害人有出轨迹象。随后，杨某某在家中逼问被害人电话为何人所打。为泄私愤，杨某某遂先后用木棒、竹棍、数据线、工艺剑剑鞘等物及采取扇耳光、踢打等方式对被害人实施殴打，被害人于当日经送医抢救无效死亡。案发后，杨某某于当日19时许向T县公安局城北派出所投案。经鉴定，被害人系失血性创伤性休克合并颅内出血死亡。

法院经审理后，依照《刑法》（2011修正）第55条第1款，第56条第1款，第67条第1款，第234条第1款、第2款之规定，判决被告人杨某某犯故意伤害罪，判处有期徒刑15年，剥夺政治权利5年。该判决已生效。

二、辩护意见

（一）被告人杨某某的行为对被害人的生命不构成紧迫性的危险

被告人杨某某的行为不具有高杀伤性或致死性，不构成对被害人生命的紧迫性的危险。

1. 打击被害人所使用的工具。依据被告人的供述与辩解、辨认笔录等证据，被告人杨某某使用了木棒、竹棍、数据线、工艺剑剑鞘等物对被害人进行了殴打，其选取的物件都不具有直接致死的杀伤力。被告人唾手可得玻璃烟灰缸、工艺剑剑身、菜刀等，这些工具具有极大的杀伤力，但被告人并未将其用于打击被害人。

2. 打击部位。被告人使用木棒、竹棍、工艺剑剑鞘打击被害人时，主要击打部位为被害人的四肢、躯干，避开了头部、胸口等部位，不具有致死性。被告人使用数据线主要是鞭打被害人，未对被害人颈部、喉部等采取勒、缠绕方式进行伤害。

3. 打击力度。被告人每次对被害人的打击都留有余地，没有尽全力打击。打击之后，存在被告人与被害人正常的对话，也印证了被告人对下一次的打击具有较强的控制力。

4. 打击烈度。被告人单一打击行为间隔较长，虽然总体打击行为持续时间约 3 小时，但总体打击烈度并不高。持续较长的打击行为可能导致死亡的后果，但不能以此认为持续打击的行为一定是杀人的行为。

故此，被告人选择不具有高杀伤力的工具进行伤害，在非致命部分进行打击，不符合故意杀人行为打击力度强、伤害程度高的特点，被告人的行为对被害人的生命未造成紧迫性的危险，不是故意杀人行为。

（二）被告人不具有杀人的故意

1. 被告人的行为要素及其关联因素表明其不具有杀人的故意

犯罪故意可以通过已知的事实推理得来，但是行为人在主观上究竟是伤害的故意还是杀人的故意，裁判者是无法直接观察到或者感知到的。根据主客观相一致原则，犯罪行为是在一定故意指导下的合目的行为。因此，主观故意虽然无法直接观测到，但是可以通过行为人的客观行为窥知其主观故意。对此，应当从行为本身的要素、行为的关联因素对行为人的犯罪故意作出初步判断。行为本身的要素包含犯罪故意的表达、打击工具、打击部位、打击力度、打击烈度；关联因素包含事后救济、是否忏悔等。

被告人明确供述其犯罪过程中没有杀人的故意，这一点可以从其作案过程中得以印证。从被告人行为时的打击工具、打击部位、打击力度、打击烈度等方面可以印证其不具有杀人故意，并且被告人在停止打击之后采取了人工呼吸等急救措施，并立即寻求“119”“120”及其家属的帮助，明显属于救济行为。被告人获知其妻子经抢救无效死亡之时，情绪崩溃、号啕大哭，有明显的忏悔。根据以上要素或因素作出事实推理：被告人的主观方面不具有杀人的故意，而仅具有伤害的故意。

2. 被告人不具有杀人的故意符合经验法则

行为人的行为受到社会生活法则的约束，也受到自然法则的约束。对于行为人是否具有伤害的故意或杀人的故意的认定也要能够通过社会生活法则和自然法则的检验。自然法则较为明显，无须赘述。社会经验法则较为难以把握。通常可考虑以下因素：（1）侵害行为的起因；（2）行为人和被害人的关系；（3）行为人一贯表现；（4）成长环境。本案系因被害人出轨导致被告人心存愤懑所致，被告人的行为的目的系查找被害人与他人交往的真相，行为着手实施的时间具有偶然性，不存在预谋。被告人与被害人之间系夫妻关系，且育有一子。被告人系辅警，工作表现良好，无违法犯罪记录。被告人成长的社会环境良好，系正常的社会一员。

因此，根据被告人在本案中作出的行为判断被告人不具有杀人的故意是符合经验法则的。

3. 伤害行为持续 3 小时不能推论出被告人具有杀人的故意

公诉机关指控，被告人伤害行为持续约 3 小时，已经超出伤害的故意范畴，其主观上为杀人的故意。如上所述，伤害行为的持续时间仅为打击烈度的一个因素，并不能直接推论出被害人有杀人的故意。同时，行为人的单一打击行为也不存在杀人的故意，因为被告人并未认识到持续的单一打击行为会造成被害人的死亡，因此，被告人对伤害行为所造成的死亡结果不存在认识因素和意志因素，伤害行为持续较长时间不能推论出被告人具有杀人的故意。

故此，本案被告人不具有杀人的故意，而仅具有伤害的故意。

（三）关于被告人的量刑

1. 本案被告人杨某某自动投案后如实供述自己的全部犯罪事实

依据本案被告人的供述与辩解及其他证人证言，被告人杨某某发现被害人受到重伤后，积极采取人工呼吸等急救措施并拨打“110”“120”“119”及其他亲属电话。当“120”救护车将被害人送到医院后，杨某某在其他亲属的陪同下到城北派出所投案自首，并如实供述自己的罪行，认罪悔罪态度较好，社会危害性低，属于《刑法》第 67 条规定可以从轻或者减轻处罚的法定情形，建议法庭给予从轻、减轻考虑。

2. 本案系婚姻家庭纠纷引发的突发事件，被告人杨某某积极赔偿被害人经济损失，取得被害人亲属的谅解

本案系被告人因怀疑被害人出轨，欲逼迫被害人“说实话”而对被害人施加暴力，是因婚姻家庭纠纷引发的突发事件。当被告人投案自首后，被告人杨某某及其家属积极赔偿了被害人亲属的损失，并获得了被害人亲属的谅解，属于最高人民法院、最高人民检察院《关于常见犯罪的量刑指导意见（试行）》中所规定的可以从轻或者减轻处罚的法定情节，恳请法庭依法酌情

给予从轻考虑。

3. 本案被告人系初犯且积极认罪、悔罪

本案被告人杨某某在本次犯罪之前表现一贯良好，本次犯罪系初犯，无前科劣迹；归案后被告人杨某某已经深深忏悔，深感对不起被害人及其家人，愿意接受法律的制裁。被告人杨某某已充分认识到自己的错误，也已积极采取手段弥补自己的错误，属于最高人民法院、最高人民检察院《关于常见犯罪的量刑指导意见（试行）》中所规定的可以从轻或者减轻处罚的法定情节，恳请法庭依法酌情给予从轻考虑。

本案被告人杨某某本次犯罪系初犯，原来无前科，归案后认罪悔罪态度又好，并愿意给予被害人相应的赔偿，为体现对犯罪以惩罚与教育相结合的原则，建议法庭在对本案被告人杨某某具体定罪量刑时能充分考虑以上综合情节，对被告人杨某某判处有期徒刑。

综上所述，被告人杨某某不存在杀人的故意，应构成故意伤害罪而非故意杀人罪，且杨某某事发前无预谋，作案后自动投案、如实供述罪行，案发后积极将被害人送医抢救，有认罪、悔罪表现。辩护人恳请法庭本着惩罚与挽救并重的原则，在量刑时考虑被告人上述从轻、减轻处罚的法定情节和酌定情节，对被告人杨某某判处有期徒刑。

以上辩护意见，请人民法院参考适用。

三、裁判观点

被告人杨某某因怀疑被害人有出轨迹象，即持木棒、竹棍、数据线、工艺剑剑鞘等物及采取扇耳光、踢打等方式伤害某某某致其死亡，其行为已触犯《刑法》第 234 条的规定，构成故意伤害罪，公诉机关指控其犯故意杀人罪与查明的事实不符，应予纠正。关于被告人杨某某所持“自己没有杀人的故意，应构成故意伤害罪”等辩解及辩护人所持“杨某某应构成故意伤害罪而非故意杀人罪”等辩护意见成立，法院予以采纳。关于辩护人所持“本案系婚姻家庭纠纷引发的突发事件，杨某某有自首情节，案发后及时将被害人送医抢救，能认罪、悔罪”等辩护理由，经查，杨某某作案前并无预谋，作案后自动投案、如实供述罪行，案发后积极将被害人送医抢救，有认罪、悔罪表现，故对该意见予以采纳，并在量刑时予以考虑。鉴于本案系因婚姻家庭纠纷引发，杨某某有自首情节，且其亲属代为积极赔偿被害人亲属损失，并获得了被害人亲属的谅解，故决定对其从轻处罚。

四、办案心得

故意伤害是对他人身体健康的损害，故意杀人是对他人生命的剥夺。从身体健康与生命的关系来看，对他人身体健康的损害达到一定程度就剥夺了他人的生命。换言之，任何杀人既遂都必然包含伤害，任何杀人既遂都必然包含伤害或伤害的危险性。

（一）从客观行为上区分伤害的故意和杀人的故意

故意伤害致人死亡与故意杀人既遂在结果上是一致的。故意伤害罪和故意杀人罪的主要区别在于行为人是否以非法剥夺他人生命权为主观故意的内容。如行为人没有侵犯其生命权的故意，仅有侵犯其健康权的故意，即使客观上行为导致了他人的死亡，也只能认定为故意伤害（致人死亡）。如行为人主观上具有侵犯他人生命权的故意，即使其行为没有造成他人死亡的结果，也应当构成故意杀人罪（未遂）。

故意伤害罪和故意杀人罪经由共同的手段——伤害行为而得以实施。如何确定故意的内容，需要对行为（伤害）进行全面的考察。行为总要处于特定的时空条件下，这是行为的载体，但不是行为本身。对行为本身性质的认定需要从以下几个方面考察：（1）行为人是否将故意的内容明确表达出来。在犯罪行为发生发展的过程中，行为人如果将故意的内容直接表达出来，则应当以行为人表达的意见为准。（2）行为人所使用的工具及其杀伤力。

（3）行为人打击的方式，是无差别攻击，还是有选择攻击？是要害部位，还是非要害部位？（4）打击力度如何？是全力打击还是留有余地？（5）打击烈度如何？单一打击行为之间间隔多久，打击行为持续多长时间？以上为判断故意内容的直接要素。判断行为主观意志的辅助判断因素有以下两个方面：（1）行为实施终了之后，行为人是否有补救行为？（2）行为人是否表示忏悔？

以上各因素可以作为判断伤害故意或杀人故意的依据，但这些因素在不同案件中会有不同的表达方式，要根据具体的案件情况作出具体的判断。

（二）伤害或者杀人的故意还应接受经验法则的检验

行为人是社会人，是一定时空条件下的人。因此，行为人的行为受到社会生活法则的约束，也受到自然法则的约束。比如，甲崇尚封建迷信，其计划通过巫蛊的方式杀死乙，乙果然在甲实施巫蛊术期间死亡。甲的行为之所以不构成犯罪，是因为其行为不符合自然规律，不具有导致他人死亡的现实可能。又如，甲男在饭局上对乙女行非礼之事，经友人劝导，各回各家；乙女归家之后，气愤不过，留书一封，纵身跳楼，遂致重伤。甲对乙受伤是否应负刑事责任？现代社会不是贞夫烈女或男女授受不亲的古代，时代向前发展，社会风气开放而充满活力，乙之受伤不符合社会经验法则。

自然法则较为明显，无须赘述。社会经验法则较为难以把握。通常可考虑以下因素：（1）侵害行为的起因。这是查明行为人故意内容的重要依据。是发泄不满，还是蓄意报复，是琐事引起还是深仇大恨，可以作为判断是杀人的故意还是伤害的故意的一个因素。因泄一时之愤，而击打被害人的身体一下，显然不具有杀人的故意。（2）行为人和被害人的关系。如系夫妻关系，则通常一方不会有杀死另一方的故意。如系情敌关系或仇敌关系，既可能是伤害，也可能是杀人。如系陌生人，一般不会有杀人的故意。（3）行为人一贯表现。行为人品学兼优、一贯表现良好，一般不会有杀人的故意。（4）成长环境。生长于和平安详、父慈子孝环境之下，较少是恶徒。

（三）本案中犯罪故意的认定及检讨

1. 本案伤害故意的认定

本案中被告人因怀疑被害人出轨，对被害人施加暴力，在 3 小时内，断续使用木棒、竹棍、数据线、工艺剑剑鞘等物及采取扇耳光、踢打等方式对被害人进行了殴打。公诉人认为被告人连续施加暴力超过 3 小时，远超过社会一般人中“伤害”的范畴，涉嫌故意杀人，因而以故意杀人罪向人民法院提起公诉。辩护人认为被告人虽持续施加暴力时间超过 3 小时，但其间存在多次停顿，且诸多行为表明其仅有伤害的故意：其使用观赏工艺剑伤害被害人时，避开使用更顺手的剑刃，选择了不顺手的剑鞘部位，在 3 小时的过程中多次存在与被害人对峙、自残等行为，明显不具有杀人的故意，仅系故意伤害。最终法院判决被告人犯故意伤害罪。

支持被告人主观故意为伤害的依据为：其一，本案系因恋爱引发纠纷，被告人怀疑被害人移情别恋而临时寻找工具伤害被害人；其二，在整个伤害过程中，被告人为证明其目的不是“杀人”而是“逼她说出真相”作出自残的行为；其三，被告人对被害人的求饶不管不顾系因“认为其受伤不严重”，当被告人发现被害人重伤失去意识时，立即对其实施急救并拨打“110”“120”等；其四，被告人伤害被害人时，曾使用工艺剑的剑鞘作为伤害的工具，其专门避开了更顺手、更具有杀伤力的剑刃，而选择了更不顺手、不具有杀伤力的剑鞘。

支持被告人主观故意为故意杀人的依据为：被告人伤害行为持续了超过 3 小时，其间被害人多次表示自身严重受伤，需要送往医院急救。

此外，如认为本案中现有证据无法查明被告人真实主观意图，案件中同时存在支持被告人系故意杀人、故意伤害的可能，也应当遵从“存疑时有利于被告”原则，认定被告为故意伤害。

因此，原审法院判决被告人构成故意伤害罪是恰当的。

2. 本案犯罪故意的检讨

（1）关于行为及其相关因素的检讨

①行为人明确陈述其犯罪过程中没有杀人的故意，这一点可以从被告人行为时的打击工具、打击部位、打击力度、打击烈度等方面得以印证。

②行为人使用的工具都不具有简洁高效杀死被害人的可能。行为人放弃使用唾手可得的高杀伤力的菜刀，选择使用工艺品剑中杀伤力较低的剑鞘而不是剑身，使用的木棒、竹棍、数据线均不具有高杀伤力。

③行为人全部打击部位都为非致命部位，具有明显的选择性。

④行为人打击留有余地，并未尽全力，打击过程中保留与被害人对话的机会。

⑤行为人打击烈度中等。行为单一打击行为间隔较长，但总体打击行为持续时间较长。单一打击行为较轻，但聚合起来仍然可能导致死亡的后果。如将被害人关在封闭空间，截断其饮食，致其死亡，烈度虽不高，但仍属故意杀人。总体打击行为持续时间较长，系对行为人不利的因素。

⑥行为人停止打击之后有抢救行为。

⑦行为人有忏悔表现。

（2）关于经验法则的检讨

①事件的起因。本案是由于被害人出轨导致被告人对其实施伤害行为。

②行为人与被害人之间系夫妻关系，且育有一女。

③行为人系辅警，工作表现良好，无违法犯罪记录。

④行为人成长的社会环境良好，心理正常。

基于以上各项因素的检讨，可以认为行为人只具有伤害的故意，而不具有杀人的故意。行为人对伤害行为的持续状态所导致的死亡结果不存在认识因素和意志因素，这一点符合一般社会规律。故此，对本案行为人应以故意伤害罪追究刑事责任。

（四）关于行为人的主观故意内容的判断之思考

在行为人的行为造成法益损害结果的情况下，行为人的主观故意的内容对认定其重罪还是轻罪抑或无罪非常重要，需要在法律实务中高度重视和认真探讨。论语有道“听其言，观其行，知其心，察其所安”，行为人的主观意识无法用技术手段直接探明，必须依靠客观事实推断其主观是何种故意。要坚持全面、联系的有效方法，从客观的事实、证据、要素出发，以事实为根据，以法律为准绳，采取科学的推理方法，充分考虑行为及行为人的各个因素，对行为人的主观故意的内容进行合理的推定，并须接受经验法则的检验。

正如前文所述，犯罪故意的内容是认定行为人的行为构成犯罪、构成此罪与彼罪的重要因素。在刑辩实务中，要充分认识到认定被告人犯罪故意内容的困难，采取全面的、联系的方法解决故意犯罪内容的认定，让犯罪故意的认定实现公正、合理的价值追求，使得刑法的社会保护机能和人权保障机能真正的统一。

作者简介

沈桂旺

专职律师，贵达律师事务所高级合伙人、贵州贵达（遵义）律师事务所主任。陕西师范大学学士，西南政法大学法律硕士学位，自2009年起开始执业。兼任贵州省法学会矿产资源法学研究会常务理事、遵义市企业和企业家联合会监事、遵义人事劳动仲裁院仲裁员。

附　录

1. 最高人民法院关于印发《人民法院办理刑事案件庭前会议规程（试行）》《人民法院办理刑事案件排除非法证据规程（试行）》《人民法院办理刑事案件第一审普通程序法庭调查规程（试行）》的通知

（法发〔2017〕31号　2017年11月27日公布　自2018年1月1日起实施）

各省、自治区、直辖市高级人民法院，解放军军事法院，新疆维吾尔自治区高级人民法院生产建设兵团分院；全国地方各中级人民法院，各战区、总直属军事法院，新疆生产建设兵团各中级人民法院：

为贯彻落实最高人民法院、最高人民检察院、公安部、国家安全部、司法部《关于推进以审判为中心的刑事诉讼制度改革的意见》和《关于办理刑事案件严格排除非法证据若干问题的规定》，深入推进以审判为中心的刑事诉讼制度改革，最高人民法院制定了《人民法院办理刑事案件庭前会议规程（试行）》《人民法院办理刑事案件排除非法证据规程（试行）》和《人民法院办理刑事案件第一审普通程序法庭调查规程（试行）》（以下简称“三项规程”），现印发给你们，自2018年1月1日起试行。

为了在司法实践中更好地贯彻执行“三项规程”，现提出以下要求：

一、充分认识“三项规程”的重要意义。推进以审判为中心的刑事诉讼制度改革，是党的十八届四中全会作出的重大改革部署，是坚持严格司法、确保刑事司法公正的现实需要。最高人民法院、最高人民检察院、公安部、国家安全部、司法部先后印发《关于推进以审判为中心的刑事诉讼制度改革的意见》《关于办理刑事案件严格排除非法证据若干问题的规定》，提出改革完善刑事诉讼制度的总体方案。为确保中央改革要求落地见效，优化完善审判特别是庭审程序，最高人民法院在出台《关于全面推进以审判为中心的刑事诉讼制度改革的实施意见》的基础上，制定深化庭审实质化改革的“三项规程”，有助于充分发挥审判特别是庭审在刑事诉讼中的决定性作用，构建更加精密化、规范化、实质化的刑事审判制度。各级人民法院要充分认识制定“三项规程”的重要意义，准确把握改革精神，充分发挥审判程序的职能作用，健全落实证据裁判、非法证据排除、疑罪从无等法律原则和要求，通过法庭审判的程序公正实现案件裁判的实体公正，提升司法公信力。

二、准确把握和执行“三项规程”的试行要求。推进以审判为中心的刑事诉讼制度改革，牵涉政法工作全局，各级人民法院要主动向党委、人大汇报试行工作，密切与其他政法机关的沟通联系，形成改革合力，确保改革稳步推进。要推进案件繁简分流，优化司法资源配置，将有限的司法资源用于审理重大复杂疑难案件，完善刑事案件速裁程序和认罪认罚从宽制度，实现“疑案精审”“简案快审”。要以敢于负责、敢于担当的精神，严格落实疑罪从无原则，对定罪证据不足的疑罪案件依法宣告无罪，确保严格执法、公正司法，切实防范冤假错案。在试行期间，各级人民法院包括前期各试点法院要统一贯彻执行“三项规程”的相关规定，不能各行其是。

三、加强对“三项规程”的学习培训工作。最高人民法院在制定“三项规程”过程中，坚持问题导向和目标导向，以中央的改革精神和要求为着眼点，认真总结传统审判经验，充分吸收前期改革成果，注重理念创新和制度创新。根据庭前会议规程，人民法院在庭前会议中可以依法处理可能导致庭审中断的程序性事项，组织控辩双方展示证据，归纳控辩双方争议焦点，明确规范庭前会议与法庭审理的衔接机制。非法证据排除规程重点针对非法证据排除程序适用中存在的启动难、证明难、认定难、排除难等问题，进一步明确人民法院审查和排除非法证据的具体规则和程序。法庭调查规程在总结传统庭审经验基础上，将证据裁判、程序公正、集中审理和诉权保障确立为法庭调查的基本原则，规范开庭讯问、发问程序，落实证人、鉴定人出庭作证制度，完善各类证据的举证、质证、认证规则，确保诉讼证据出示在法庭、案件事实查明在法庭、诉辩意见发表在法庭、裁判结果形成在法庭。各高级人民法院要高度重视，切实督导辖区各级人民法院认真学习“三项规程”，精心组织刑事审判人员参加专项培训，确保每一名办案人员能够深刻领会“三项规程”的精神实质，全面掌握具体内容，以便在具体工作中切实、熟练加以运用。

四、注意总结和推广试行“三项规程”的经验做法。各级人民法院要以贯彻“三项规程”为契机，以提高证人、鉴定人、侦查人员出庭作证率、律师辩护率和当庭宣判率为重点，着力推进庭审制度改革。要采取实地考察、庭审观摩等方式，加强法院之间的沟通交流，共享经验，共同提高。要采取积极稳妥的方法，强化正面宣传报道，营造各方共同推进改革的良好氛围。在贯彻执行过程中遇到的新情况、新问题和探索的新经验、新做法，要认真加以总结，并及时层报最高人民法院。

人民法院办理刑事案件庭前会议规程（试行）

为贯彻落实最高人民法院、最高人民检察院、公安部、国家安全部、司法部《关于推进以审判为中心的刑事诉讼制度改革的意见》，完善庭前会议程序，确保法庭集中持续审理，提高庭审质量和效率，根据法律规定，结合司法实际，制定本规程。

第一条　人民法院适用普通程序审理刑事案件，对于证据材料较多、案情疑难复杂、社会影响重大或者控辩双方对事实证据存在较大争议等情形的，可以决定在开庭审理前召开庭前会议。

控辩双方可以申请人民法院召开庭前会议。申请召开庭前会议的，应当说明需要处理的事项。人民法院经审查认为有必要的，应当决定召开庭前会议；决定不召开庭前会议的，应当告知申请人。

被告人及其辩护人在开庭审理前申请排除非法证据，并依照法律规定提供相关线索或者材料的，人民法院应当召开庭前会议。

第二条 庭前会议中，人民法院可以就与审判相关的问题了解情况，听取意见，依法处理回避、出庭证人名单、非法证据排除等可能导致庭审中断的事项，组织控辩双方展示证据，归纳争议焦点，开展附带民事调解。

第三条 庭前会议由承办法官主持，其他合议庭成员也可以主持或者参加庭前会议。根据案件情况，承办法官可以指导法官助理主持庭前会议。

公诉人、辩护人应当参加庭前会议。根据案件情况，被告人可以参加庭前会议；被告人申请参加庭前会议或者申请排除非法证据等情形的，人民法院应当通知被告人到场；有多名被告人的案件，主持人可以根据案件情况确定参加庭前会议的被告人。

被告人申请排除非法证据，但没有辩护人的，人民法院应当通知法律援助机构指派律师为被告人提供帮助。

庭前会议中进行附带民事调解的，人民法院应当通知附带民事诉讼当事人到场。

第四条 被告人不参加庭前会议的，辩护人应当在召开庭前会议前就庭前会议处理事项听取被告人意见。

第五条 庭前会议一般不公开进行。

根据案件情况，庭前会议可以采用视频会议等方式进行。

第六条 根据案件情况，庭前会议可以在开庭审理前多次召开；休庭后，可以在再次开庭前召开庭前会议。

第七条 庭前会议应当在法庭或者其他办案场所召开。被羁押的被告人参加的，可以在看守所办案场所召开。

被告人参加庭前会议，应当有法警在场。

第八条 人民法院应当根据案件情况，综合控辩双方意见，确定庭前会议需要处理的事项，并在召开庭前会议三日前，将会议的时间、地点、人员和事项等通知参会人员。通知情况应当记录在案。

被告人及其辩护人在开庭审理前申请排除非法证据的，人民法院应当在召开庭前会议三日前，将申请书及相关线索或者材料的复制件送交人民检察院。

第九条 庭前会议开始后，主持人应当核实参会人员情况，宣布庭前会议需要处理的事项。

有多名被告人参加庭前会议，涉及事实证据问题的，应当组织各被告人分别参加，防止串供。

第十条 庭前会议中，主持人可以就下列事项向控辩双方了解情况，听取意见：

（一）是否对案件管辖有异议；

（二）是否申请有关人员回避；

（三）是否申请不公开审理；

（四）是否申请排除非法证据；

（五）是否申请提供新的证据材料；

（六）是否申请重新鉴定或者勘验；

（七）是否申请调取在侦查、审查起诉期间公安机关、人民检察院收集但未随案移送的证明被告人无罪或者罪轻的证据材料；

（八）是否申请向证人或有关单位、个人收集、调取证据材料；

（九）是否申请证人、鉴定人、侦查人员、有专门知识的人出庭，是否对出庭人员名单有异议；

（十）与审判相关的其他问题。

对于前款规定中可能导致庭审中断的事项，人民法院应当依法作出处理，在开庭审理前告知处理决定，并说明理由。控辩双方没有新的理由，在庭审中再次提出有关申请或者异议的，法庭应当依法予以驳回。

第十一条 被告人及其辩护人对案件管辖提出异议，应当说明理由。人民法院经审查认为异议成立的，应当依法将案件退回人民检察院或者移送有管辖权的人民法院；认为本院不宜行使管辖权的，可以请求上一级人民法院处理。人民法院经审查认为异议不成立的，应当依法驳回异议。

第十二条 被告人及其辩护人申请审判人员、书记员、翻译人员、鉴定人回避，应当说明理由。人民法院经审查认为申请成立的，应当依法决定有关人员回避；认为申请不成立的，应当依法驳回申请。

被告人及其辩护人申请回避被驳回的，可以在接到决定时申请复议一次。对于不属于刑事诉讼法第二十八条、第二十九条规定情形的，回避申请被驳回后，不得申请复议。

被告人及其辩护人申请检察人员回避的，人民法院应当通知人民检察院。

第十三条 被告人及其辩护人申请不公开审理，人民法院经审查认为案件涉及国家秘密或者个人隐私的，应当准许；认为案件涉及商业秘密的，可以准许。

第十四条 被告人及其辩护人在开庭审理前申请排除非法证据，并依照法律规定提供相关线索或者材料的，人民检察院应当在庭前会议中通过出示有关证据材料等方式，有针对性地对证据收集的合法性作出说明。人民法院可以对有关证据材料进行核实；经控辩双方申请，可以有针对性地播放讯问录音录像。

人民检察院可以撤回有关证据，撤回的证据，没有新的理由，不得在庭审中出示。被告人及其辩护人可以撤回排除非法证据的申请，撤回申请后，没有新的线索或者材料，不得再次对有关证据提出排除申请。

控辩双方在庭前会议中对证据收集的合法性未达成一致意见，人民法院应当开展庭审调查，但公诉人提供的相关证据材料确实、充分，能够排除非法取证情形，且没有新的线索或者材料表明可能存在非法取证的，庭审调查举证、质证可以简化。

第十五条 控辩双方申请重新鉴定或者勘验，应当说明理由。人民法院经审查认为理由成立，有关证据材料可能影响定罪量刑且不能补正的，应当准许。

第十六条 被告人及其辩护人书面申请调取公安机关、人民检察院在侦查、审查起诉期间收集但未随案移送的证明被告人无罪或者罪轻的证据材料，并提供相关线索或者材料的，人民法院应当调取，并通知人民检察院在收到调取决定书后三日内移交。

被告人及其辩护人申请向证人或有关单位、个人收集、调取证据材料，应当说明理由。人民法院经审查认为有关证据材料可能影响定罪量刑的，应当准许；认为有关证据材料与案件无关或者明显重复、没有必要的，可以不予准许。

第十七条 控辩双方申请证人、鉴定人、侦查人员、有专门知识的人出庭，应当说明理由。人民法院经审查认为理由成立的，应当通知有关人员出庭。

控辩双方对出庭证人、鉴定人、侦查人员、有专门知识的人的名单有异议，人民法院经审查认为异议成立的，应当依法作出处理；认为异议不成立的，应当依法驳回。

人民法院通知证人、鉴定人、侦查人员、有专门知识的人等出庭后，应当告知控辩双方协助有关人员到庭。

第十八条 召开庭前会议前，人民检察院应当将全部证据材料移送人民法院。被告人及其辩护人应当将收集的有关被告人不在犯罪现场、未达到刑事责任年龄、属于依法不负刑事责任的精神病人等证明被告人无罪或者依法不负刑事责任的全部证据材料提交人民法院。

人民法院收到控辩双方移送或者提交的证据材料后，应当通知对方查阅、摘抄、复制。

第十九条 庭前会议中，对于控辩双方决定在庭审中出示的证据，人民法院可以组织展示有关证据，听取控辩双方对在案证据的意见，梳理存在争议的证据。

对于控辩双方在庭前会议中没有争议的证据材料，庭审时举证、质证可以简化。

人民法院组织展示证据的，一般应当通知被告人到场，听取被告人意见；被告人不到场的，辩护人应当在召开庭前会议前听取被告人意见。

第二十条 人民法院可以在庭前会议中归纳控辩双方的争议焦点。对控辩双方没有争议或者达成一致意见的事项，可以在庭审中简化审理。

人民法院可以组织控辩双方协商确定庭审的举证顺序、方式等事项，明确法庭调查的方式和重点。协商不成的事项，由人民法院确定。

第二十一条 对于被告人在庭前会议前不认罪，在庭前会议中又认罪的案件，人民法院核实被告人认罪的自愿性和真实性后，可以依法适用速裁程序或者简易程序审理。

第二十二条 人民法院在庭前会议中听取控辩双方对案件事实证据的意见后，对于明显事实不清、证据不足的案件，可以建议人民检察院补充材料或者撤回起诉。建议撤回起诉的案件，人民检察院不同意的，人民法院开庭审理后，没有新的事实和理由，一般不准许撤回起诉。

第二十三条 庭前会议情况应当制作笔录，由参会人员核对后签名。

庭前会议结束后应当制作庭前会议报告，说明庭前会议的基本情况、与审判相关的问题的处理结果、控辩双方的争议焦点以及就相关事项达成的一致意见等。

第二十四条 对于召开庭前会议的案件，在宣读起诉书后，法庭应当宣布庭前会议报告的主要内容；有多起犯罪事实的案件，可以在有关犯罪事实的法庭调查开始前，分别宣布庭前会议报告的相关内容；对庭前会议处理管辖异议、申请回避、申请不公开审理等事项的，法庭可以在告知当事人诉讼权利后宣布庭前会议报告的相关内容。

第二十五条 宣布庭前会议报告后，对于庭前会议中达成一致意见的事项，法庭向控辩双方核实后当庭予以确认；对于未达成一致意见的事项，法庭可以归纳控辩双方争议焦点，听取控辩双方意见，依法作出处理。

控辩双方在庭前会议中就有关事项达成一致意见，在庭审中反悔的，除有正当理由外，法庭一般不再进行处理。

第二十六条　第二审人民法院召开庭前会议的，参照上述规定。

第二十七条　本规程自 2018 年 1 月 1 日起试行。

人民法院办理刑事案件排除非法证据规程（试行）

为贯彻落实最高人民法院、最高人民检察院、公安部、国家安全部、司法部《关于推进以审判为中心的刑事诉讼制度改革的意见》和《关于办理刑事案件严格排除非法证据若干问题的规定》，规范非法证据排除程序，准确惩罚犯罪，切实保障人权，有效防范冤假错案，根据法律规定，结合司法实际，制定本规程。

第一条　采用下列非法方法收集的被告人供述，应当予以排除：

（一）采用殴打、违法使用戒具等暴力方法或者变相肉刑的恶劣手段，使被告人遭受难以忍受的痛苦而违背意愿作出的供述；

（二）采用以暴力或者严重损害本人及其近亲属合法权益等进行威胁的方法，使被告人遭受难以忍受的痛苦而违背意愿作出的供述；

（三）采用非法拘禁等非法限制人身自由的方法收集的被告人供述。

采用刑讯逼供方法使被告人作出供述，之后被告人受该刑讯逼供行为影响而作出的与该供述相同的重复性供述，应当一并排除，但下列情形除外：

（一）侦查期间，根据控告、举报或者自己发现等，侦查机关确认或者不能排除以非法方法收集证据而更换侦查人员，其他侦查人员再次讯问时告知诉讼权利和认罪的法律后果，被告人自愿供述的；

（二）审查逮捕、审查起诉和审判期间，检察人员、审判人员讯问时告知诉讼权利和认罪的法律后果，被告人自愿供述的。

第二条　采用暴力、威胁以及非法限制人身自由等非法方法收集的证人证言、被害人陈述，应当予以排除。

第三条 采用非法搜查、扣押等违反法定程序的方法收集物证、书证，可能严重影响司法公正的，应当予以补正或者作出合理解释；不能补正或者作出合理解释的，对有关证据应当予以排除。

第四条 依法予以排除的非法证据，不得宣读、质证，不得作为定案的根据。

第五条 被告人及其辩护人申请排除非法证据，应当提供相关线索或者材料。“线索”是指内容具体、指向明确的涉嫌非法取证的人员、时间、地点、方式等；“材料”是指能够反映非法取证的伤情照片、体检记录、医院病历、讯问笔录、讯问录音录像或者同监室人员的证言等。

被告人及其辩护人申请排除非法证据，应当向人民法院提交书面申请。被告人书写确有困难的，可以口头提出申请，但应当记录在案，并由被告人签名或者捺印。

第六条 证据收集合法性的举证责任由人民检察院承担。

人民检察院未提供证据，或者提供的证据不能证明证据收集的合法性，经过法庭审理，确认或者不能排除以非法方法收集证据情形的，对有关证据应当予以排除。

第七条 开庭审理前，承办法官应当阅卷，并对证据收集的合法性进行审查：

（一）被告人在侦查、审查起诉阶段是否提出排除非法证据申请；提出申请的，是否提供相关线索或者材料；

（二）侦查机关、人民检察院是否对证据收集的合法性进行调查核实；调查核实的，是否作出调查结论；

（三）对于重大案件，人民检察院驻看守所检察人员在侦查终结前是否核查讯问的合法性，是否对核查过程同步录音录像；进行核查的，是否作出核查结论；

（四）对于人民检察院在审查逮捕、审查起诉阶段排除的非法证据，是否随案移送并写明为依法排除的非法证据。

人民法院对证据收集的合法性进行审查后，认为需要补充证据材料的，应当通知人民检察院在三日内补送。

第八条 人民法院向被告人及其辩护人送达起诉书副本时，应当告知其有权在开庭审理前申请排除非法证据并同时提供相关线索或者材料。上述情况应当记录在案。

被告人申请排除非法证据，但没有辩护人的，人民法院应当通知法律援助机构指派律师为其提供辩护。

第九条 被告人及其辩护人申请排除非法证据，应当在开庭审理前提出，但在庭审期间发现相关线索或者材料等情形除外。

第十条 被告人及其辩护人申请排除非法证据，并提供相关线索或者材料的，人民法院应当召开庭前会议，并在召开庭前会议三日前将申请书和相关线索或者材料的复制件送交人民检察院。

被告人及其辩护人申请排除非法证据，未提供相关线索或者材料的，人民法院应当告知其补充提交。被告人及其辩护人未能补充的，人民法院对申请不予受理，并在开庭审理前告知被告人及其辩护人。上述情况应当记录在案。

第十一条 对于可能判处无期徒刑、死刑或者黑社会性质组织犯罪、严重毒品犯罪等重大案件，被告人在驻看守所检察人员对讯问的合法性进行核查询问时，明确表示侦查阶段没有刑讯逼供等非法取证情形，在审判阶段又提出排除非法证据申请的，应当说明理由。人民法院经审查对证据收集的合法性没有疑问的，可以驳回申请。

驻看守所检察人员在重大案件侦查终结前未对讯问的合法性进行核查询问，或者未对核查询问过程全程同步录音录像，被告人及其辩护人在审判阶段提出排除非法证据申请，提供相关线索或者材料，人民法院对证据收集的合法性有疑问的，应当依法进行调查。

第十二条 在庭前会议中，人民法院对证据收集的合法性进行审查的，一般按照以下步骤进行：

（一）被告人及其辩护人说明排除非法证据的申请及相关线索或者材料；

（二）公诉人提供证明证据收集合法性的证据材料；

（三）控辩双方对证据收集的合法性发表意见；

（四）控辩双方对证据收集的合法性未达成一致意见的，审判人员归纳争议焦点。

第十三条 在庭前会议中，人民检察院应当通过出示有关证据材料等方式，有针对性地对证据收集的合法性作出说明。人民法院可以对有关材料进行核实，经控辩双方申请，可以有针对性地播放讯问录音录像。

第十四条 在庭前会议中，人民检察院可以撤回有关证据。撤回的证据，没有新的理由，不得在庭审中出示。

被告人及其辩护人可以撤回排除非法证据的申请。撤回申请后，没有新的线索或者材料，不得再次对有关证据提出排除申请。

第十五条 控辩双方在庭前会议中对证据收集的合法性达成一致意见的，法庭应当在庭审中向控辩双方核实并当庭予以确认。对于一方在庭审中反悔的，除有正当理由外，法庭一般不再进行审查。

控辩双方在庭前会议中对证据收集的合法性未达成一致意见，人民法院应当在庭审中进行调查，但公诉人提供的相关证据材料确实、充分，能够排除非法取证情形，且没有新的线索或者材料表明可能存在非法取证的，庭审调查举证、质证可以简化。

第十六条 审判人员应当在庭前会议报告中说明证据收集合法性的审查情况，主要包括控辩双方的争议焦点以及就相关事项达成的一致意见等内容。

第十七条 被告人及其辩护人在开庭审理前未申请排除非法证据，在庭审过程中提出申请的，应当说明理由。人民法院经审查，对证据收集的合法性有疑问的，应当进行调查；没有疑问的，应当驳回申请。

人民法院驳回排除非法证据的申请后，被告人及其辩护人没有新的线索或者材料，以相同理由再次提出申请的，人民法院不再审查。

第十八条 人民法院决定对证据收集的合法性进行法庭调查的，应当先行当庭调查。对于被申请排除的证据和其他犯罪事实没有关联等情形，为防止庭审过分迟延，可以先调查其他犯罪事实，再对证据收集的合法性进行调查。

在对证据收集合法性的法庭调查程序结束前，不得对有关证据宣读、质证。

第十九条 法庭决定对证据收集的合法性进行调查的，一般按照以下步骤进行：

（一）召开庭前会议的案件，法庭应当在宣读起诉书后，宣布庭前会议中对证据收集合法性的审查情况，以及控辩双方的争议焦点；

（二）被告人及其辩护人说明排除非法证据的申请及相关线索或者材料；

（三）公诉人出示证明证据收集合法性的证据材料，被告人及其辩护人可以对相关证据进行质证，经审判长准许，公诉人、辩护人可以向出庭的侦查人员或者其他人员发问；

（四）控辩双方对证据收集的合法性进行辩论。

第二十条 公诉人对证据收集的合法性加以证明，可以出示讯问笔录、提讯登记、体检记录、采取强制措施或者侦查措施的法律文书、侦查终结前对讯问合法性的核查材料等证据材料，也可以针对被告人及其辩护人提出异议的讯问时段播放讯问录音录像，提请法庭通知侦查人员或者其他人员出庭说明情况。不得以侦查人员签名并加盖公章的说明材料替代侦查人员出庭。

庭审中，公诉人当庭不能举证或者为提供新的证据需要补充侦查，建议延期审理的，法庭可以同意。

第二十一条 被告人及其辩护人可以出示相关线索或者材料，并申请法庭播放特定讯问时段的讯问录音录像。

被告人及其辩护人向人民法院申请调取侦查机关、人民检察院收集但未提交的讯问录音录像、体检记录等证据材料，人民法院经审查认为该证据材料与证据收集的合法性有关的，应当予以调取；认为与证据收集的合法性无关的，应当决定不予调取，并向被告人及其辩护人说明理由。

被告人及其辩护人申请人民法院通知侦查人员或者其他人员出庭说明情况，人民法院认为确有必要的，可以通知上述人员出庭。

第二十二条 法庭对证据收集的合法性进行调查的，应当重视对讯问录音录像的审查，重点审查以下内容：

（一）讯问录音录像是否依法制作。对于可能判处无期徒刑、死刑的案件或者其他重大犯罪案件，是否对讯问过程进行录音录像；

（二）讯问录音录像是否完整。是否对每一次讯问过程录音录像，录音录像是否全程不间断进行，是否有选择性录制、剪接、删改等情形；

（三）讯问录音录像是否同步制作。录音录像是否自讯问开始时制作，至犯罪嫌疑人核对讯问笔录、签字确认后结束；讯问笔录记载的起止时间是否与讯问录音录像反映的起止时间一致；

（四）讯问录音录像与讯问笔录的内容是否存在差异。对与定罪量刑有关的内容，讯问笔录记载的内容与讯问录音录像是否存在实质性差异，存在实质性差异的，以讯问录音录像为准。

第二十三条 侦查人员或者其他人员出庭的，应当向法庭说明证据收集过程，并就相关情况接受发问。对发问方式不当或者内容与证据收集的合法性无关的，法庭应当制止。

经人民法院通知，侦查人员不出庭说明情况，不能排除以非法方法收集证据情形的，对有关证据应当予以排除。

第二十四条 人民法院对控辩双方提供的证据来源、内容等有疑问的，可以告知控辩双方补充证据或者作出说明；必要时，可以宣布休庭，对证据进行调查核实。法庭调查核实证据，可以通知控辩双方到场，并将核实过程记录在案。

对于控辩双方补充的和法庭庭外调查核实取得的证据，未经当庭出示、质证等法庭调查程序查证属实，不得作为证明证据收集合法性的根据。

第二十五条 人民法院对证据收集的合法性进行调查后，应当当庭作出是否排除有关证据的决定。必要时，可以宣布休庭，由合议庭评议或者提交审判委员会讨论，再次开庭时宣布决定。

第二十六条　经法庭审理，具有下列情形之一的，对有关证据应当予以排除：

（一）确认以非法方法收集证据的；

（二）应当对讯问过程录音录像的案件没有提供讯问录音录像，或者讯问录音录像存在选择性录制、剪接、删改等情形，现有证据不能排除以非法方法收集证据的；

（三）侦查机关除紧急情况外没有在规定的办案场所讯问，现有证据不能排除以非法方法收集证据的；

（四）驻看守所检察人员在重大案件侦查终结前未对讯问合法性进行核查，或者未对核查过程同步录音录像，或者录音录像存在选择性录制、剪接、删改等情形，现有证据不能排除以非法方法收集证据的；

（五）其他不能排除存在以非法方法收集证据的。

第二十七条　人民法院对证人证言、被害人陈述、物证、书证等证据收集合法性的审查、调查程序，参照上述规定。

第二十八条　人民法院对证据收集合法性的审查、调查结论，应当在裁判文书中写明，并说明理由。

第二十九条　人民检察院、被告人及其法定代理人提出抗诉、上诉，对第一审人民法院有关证据收集合法性的审查、调查结论提出异议的，第二审人民法院应当审查。

第三十条　被告人及其辩护人在第一审程序中未提出排除非法证据的申请，在第二审程序中提出申请，有下列情形之一的，第二审人民法院应当审查：

（一）第一审人民法院没有依法告知被告人申请排除非法证据的权利的；

（二）被告人及其辩护人在第一审庭审后发现涉嫌非法取证的相关线索或者材料的。

第三十一条　人民检察院应当在第一审程序中全面出示证明证据收集合

法性的证据材料。

人民检察院在第一审程序中未出示证明证据收集合法性的证据，第一审人民法院依法排除有关证据的，人民检察院在第二审程序中不得出示之前未出示的证据，但在第一审程序后发现的除外。

第三十二条 第二审人民法院对证据收集合法性的调查，参照上述第一审程序的规定。

第三十三条 第一审人民法院对被告人及其辩护人排除非法证据的申请未予审查，并以有关证据作为定案的根据，可能影响公正审判的，第二审人民法院应当裁定撤销原判，发回原审人民法院重新审判。

第三十四条 第一审人民法院对依法应当排除的非法证据未予排除的，第二审人民法院可以依法排除相关证据。排除非法证据后，应当按照下列情形分别作出处理：

（一）原判决认定事实和适用法律正确、量刑适当的，应当裁定驳回上诉或者抗诉，维持原判；

（二）原判决认定事实没有错误，但适用法律有错误，或者量刑不当的，应当改判；

（三）原判决事实不清或者证据不足的，可以在查清事实后改判；也可以裁定撤销原判，发回原审人民法院重新审判。

第三十五条 审判监督程序、死刑复核程序中对证据收集合法性的审查、调查，参照上述规定。

第三十六条 本规程自 2018 年 1 月 1 日起试行。

人民法院办理刑事案件第一审普通程序法庭调查规程（试行）

为贯彻落实最高人民法院、最高人民检察院、公安部、国家安全部、司法部《关于推进以审判为中心的刑事诉讼制度改革的意见》，规范法庭调查程序，提高庭审质量和效率，确保诉讼证据出示在法庭、案件事实查明在法庭、诉辩意见发表在法庭、裁判结果形成在法庭，根据法律规定，结合司法实际，制定本规程。

一、一般规定

第一条　法庭应当坚持证据裁判原则。认定案件事实，必须以证据为根据。法庭调查应当以证据调查为中心，法庭认定并依法排除的非法证据，不得宣读、质证。证据未经当庭出示、宣读、辨认、质证等法庭调查程序查证属实，不得作为定案的根据。

第二条　法庭应当坚持程序公正原则。人民检察院依法承担被告人有罪的举证责任，被告人不承担证明自己无罪的责任。法庭应当居中裁判，严格执行法定的审判程序，确保控辩双方在法庭调查环节平等对抗，通过法庭审判的程序公正实现案件裁判的实体公正。

第三条　法庭应当坚持集中审理原则。规范庭前准备程序，避免庭审出现不必要的迟延和中断。承办法官应当在开庭前阅卷，确定法庭审理方案，并向合议庭通报开庭准备情况。召开庭前会议的案件，法庭可以依法处理可能导致庭审中断的事项，组织控辩双方展示证据，归纳控辩双方争议焦点。

第四条　法庭应当坚持诉权保障原则。依法保障当事人和其他诉讼参与人的知情权、陈述权、辩护辩论权、申请权、申诉权，依法保障辩护人发问、质证、辩论辩护等权利，完善便利辩护人参与诉讼的工作机制。

二、宣布开庭和讯问、发问程序

第五条　法庭宣布开庭后，应当告知当事人在法庭审理过程中依法享有的诉讼权利。

对于召开庭前会议的案件，在庭前会议中处理诉讼权利事项的，可以在开庭后告知诉讼权利的环节，一并宣布庭前会议对有关事项的处理结果。

第六条　公诉人宣读起诉书后，对于召开庭前会议的案件，法庭应当宣布庭前会议报告的主要内容。有多起犯罪事实的案件，法庭可以在有关犯罪事实的法庭调查开始前，分别宣布庭前会议报告的相关内容。

对于庭前会议中达成一致意见的事项，法庭可以向控辩双方核实后当庭予以确认；对于未达成一致意见的事项，法庭可以在庭审涉及该事项的环节归纳争议焦点，听取控辩双方意见，依法作出处理。

第七条 公诉人宣读起诉书后，审判长应当询问被告人对起诉书指控的犯罪事实是否有异议，听取被告人的供述和辩解。对于被告人当庭认罪的案件，应当核实被告人认罪的自愿性和真实性，听取其供述和辩解。

在审判长主持下，公诉人可以就起诉书指控的犯罪事实讯问被告人，为防止庭审过分迟延，就证据问题向被告人的讯问可在举证、质证环节进行。经审判长准许，被害人及其法定代理人、诉讼代理人可以就公诉人讯问的犯罪事实补充发问；附带民事诉讼原告人及其法定代理人、诉讼代理人可以就附带民事部分的事实向被告人发问；被告人的法定代理人、辩护人，附带民事诉讼被告人及其法定代理人、诉讼代理人可以在控诉一方就某一问题讯问完毕后向被告人发问。有多名被告人的案件，辩护人对被告人的发问，应当在审判长主持下，先由被告人本人的辩护人进行，再由其他被告人的辩护人进行。

第八条 有多名被告人的案件，对被告人的讯问应当分别进行。

被告人供述之间存在实质性差异的，法庭可以传唤有关被告人到庭对质。审判长可以分别讯问被告人，就供述的实质性差异进行调查核实。经审判长准许，控辩双方可以向被告人讯问、发问。审判长认为有必要的，可以准许被告人之间相互发问。

根据案件审理需要，审判长可以安排被告人与证人、被害人依照前款规定的方式进行对质。

第九条 申请参加庭审的被害人众多，且案件不属于附带民事诉讼范围的，被害人可以推选若干代表人参加或者旁听庭审，人民法院也可以指定若干代表人。

对被告人讯问、发问完毕后，其他证据出示前，在审判长主持下，参加庭审的被害人可以就起诉书指控的犯罪事实作出陈述。经审判长准许，控辩双方可以在被害人陈述后向被害人发问。

第十条　为解决被告人供述和辩解中的疑问，审判人员可以讯问被告人，也可以向被害人、附带民事诉讼当事人发问。

第十一条　有多起犯罪事实的案件，对被告人不认罪的事实，法庭调查一般应当分别进行。

被告人不认罪或者认罪后又反悔的案件，法庭应当对与定罪和量刑有关的事实、证据进行全面调查。

被告人当庭认罪的案件，法庭核实被告人认罪的自愿性和真实性，确认被告人知悉认罪的法律后果后，可以重点围绕量刑事实和其他有争议的问题进行调查。

三、出庭作证程序

第十二条　控辩双方可以申请法庭通知证人、鉴定人、侦查人员和有专门知识的人等出庭。

被害人及其法定代理人、诉讼代理人，附带民事诉讼原告人及其诉讼代理人也可以提出上述申请。

第十三条　控辩双方对证人证言、被害人陈述有异议，申请证人、被害人出庭，人民法院经审查认为证人证言、被害人陈述对案件定罪量刑有重大影响的，应当通知证人、被害人出庭。

控辩双方对鉴定意见有异议，申请鉴定人或者有专门知识的人出庭，人民法院经审查认为有必要的，应当通知鉴定人或者有专门知识的人出庭。

控辩双方对侦破经过、证据来源、证据真实性或者证据收集合法性等有异议，申请侦查人员或者有关人员出庭，人民法院经审查认为有必要的，应当通知侦查人员或者有关人员出庭。

为查明案件事实、调查核实证据，人民法院可以依职权通知上述人员到庭。

人民法院通知证人、被害人、鉴定人、侦查人员、有专门知识的人等出庭的，控辩双方协助有关人员到庭。

第十四条　应当出庭作证的证人，在庭审期间因身患严重疾病等客观原因确实无法出庭的，可以通过视频等方式作证。

证人视频作证的，发问、质证参照证人出庭作证的程序进行。

前款规定适用于被害人、鉴定人、侦查人员。

第十五条 人民法院通知出庭的证人，无正当理由拒不出庭的，可以强制其出庭，但是被告人的配偶、父母、子女除外。

强制证人出庭的，应当由院长签发强制证人出庭令，并由法警执行。必要时，可以商请公安机关协助执行。

第十六条 证人、鉴定人、被害人因出庭作证，本人或者其近亲属的人身安全面临危险的，人民法院应当采取不公开其真实姓名、住址和工作单位等个人信息，或者不暴露其外貌、真实声音等保护措施。

决定对出庭作证的证人、鉴定人、被害人采取不公开个人信息的保护措施的，审判人员应当在开庭前核实其身份，对证人、鉴定人如实作证的保证书不得公开，在判决书、裁定书等法律文书中可以使用化名等代替其个人信息。

审判期间，证人、鉴定人、被害人提出保护请求的，人民法院应当立即审查，确有必要的，应当及时决定采取相应的保护措施。必要时，可以商请公安机关采取专门性保护措施。

第十七条 证人、鉴定人和有专门知识的人出庭作证所支出的交通、住宿、就餐等合理费用，除由控辩双方支付的以外，列入出庭作证补助专项经费，在出庭作证后由人民法院依照规定程序发放。

第十八条 证人、鉴定人出庭，法庭应当当庭核实其身份、与当事人以及本案的关系，审查证人、鉴定人的作证能力、专业资质，并告知其有关作证的权利义务和法律责任。

证人、鉴定人作证前，应当保证向法庭如实提供证言、说明鉴定意见，并在保证书上签名。

第十九条 证人出庭后，先向法庭陈述证言，然后先由举证方发问；发问完毕后，对方也可以发问。根据案件审理需要，也可以先由申请方发问。

控辩双方向证人发问完毕后，可以发表本方对证人证言的质证意见。控辩双方如有新的问题，经审判长准许，可以再行向证人发问。

审判人员认为必要时，可以询问证人。法庭依职权通知证人出庭的情形，审判人员应当主导对证人的询问。经审判长准许，被告人可以向证人发问。

第二十条 向证人发问应当遵循以下规则：

（一）发问内容应当与案件事实有关；

（二）不得采用诱导方式发问；

（三）不得威胁或者误导证人；

（四）不得损害证人人格尊严；

（五）不得泄露证人个人隐私。

第二十一条 控辩一方发问方式不当或者内容与案件事实无关，违反有关发问规则的，对方可以提出异议。对方当庭提出异议的，发问方应当说明发问理由，审判长判明情况予以支持或者驳回；对方未当庭提出异议的，审判长也可以根据情况予以制止。

第二十二条 审判长认为证人当庭陈述的内容与案件事实无关或者明显重复的，可以进行必要的提示。

第二十三条 有多名证人出庭作证的案件，向证人发问应当分别进行。

多名证人出庭作证的，应当在法庭指定的地点等候，不得谈论案情，必要时可以采取隔离等候措施。证人出庭作证后，审判长应当通知法警引导其退庭。证人不得旁听对案件的审理。

被害人没有列为当事人参加法庭审理，仅出庭陈述案件事实的，参照适用前款规定。

第二十四条 证人证言之间存在实质性差异的，法庭可以传唤有关证人到庭对质。

审判长可以分别询问证人，就证言的实质性差异进行调查核实。经审判长准许，控辩双方可以向证人发问。审判长认为有必要的，可以准许证人之间相互发问。

第二十五条 证人出庭作证的，其庭前证言一般不再出示、宣读，但下列情形除外：

（一）证人出庭作证时遗忘或者遗漏庭前证言的关键内容，需要向证人作出必要提示的；

（二）证人的当庭证言与庭前证言存在矛盾，需要证人作出合理解释的。

为核实证据来源、证据真实性等问题，或者帮助证人回忆，经审判长准许，控辩双方可以在询问证人时向其出示物证、书证等证据。

第二十六条 控辩双方可以申请法庭通知有专门知识的人出庭，协助本方就鉴定意见进行质证。有专门知识的人可以与鉴定人同时出庭，在鉴定人作证后向鉴定人发问，并对案件中的专门性问题提出意见。

申请有专门知识的人出庭，应当提供人员名单，并不得超过二人。有多种类鉴定意见的，可以相应增加人数。

第二十七条 对被害人、鉴定人、侦查人员、有专门知识的人的发问，参照适用证人的有关规定。

同一鉴定意见由多名鉴定人作出，有关鉴定人以及对该鉴定意见进行质证的有专门知识的人，可以同时出庭，不受分别发问规则的限制。

四、举证、质证程序

第二十八条 开庭讯问、发问结束后，公诉人先行举证。公诉人举证完毕后，被告人及其辩护人举证。

公诉人出示证据后，经审判长准许，被告人及其辩护人可以有针对性地出示证据予以反驳。

控辩一方举证后，对方可以发表质证意见。必要时，控辩双方可以对争议证据进行多轮质证。

被告人及其辩护人认为公诉人出示的有关证据对本方诉讼主张有利的，可以在发表质证意见时予以认可，或者在发表辩护意见时直接援引有关证据。

第二十九条 控辩双方随案移送或者庭前提交，但没有当庭出示的证据，审判长可以进行必要的提示；对于其中可能影响定罪量刑的关键证据，审判长应当提示控辩双方出示。

对于案件中可能影响定罪量刑的事实、证据存在疑问，控辩双方没有提及的，审判长应当引导控辩双方发表质证意见，并依法调查核实。

第三十条 法庭应当重视对证据收集合法性的审查，对证据收集的合法性有疑问的，应当调查核实证明取证合法性的证据材料。

对于被告人及其辩护人申请排除非法证据，依法提供相关线索或者材料，法庭对证据收集的合法性有疑问，决定进行调查的，一般应当先行当庭调查。

第三十一条 对于可能影响定罪量刑的关键证据和控辩双方存在争议的证据，一般应当单独举证、质证，充分听取质证意见。

对于控辩双方无异议的非关键性证据，举证方可以仅就证据的名称及其证明的事项作出说明，对方可以发表质证意见。

召开庭前会议的案件，举证、质证可以按照庭前会议确定的方式进行。根据案件审理需要，法庭可以对控辩双方的举证、质证方式进行必要的提示。

第三十二条 物证、书证、视听资料、电子数据等证据，应当出示原物、原件。取得原物、原件确有困难的，可以出示照片、录像、副本、复制件等足以反映原物、原件外形和特征以及真实内容的材料，并说明理由。

对于鉴定意见和勘验、检查、辨认、侦查实验等笔录，应当出示原件。

第三十三条 控辩双方出示证据，应当重点围绕与案件事实相关的内容或者控辩双方存在争议的内容进行。

出示证据时，可以借助多媒体设备等方式出示、播放或者演示证据内容。

第三十四条 控辩双方对证人证言、被害人陈述、鉴定意见无异议，有关人员不需要出庭的，或者有关人员因客观原因无法出庭且无法通过视频等方式作证的，可以出示、宣读庭前收集的书面证据材料或者作证过程录音录像。

被告人当庭供述与庭前供述的实质性内容一致的，可以不再出示庭前供述；当庭供述与庭前供述存在实质性差异的，可以出示、宣读庭前供述中存在实质性差异的内容。

第三十五条 采用技术侦查措施收集的证据，应当当庭出示。当庭出示、辨认、质证可能危及有关人员的人身安全，或者可能产生其他严重后果的，应当采取不暴露有关人员身份、不公开技术侦查措施和方法等保护措施。

法庭决定在庭外对技术侦查证据进行核实的，可以召集公诉人和辩护律师到场。在场人员应当履行保密义务。

第三十六条 法庭对证据有疑问的，可以告知控辩双方补充证据或者作出说明；必要时，可以在其他证据调查完毕后宣布休庭，对证据进行调查核实。法庭调查核实证据，可以通知控辩双方到场，并将核实过程记录在案。

对于控辩双方补充的和法庭庭外调查核实取得的证据，应当经过庭审质证才能作为定案的根据。但是，对于不影响定罪量刑的非关键性证据和有利于被告人的量刑证据，经庭外征求意见，控辩双方没有异议的除外。

第三十七条 控辩双方申请出示庭前未移送或提交人民法院的证据，对方提出异议的，申请方应当说明理由，法庭经审查认为理由成立并确有出示必要的，应当准许。

对方提出需要对新的证据作辩护准备的，法庭可以宣布休庭，并确定准备的时间。

第三十八条 法庭审理过程中，控辩双方申请通知新的证人到庭，调取新的证据，申请重新鉴定或者勘验的，应当提供证人的基本信息、证据的存放地点，说明拟证明的案件事实、要求重新鉴定或者勘验的理由。法庭认为有必要的，应当同意，并宣布延期审理；不同意的，应当说明理由并继续审理。

第三十九条 公开审理案件时，控辩双方提出涉及国家秘密、商业秘密或者个人隐私的证据的，法庭应当制止。有关证据确与本案有关的，可以根据具体情况，决定将案件转为不公开审理，或者对相关证据的法庭调查不公开进行。

第四十条 审判期间，公诉人发现案件需要补充侦查，建议延期审理的，法庭可以同意，但建议延期审理不得超过两次。

人民检察院将补充收集的证据移送人民法院的，人民法院应当通知辩护人、诉讼代理人查阅、摘抄、复制。辩护方提出需要对补充收集的证据作辩护准备的，法庭可以宣布休庭，并确定准备的时间。

补充侦查期限届满后，经人民法院通知，人民检察院未建议案件恢复审理，且未说明原因的，人民法院可以决定按人民检察院撤诉处理。

第四十一条 人民法院向人民检察院调取需要调查核实的证据材料，或者根据被告人及其辩护人的申请，向人民检察院调取在侦查、审查起诉期间收集的有关被告人无罪或者罪轻的证据材料，应当通知人民检察院在收到调取证据材料决定书后三日内移交。

第四十二条 法庭除应当审查被告人是否具有法定量刑情节外，还应当根据案件情况审查以下影响量刑的情节：

（一）案件起因；

（二）被害人有无过错及过错程度，是否对矛盾激化负有责任及责任大小；

（三）被告人的近亲属是否协助抓获被告人；

（四）被告人平时表现，有无悔罪态度；

（五）退赃、退赔及赔偿情况；

（六）被告人是否取得被害人或者其近亲属谅解；

（七）影响量刑的其他情节。

第四十三条 审判期间，被告人及其辩护人提出有自首、坦白、立功等法定量刑情节，或者人民法院发现被告人可能有上述法定量刑情节，而人民检察院移送的案卷中没有相关证据材料的，应当通知人民检察院移送。

审判期间，被告人及其辩护人提出新的立功情节，并提供相关线索或者材料的，人民法院可以建议人民检察院补充侦查。

第四十四条 被告人当庭不认罪或者辩护人作无罪辩护的，法庭对定罪事实进行调查后，可以对与量刑有关的事实、证据进行调查。被告人及其辩护人可以当庭发表质证意见，出示证明被告人罪轻或者无罪的证据。被告人及其辩护人参加量刑事实、证据的调查，不影响无罪辩解或者辩护。

五、认证规则

第四十五条 经过控辩双方质证的证据，法庭应当结合控辩双方质证意见，从证据与待证事实的关联程度、证据之间的印证联系、证据自身的真实性程度等方面，综合判断证据能否作为定案的根据。

证据与待证事实没有关联，或者证据自身存在无法解释的疑问，或者证据与待证事实以及其他证据存在无法排除的矛盾的，不得作为定案的根据。

第四十六条 通过勘验、检查、搜查等方式收集的物证、书证等证据，未通过辨认、鉴定等方式确定其与案件事实的关联的，不得作为定案的根据。

法庭对鉴定意见有疑问的，可以重新鉴定。

第四十七条 收集证据的程序、方式不符合法律规定，严重影响证据真实性的，人民法院应当建议人民检察院予以补正或者作出合理解释；不能补正或者作出合理解释的，有关证据不得作为定案的根据。

第四十八条 证人没有出庭作证，其庭前证言真实性无法确认的，不得作为定案的根据。

证人当庭作出的证言与其庭前证言矛盾，证人能够作出合理解释，并与相关证据印证的，应当采信其庭审证言；不能作出合理解释，而其庭前证言与相关证据印证的，可以采信其庭前证言。

第四十九条 经人民法院通知，鉴定人拒不出庭作证的，鉴定意见不得作为定案的根据。

有专门知识的人当庭对鉴定意见提出质疑，鉴定人能够作出合理解释，并与相关证据印证的，应当采信鉴定意见；不能作出合理解释，无法确认鉴定意见可靠性的，有关鉴定意见不能作为定案的根据。

第五十条 被告人的当庭供述与庭前供述、自书材料存在矛盾，被告人能够作出合理解释，并与相关证据印证的，应当采信其当庭供述；不能作出合理解释，而其庭前供述、自书材料与相关证据印证的，可以采信其庭前供述、自书材料。

法庭应当结合讯问录音录像对讯问笔录进行全面审查。讯问笔录记载的内容与讯问录音录像存在实质性差异的，以讯问录音录像为准。

第五十一条 对于控辩双方提出的事实证据争议，法庭应当当庭进行审查，经审查后作出处理的，应当当庭说明理由，并在裁判文书中写明；需要庭后评议作出处理的，应当在裁判文书中说明理由。

第五十二条 法庭认定被告人有罪，必须达到犯罪事实清楚，证据确实、充分，对于定罪事实应当综合全案证据排除合理怀疑。定罪证据不足的案件，不能认定被告人有罪，应当作出证据不足、指控的犯罪不能成立的无罪判决。定罪证据确实、充分，量刑证据存疑的，应当作出有利于被告人的认定。

第五十三条 本规程自 2018 年 1 月 1 日起试行。

2. 贵达律师事务所办理刑事案件规则

第一章 总 则

第一条 为保障和指导承办律师在参与刑事诉讼中依法履行职责，根据《中华人民共和国刑事诉讼法》、《中华人民共和国律师法》、《律师办理刑事案件规范》及其他相关规定，制定本规则。

第二条 在刑事诉讼中履行辩护与代理职责，承办律师人身权利和诉讼权利依法不受侵犯。

第三条 承办律师在承办刑事诉讼业务中，要遵守国家法律、法规，坚持以事实为根据、以法律为准绳的原则，恪守律师职业道德和执业纪律。

第四条 承办律师参与刑事诉讼要坚持依法维护委托人的合法权益、维护法律的正确实施的原则，忠于职守，认真负责，不能损害委托人的合法权益。

第五条 承办律师担任辩护人或为犯罪嫌疑人提供法律帮助，依法独立进行诉讼活动，不受委托人的意志限制。

第六条 承办律师办理刑事案件要保守国家秘密、当事人的商业秘密和委托人的隐私。

第七条 承办律师不能接受同一案件两名以上犯罪嫌疑人、被告人的委托，参与刑事诉讼活动。

第八条 承办律师不能私自收案、私自收费。

第九条 刑事案件要严格执行线上线下双审程序，在线上报批之前或报批同时应向审批负责人提交线下审批表。

第二章 收案与结案

第一节 收 案

第十条 承办律师事务所可以接受犯罪嫌疑人、被告人本人，或者犯罪嫌疑人、被告人的监护人、近亲属的委托，或者接受人民法院的指定，指派承办律师为犯罪嫌疑人或者被告人提供法律帮助或担任辩护人；可以接受被害人及其法定代理人或者近亲属、附带民事诉讼的当事人及其法定代理人、自诉案件的自诉人及其法定代理人的委托，指派承办律师担任诉讼代理人；可以接受刑事案件当事人及其法定代理人、近亲属的委托，指派承办律师担任申诉案件的代理人；可以接受被不起诉人及其法定代理人、近亲属的委托，指派承办律师代为申诉；在公安机关、人民检察院作出不立案或撤销案件的决定后，可以接受被害人及其法定代理人、近亲属的委托，指派承办律师代为申诉或起诉。

承办律师事务所要尽可能满足委托人指名委托的要求。

第十一条 承办律师收案，要按照本所《收案、结案制度》的规定。同时，分别按照案件性质及所处阶段办理委托手续：

（一）为犯罪嫌疑人提供法律帮助，担任犯罪嫌疑人、被告人的辩护人，须在侦查机关第一次讯问后或者采取强制措施之日起；

（二）担任公诉案件的被害人，公诉案件的附带民事诉讼当事人的诉讼代理人，须自案件移送审查起诉之日起；

（三）担任自诉案件的自诉人，附带民事诉讼的当事人及他们的法定代理人的诉讼代理人，可以随时接受委托；

（四）担任二审辩护人或诉讼代理人，须在一审判决宣告以后；

（五）担任申诉案件的代理人须在人民法院的判决、裁定发生法律效力后，或者公安机关、人民检察院撤销案件、不起诉的决定作出之后；

（六）犯罪嫌疑人、被告人的监护人、近亲属代为委托的，须在会见时得到犯罪嫌疑人、被告人的确认。

第十二条 承办律师受理刑事案件，要在侦查、审查起诉、一审、二审、申诉各阶段分别办理委托手续；也可以一次性签订委托协议、签署授权委托书。

第十三条 承办律师受理案件须办理以下手续：

（一）承办律师事务所与委托人签署《委托协议》一式三份，一份交委托人，一份交承办律师存档，一份交律师事务所备案。

（二）一般来说，委托人签署《授权委托书》一式三份，一份呈交办案机关，一份由承办律师存档，一份交委托人保存；涉及多个阶段委托时，授权委托书可以签署多份备用。

（三）开具承办律师事务所公函，由承办律师呈交办案机关。

第十四条 承办律师事务所接受委托后，要办理收案审批、登记、编号后建立卷宗。

第十五条 对于需要提供法律援助的当事人，由事务所指派承办律师承办，但须按本规范第十二条、第十三条的规定办理委托手续。

第十六条 承办律师接受委托后，无正当理由，一般不能拒绝辩护或者代理。但委托事项违法，委托人利用承办律师提供的服务从事违法活动或者委托人隐瞒事实的，或者委托人提出其他不合理要求，致使承办律师无法正常履行职务的，承办律师可以拒绝辩护或者代理。

承办律师由于以上事由解除委托关系，要经本所值班主任律师同意，并记录在卷。

第二节　结　　案

第十七条 承办律师承办刑事业务结案时，要写办案日志、办案总结，按照本所《档案管理制度》整理案卷并归档。

第十八条 办案中提前解除委托关系的，承办律师要写出办案总结，说明原因，并附上相关手续，按照本所《业务档案归档办法》整理案卷归档。

第三章　在侦查阶段为犯罪嫌疑人提供法律帮助

第一节　接受委托

第十九条　侦查阶段公安机关、人民检察院及进行侦查的其他法定机关（以下简称侦查机关）对犯罪嫌疑人第一次讯问后或者采取强制措施之日起，律师事务所可以接受犯罪嫌疑人本人的委托，犯罪嫌疑人在押的可以接受其监护人、近亲属的委托，指派承办律师为犯罪嫌疑人提供法律咨询和法律帮助，代理申诉、控告。犯罪嫌疑人被羁押的，可以为其申请取保候审。认为犯罪嫌疑人不符合逮捕条件的，向人民检察院申请不予批准逮捕和对羁押必要性进行审查。

律师事务所与犯罪嫌疑人或其亲友办理委托手续，参见本规范第十三条。

第二节　与侦查机关联系

第二十条　本所承办律师接受委托后，要及时与侦查机关取得联系，向其提交授权委托书、事务所介绍信、律师证复印件，并出示律师执业证。

第二十一条　承办律师要向侦查机关了解犯罪嫌疑人涉嫌的罪名和案件的有关情况，及时提出会见犯罪嫌疑人的具体要求。

第三节　会见犯罪嫌疑人

第二十二条　承办律师会见未在押的犯罪嫌疑人，可以在其住所、单位或者承办律师事务所进行。会见时，其他人不得在场，承办律师应当制作会见笔录并由犯罪嫌疑人本人签名、捺印，对会见内容予以确认。

犯罪嫌疑人是未成年人或者盲、聋、哑人的，承办律师会见时其法定代理人或者近亲属须在场。

第二十三条　一般刑事案件，承办律师会见被监视居住的犯罪嫌疑人，不需要经过批准。办理危害国家安全犯罪、恐怖活动犯罪，犯罪嫌疑人在押或者被监视居住的，在侦查阶段会见时应当向侦查机关提出申请，必要时应当采用书面形式申请。侦查机关不许可会见的，辩护律师可以要求其出具书面决定，并说明理由。

第二十四条 对于不涉及国家秘密的案件，承办律师可以要求看守所安排会见在押犯罪嫌疑人。对于看守所不依法安排会见的，承办律师要及时向有关部门反映，要求纠正。

第二十五条 涉及危害国家安全的案件，承办律师会见在押犯罪嫌疑人，要向侦查机关提出书面申请。侦查机关不批准会见的，承办律师可以要求其出具书面决定。

第二十六条 承办律师会见在押的犯罪嫌疑人，要携带以下证件、文件：

（一）承办律师事务所出具的会见犯罪嫌疑人的公函；

（二）承办律师本人的承办律师执业证；

（三）委托人签署的授权委托书。

第二十七条 承办律师会见在押的犯罪嫌疑人时，要征询其是否同意聘请本承办律师。如表示同意，要让其在聘请承办律师的授权委托书上签字确认；如表示不同意，要记录在案并让其签字确认。

第二十八条 辩护律师会见犯罪嫌疑人需要翻译人员协助的，可以携经办案机关许可的翻译人员参加会见。翻译人员应当持办案机关许可决定文书和本人身份证明，随同辩护律师参加会见。

第二十九条 辩护律师会见犯罪嫌疑人时，应当事先准备会见提纲，认真听取犯罪嫌疑人的陈述和辩解，发现、核实案件事实和证据材料中的矛盾和疑点。

第三十条 辩护律师会见犯罪嫌疑人时应当重点向其了解下列情况：

（一）犯罪嫌疑人的个人信息等基本情况；

（二）犯罪嫌疑人是否实施或参与所涉嫌的犯罪；

（三）犯罪嫌疑人对侦查机关侦查的事实和罪名是否有异议；

（四）犯罪嫌疑人无罪、罪轻的辩解；

（五）犯罪嫌疑人有无自首、立功、退赃、赔偿等从轻、减轻或免予处罚的量刑情节；

（六）犯罪嫌疑人有无犯罪预备、犯罪中止、犯罪未遂等犯罪形态；

（七）立案、管辖是否符合法律规定；

（八）采取强制措施的法律手续是否完备、程序是否合法；

（九）是否存在刑讯逼供等非法取证的情况，以及其他侵犯人身权利和诉讼权利的情况；

（十）犯罪嫌疑人及其亲属的财物被查封、扣押、冻结的情况；

（十一）侦查机关收集的供述和辩解与律师会见时的陈述是否一致，有无反复以及出现反复的原因；

（十二）其他需要了解的与案件有关的情况。

第三十一条 辩护律师会见时应当向犯罪嫌疑人介绍刑事诉讼程序；告知其在刑事诉讼程序中的权利、义务；告知犯罪嫌疑人权利行使方式及放弃权利和违反法定义务可能产生的后果。

第三十二条 辩护律师会见时应当与犯罪嫌疑人就相应阶段的辩护方案、辩护意见进行沟通。

第三十三条 辩护律师会见在押犯罪嫌疑人应当遵守羁押场所依法作出的有关规定。未经允许，不得直接向犯罪嫌疑人传递药品、财物、食物等物品或信函，不得将通信工具提供给犯罪嫌疑人使用，不得携犯罪嫌疑人亲友会见，不得进行其他违反法律规定的活动。

辩护律师经监所监管人员许可，可以接受犯罪嫌疑人提交的与辩护有关的书面材料，也可以向犯罪嫌疑人提供与辩护有关的文件与材料。

第三十四条 辩护律师会见结束后应当及时告知看守所的监管人员或执行监视居住的监管人员，要按照规定，到羁押场所办理犯罪嫌疑人交接手续。

第三十五条 承办律师会见犯罪嫌疑人要制作会见笔录，并交犯罪嫌疑人阅读或者向其宣读。如果记录有遗漏或者差错，允许犯罪嫌疑人补充或者改正。在犯罪嫌疑人确认无误后要求其在笔录上签名。会见时如果侦查机关派员在场，要在笔录中注明。

第三十六条 辩护律师可以根据案件情况，合理确定会见犯罪嫌疑人的时间、次数。

第四节 为犯罪嫌疑人提供法律咨询

第三十七条 承办律师会见犯罪嫌疑人时可为其提供法律咨询，包括以下内容：

（一）有关强制措施的条件、期限、适用程序的法律规定；

（二）有关侦查人员、检察人员及审判人员回避的法律规定；

（三）犯罪嫌疑人对侦查人员的提问有如实回答的义务及对与本案无关的问题有拒绝回答的权利；

（四）犯罪嫌疑人有要求自行书写供述的权利，对侦查人员制作的讯问笔录有核对、补充、改正、附加说明的权利以及在承认笔录没有错误后要求签名或盖章的义务；

（五）犯罪嫌疑人享有侦查机关要将用作证据的鉴定意见向其告知的权利及可以申请补充鉴定或者重新鉴定的权利；

（六）犯罪嫌疑人享有的辩护权；

（七）犯罪嫌疑人享有的申诉权和控告权；

（八）刑法关于犯罪嫌疑人所涉嫌的罪名的有关规定；

（九）刑法关于自首、立功及其相关规定；

（十）有关刑事案件侦查管辖的法律规定；

（十一）其他有关法律问题。

第五节 为犯罪嫌疑人申请取保候审

第三十八条 承办律师向侦查机关了解犯罪嫌疑人涉嫌的罪名及会见犯罪嫌疑人后，如果认为被羁押的犯罪嫌疑人符合下述取保候审的条件之一的，可以主动为其申请取保候审：

（一）犯罪嫌疑人所涉案情符合《刑事诉讼法》第六十七条的规定；

（二）犯罪嫌疑人患有严重疾病；

（三）犯罪嫌疑人正在怀孕或者哺乳自己的婴儿；

（四）侦查机关对犯罪嫌疑人采取的拘留逮捕措施已超过法定期限；

（五）法律规定的其他取保候审条件的。

第三十九条 在押的犯罪嫌疑人及其法定代理人、近亲属要求承办律师为犯罪嫌疑人申请取保候审，承办律师认为符合取保候审条件的，可以为其申请取保候审，也可协助其直接向侦查机关申请取保候审。

第四十条 承办律师为犯罪嫌疑人申请取保候审时，要按照有关机关的要求提交取保候审申请书。申请书要写明承办律师事务所名称，承办律师姓名、通信地址及联系方法，申请事实及理由，保证方式等。承办律师不能为犯罪嫌疑人做保证人。

第四十一条 承办律师为被羁押的犯罪嫌疑人提出取保候审申请后，可要求侦查机关在 3 日内作出同意或者不同意的答复。对于不同意取保候审的，承办律师可以要求其说明不同意的理由，并及时提出复议或向有关部门反映。

第六节 代理申诉和控告

第四十二条 承办律师根据向侦查机关了解的犯罪嫌疑人涉嫌的罪名和向犯罪嫌疑人了解的案件情况，认为确有根据的，可接受犯罪嫌疑人的委托，代理其向有关机关提出申诉。

第四十三条 承办律师根据向犯罪嫌疑人了解的有关案件情况和其他有关证据材料，认为侦查人员在办案中违反法律规定，侵犯犯罪嫌疑人的人身权利、诉讼权利或其他合法权益，或者认为侦查机关管辖不当的，可受犯罪嫌疑人的委托，代理其向有关部门提出控告。

第四章 在审查起诉阶段担任辩护人或诉讼代理人

第一节 收 案

第四十四条 刑事案件由侦查机关向人民检察院移送审查起诉后，承办律师可以接受犯罪嫌疑人本人或其亲友的委托担任辩护人。由事务所与犯罪嫌疑人或其亲友办理有关手续参见本规范第十三条的规定。

第四十五条 刑事案件由侦查机关向人民检察院移送审查起诉后，承办律师可以接受被害人及其法定代理人或者近亲属，附带民事诉讼的当事人或者法定代理人、近亲属的委托担任诉讼代理人，由事务所与委托人办理手续。参见本规范第十三条的规定。

第四十六条 事务所接受委托后，指派专业律师担任代理人，并为专业律师开具事务所公函，连同授权委托书提交人民检察院。

第二节 查阅、摘抄、复制案件材料

第四十七条 自案件移送审查起诉之日起，辩护律师、代理律师应当及时与人民检察院联系，办理查阅、摘抄、复制案卷材料等事宜。

第四十八条 案卷材料包括案件的诉讼文书和证据材料。根据相关法律的规定，对讯问过程应当进行同步录音录像的，辩护律师、代理律师可以根据案件需要依法要求查阅、复制。

第四十九条 复制案卷材料可以采用复印、拍照、扫描、电子数据拷贝等方式。摘抄、复制时应当保证其准确性、完整性。实务中很多是电子光盘拷贝，对于此类卷宗，应当当场使用带光驱电脑查验是否准确、完整，同时需要询问电子卷宗密码。

第五十条 承办律师到人民检察院查阅、摘抄、复制本案的诉讼文书和证据材料，应持事务所介绍信、授权委托书及承办律师执业证。

诉讼文书包括立案决定书、拘留证、批准逮捕决定书、逮捕证、搜查证、起诉意见书及其他文书；证据材料包括书证、物证、被告人供述和辩解、被害人陈述、证人证言、视听资料、电子数据、鉴定意见八类法定证据所涉及的材料。

第五十一条 对于以下案卷材料，辩护律师、代理律师应当及时查阅、复制：

（一）侦查机关、检察机关补充侦查的证据材料；

（二）人民检察院、人民法院根据犯罪嫌疑人、辩护律师的申请向侦查机关、公诉机关调取在侦查、审查起诉期间已收集的有关犯罪嫌疑人无罪、罪轻的证据材料；

（三）人民检察院根据犯罪嫌疑人、辩护律师的申请调取的侦查机关未移送的证据材料以及有关犯罪嫌疑人自首、坦白、立功等量刑情节的材料。

第五十二条 辩护律师应当认真研读全部案卷材料，根据案情需要制作阅卷笔录或案卷摘要。阅卷时应当重点了解以下事项：

（一）犯罪嫌疑人的个人信息等基本情况；

（二）犯罪嫌疑人被认定涉嫌或被指控犯罪的时间、地点、动机、目的、手段、后果及其他可能影响定罪量刑的法定、酌定情节等；

（三）犯罪嫌疑人无罪、罪轻的事实和材料；

（四）证人、鉴定人、勘验检查笔录制作人的身份、资质或资格等相关情况；

（五）被害人的个人信息等基本情况；

（六）侦查、审查起诉期间的法律手续和诉讼文书是否合法、齐备；

（七）鉴定材料的来源、鉴定意见及理由、鉴定机构是否具有鉴定资格等；

（八）同案犯罪嫌疑人的有关情况；

（九）证据的真实性、合法性和关联性，证据之间的矛盾与疑点；

（十）证据能否证明起诉意见书、起诉书所认定涉嫌或指控的犯罪事实；

（十一）是否存在非法取证的情况；

（十二）未成年人刑事案件，在被讯问时法定代理人或合适成年人是否在场；

（十三）涉案财物查封、扣押、冻结和移送的情况；

（十四）其他与案件有关的情况。

第五十三条 律师参与刑事诉讼获取的案卷材料，不得向犯罪嫌疑人的亲友以及其他单位和个人提供，不得擅自向媒体或社会公众披露。辩护律师查阅、摘抄、复制的案卷材料属于国家秘密的，应当经过人民检察院、人民法院同意并遵守国家保密规定。律师不得违反规定，披露、散布案件重要信息和案卷材料，或者将其用于本案辩护、代理以外的其他用途。

第五十四条 承办律师摘抄、复制的材料要保密，并妥善保管。

第三节 会见和通信

第五十五条 审查起诉阶段承办律师会见犯罪嫌疑人可以向犯罪嫌疑人核实有关证据。会见的其他事项参照本规范第三章第三节的有关规定。

第五十六条 承办律师可以根据办理案件需要与在押犯罪嫌疑人通信。承办律师与犯罪嫌疑人通信要按照有关机关的规定，注明承办律师身份、通信地址，并加盖承办律师事务所公章以证明其承办律师身份。通信内容要限于与本案有关的问题，了解犯罪嫌疑人在押期间的情况及其对案件的意见。

第五十七条 承办律师与犯罪嫌疑人通信，其内容不能向犯罪嫌疑人提及可能妨碍侦查的有关同案犯罪嫌疑人及其亲友的情况。

第五十八条 承办律师与犯罪嫌疑人通信，要保留信函副本及犯罪嫌疑人来信的原件并附卷备查。

第五十九条 辩护律师同被监视居住的犯罪嫌疑人会见、通信，适用本节有关规定。

第四节 调查和收集案件有关材料

第六十条 承办律师调查、收集与案件有关的材料，尽量由两名律师配合进行；并按照有关机关的规定，持事务所统一介绍信，出示承办律师执业证。

第六十一条　经人民检察院或者人民法院许可，并且经被害人或者其近亲属、被害人提供的证人同意，辩护律师可以向他们收集与本案有关的材料。

第六十二条　征得证人或者其他单位和个人同意，承办律师可以收集与案件有关的材料，相关情况要在调查笔录上记明。

第六十三条　辩护律师对证人进行调查，应当制作调查笔录，承办律师调查笔录要载明调查人、被调查人、记录人的姓名，调查的时间、地点；笔录内容要有承办律师身份的介绍，被调查人的基本情况，承办律师对证人如实作证的要求，作伪证或隐匿罪证要负法律责任的说明，以及被调查事项的基本情况。

辩护律师制作调查笔录不得误导、引诱证人。不得事先书写笔录内容；不得先行向证人宣读犯罪嫌疑人、被告人或其他证人的笔录；不得替证人代书证言；不得擅自更改、添加笔录内容；向不同的证人调查取证时应当分别进行；调查取证时犯罪嫌疑人的亲友不得在场。

第六十四条　承办律师收集物证、书证和视听资料应当尽可能提取原件；无法提取原件的，可以复制、拍照或者录像，但对复制件、照片或录像要附有证据提供证明。

辩护律师可以申请人民检察院收集、调取案件有关的电子证据。

辩护律师可以采取复制、打印、截屏、拍照或者录像等方式收集、固定电子邮件、电子数据交换、网上聊天记录、博客、微博客、微信、手机短信、电子签名、域名等电子数据，并记录复制、打印、截屏、拍照、录像的时间、地点、原始储存介质存放地点、电子数据来源、持有人等信息，必要时可以委托公证机构对上述过程进行公证。

对于存在于存储介质中的电子数据，应当尽可能收集原始存储介质。对于存在于网络空间中的电子数据，可以通过有权方提取或通过公证形式予以固定。

第六十五条　承办律师在调查、收集案件材料时，经被调查人同意，可以录音、录像。

第六十六条 承办律师调查、收集证据材料时，根据需要可邀请与案件无关的人员在场见证，并在调查笔录上签名。

第六十七条 承办律师制作调查笔录，要全面、准确地记录调查内容，并须经被调查人核对或者向其宣读。被调查人如有修改、补充，要由其在修改处签字、盖章或者捺指纹确认。调查笔录经被调查人核对后，要由其在每一页上签名并在笔录的最后签署记录无误的意见。

第六十八条 辩护律师认为在侦查、审查起诉期间公安机关、人民检察院收集的证明犯罪嫌疑人、被告人无罪或者罪轻的证据材料未提交的，应当书面申请人民检察院调取。

人民检察院根据申请收集、调取证据时，辩护律师可以在场。

辩护律师收集的有关犯罪嫌疑人不在犯罪现场、未达到刑事责任年龄、属于依法不负刑事责任的精神病人的证据，应当及时告知办案机关。辩护律师可以要求收取证据的办案机关出具回执。

第五节 提出辩护或代理意见

第六十九条 承办律师担任辩护人或诉讼代理人，要根据《刑事诉讼法》第一百七十三条的规定，向人民检察院提出关于本案的辩护代理意见。

第七十条 犯罪嫌疑人在审查起诉阶段被超期羁押的，承办律师可以要求对犯罪嫌疑人依法释放或改变强制措施，进行取保候审。犯罪嫌疑人人身权利受到侵害或人格受到侮辱的，承办律师可以代理犯罪嫌疑人提出控告。

第七十一条 人民检察院作出不起诉决定，被不起诉人不服要求申诉的，承办律师可以在被不起诉人收到决定书后七日内，向人民检察院代为申诉。

第七十二条 人民检察院作出不起诉决定，被害人不服的，承办律师可以在被害人收到决定书后七日内向上一级人民检察院代为申诉。申诉被驳回后，可以代理其向人民法院起诉，或者不经申诉直接代理其向人民法院起诉。代理向人民法院起诉的，要按自诉程序办理委托手续。

第五章 担任公诉案件一审辩护人

第一节 收 案

第七十三条 事务所接受被告人、监护人、近亲属的委托担任被告人的辩护人，要与委托人办理委托手续，参照本规范第十三条的规定进行。

第七十四条 承办律师事务所可以接受人民法院的指定，指派律师为被告人进行辩护，承办律师事务所应当按照指定辩护的相关规定办理手续。

第二节 审查管辖

第七十五条 承办律师接受委托后，要注意审查该案是否属于受案法院管辖。发现法院管辖不当的情形，要及时以书面方式向法院提出。

第三节 查阅、摘抄、复制案件材料

第七十六条 承办律师阅卷要注意的事项参见本规范第四章第二节的相关规定。

第四节 会见被告人

第七十七条 承办律师会见在押被告人，要携带人民检察院的授权委托书、承办律师事务所会见被告人介绍信和承办律师执业证。

第七十八条 承办律师会见被告人，事先要准备会见提纲。会见时，要认真听取被告人的陈述和辩解，发现、核实、厘清案件事实和证据材料中的矛盾和疑点，重点了解以下情况：

（一）被告人的身份及其收到起诉书的时间；

（二）被告人是否承认起诉书所指控的罪名；

（三）指控的事实、情节、动机、目的是否清楚、准确；

（四）起诉书指控的从重情节是否存在；

（五）被告人关于无罪辩解的理由；

（六）有无从轻、减轻、免予处罚的事实、情节和线索；

（七）是否有立功表现；

（八）是否存在超期羁押及合法权益是否受到侵害等情况。

第七十九条 承办律师要向被告人介绍法庭审理程序，告知被告人在庭审中的诉讼权利、义务及要注意的事项。

第八十条 承办律师会见被告人的其他事项，参见本规范第三章第三节的相关规定。

第五节 调查和收集证据

第八十一条 在审判阶段，承办律师可以根据实际情况依法调查、收集与案件有关的证据材料。

第八十二条 辩护律师经人民检察院或者人民法院许可，并且经被害人或者其近亲属、被害人提供的证人同意，可以向他们收集与本案有关的材料。证人不同意作证的，承办律师可以申请人民法院通知其出庭作证。

第八十三条 承办律师根据案件需要可以申请人民法院收集、调取证据。

第八十四条 开庭前，承办律师要将收集的证据材料进行复制，举证时将原件提交法庭。

第八十五条 承办律师调查和收集证据的具体办法，参见第四章第四节的相关规定。

第六节 出 庭 准 备

第八十六条 承办律师申请人民法院通知证人、鉴定人、勘验检查笔录制作人出庭作证的，要制作上述人员名单，注明身份、住址、通信处等，并说明拟证明的事实，在开庭前提交人民法院。

第八十七条 承办律师准备当庭宣读、出示的证据，要制作目录并说明所要证明的事实，在开庭前提交人民法院。

第八十八条 承办律师接到开庭通知书后要按时出庭，因下列情形之一不能出庭，要及时与法院联系，申请延期开庭：

（一）承办律师收到两个以上开庭的通知，只能按时参加其中之一的；

（二）庭审前承办律师发现重大证据线索，需进一步调查取证或申请新的证人出庭作证的；

（三）因客观原因承办律师无法按时出庭的。

第八十九条　承办律师申请延期开庭，未获批准，又确实不能出庭的，要及时通知事务所值班主任律师，尽快与委托人协商，妥善解决。

第九十条　承办律师在开庭前三日内才收到出庭通知的，可以要求法院更改开庭日期。

第九十一条　开庭前承办律师要向法庭了解通知证人、鉴定人、勘验检查笔录制作人出庭作证情况。如发现有未予通知或未通知到的情况，要及时与法庭协商解决。

第九十二条　承办律师要了解公诉人、法庭组成的人员情况，协助被告人确定有无申请回避的事由及是否提出回避的申请。

第七节　法庭调查

第九十三条　承办律师出庭要遵守法庭规则和法庭秩序，听从法庭指挥。

第九十四条　两名以上被告人的案件有多名承办律师出庭的，承办律师要按指控被告人的顺序依次就座。

第九十五条　审判长宣布被告人的诉讼权利后，承办律师可以接受被告人委托，对合议庭组成人员、书记员、公诉人、鉴定人和翻译人员代为申请回避，并提供相关证据。

第九十六条　法庭调查时，承办律师要认真记录，对被告人年龄、身份、有无前科劣迹等情况有误，可能影响案件审理结果的，要及时予以澄清。

第九十七条　在法庭调查过程中，承办律师应该认真听取对被告人的讯问、发问，做好发问准备。

第九十八条　承办律师在公诉人讯问、被害人及其承办律师发问被告人后，经审判长许可，可向被告人发问。被告人不承认指控犯罪的，要问明情况和理由。

第九十九条 公诉人向被告人提出威逼性、诱导性或与本案无关问题的，承办律师可以提出反对意见。法庭驳回反对意见的，要尊重法庭决定。

第一百条 公诉人对承办律师的发问提出反对意见的，承办律师可进行争辩。法庭支持公诉人反对意见的，承办律师要尊重法庭的决定，改变发问内容或方式。

第一百零一条 对控诉方的出庭证人，要注意从以下方面进行质证：

（一）证人证言与待证事实的关系；

（二）证人与案件当事人、案件处理结果有无利害关系；

（三）证人证言之间以及与其他证据之间能否相互印证，有无矛盾；

（四）证人证言内容是否为证人直接感知；

（五）证人感知案件事实时的环境、条件和精神状态；

（六）证人的感知力、记忆力和表达力；

（七）证人作证是否受到外界的干扰或影响；

（八）证人的年龄以及生理上、精神上是否有缺陷；

（九）证人证言是否前后矛盾；

（十）证人证言是否以暴力、威胁等非法方法收集；

（十一）证人证言的取得程序、方式是否符合法律及有关规定；

（十二）需要质证的其他情形。

承办律师要综合以上方面，对证人证言的可信性及时发表意见并阐明理由，如有异议，要与控诉方展开辩论。

对于公诉机关提出证人名单以外的证人出庭出证的，承办律师可以建议法庭不予采信或要求法庭延期审理。

第一百零二条 辩护律师对鉴定意见有异议，且该鉴定意见对被告人定罪量刑有影响的，可以申请人民法院通知鉴定人出庭作证。

对鉴定意见，应当重点从以下方面质证：

（一）鉴定人与案件有无利害关系；

（二）鉴定人与被告人、被害人有无利害关系；

（三）鉴定机构和鉴定人有无合法资质；

（四）鉴定程序、过程、方法是否符合法律法规的规定以及专业规范要求；

（五）检材的来源、取得、保管、送检是否符合法律及有关规定；

（六）鉴定意见是否明确，形式要件是否完备；

（七）鉴定意见与案件待证事实有无关联；

（八）鉴定意见与其他证据之间有无矛盾；

（九）需要质证的其他情形。

承办律师要综合以上方面，对鉴定意见的可信性及时发表意见并阐明理由，如有异议，要与控诉方展开辩论。

第一百零三条 对控诉方出示的物证，要注意从以下方面质证：

（一）物证是否为原物；

（二）物证与待证事实的关系；

（三）物证与其他证据之间能否相互印证，有无矛盾；

（四）物证的来源、收集程序、方式是否合法；

（五）物证是否受到破坏或者改变；

（六）物证收集是否完整全面；

（七）物证的照片、录像、复制品是否能反映原物的外形和特征；

（八）勘验、检查、搜查、扣押的物证是否附有相关笔录清单，是否经侦查人员、持有人、见证人签名，物品的名称、特征、数量、质量等是否注明清楚；

（九）需要质证的其他情形。

承办律师要综合以上方面，对物证的可信性及时发表意见并阐明理由，如有异议，要与控诉方展开辩论。

公诉方出示证据目录以外的物证，承办律师可以建议法庭不予采信或要求法庭延期审理。

第一百零四条　对控诉方出示的书证，要注意从以下方面质证：

（一）书证是否为原件；

（二）书证是否有更改或更改的迹象；

（三）书证与待证事实的关系；

（四）书证与其他证据之间能否相互印证，有无矛盾；

（五）书证的副本、复制件是否与原件核对无误，或经鉴定为真实或者以其他方式确定为真实；

（六）书证的来源、收集程序、方式是否合法；

（七）书证是否受到破坏或者改变；

（八）与案件事实有关联的书证是否全部收集；

（九）勘验、检查、搜查提取的书证是否附有相关笔录，是否经侦查人员、持有人、见证人签名；

（十）需要质证的其他情形。

承办律师要综合以上方面，对书证的可信性及时发表意见并阐明理由，如有异议，要与控诉方展开辩论。

对于控诉方出示的证据目录以外的书证，承办律师可以建议法庭不予采信或要求延期审理。

第一百零五条　对控诉方宣读的未出庭证人的书面证言，要注意从以下方面质证：

（一）证人不能出庭作证的原因及对本案的影响；

（二）证人证言的形式和来源是否合法，内容是否完整、准确；

（三）本规范第一百零一条规定的相关方面。

承办律师要综合以上方面，对未出庭证人证言的可信性及时发表意见并阐明理由，如有异议，要与控诉方展开辩论。必要时，建议法庭不予采信或要求法庭延期审理，通知证人出庭出证。

控诉方宣读证据目录以外的证人证言，承办律师可以建议法庭不予采信或要求法庭延期审理，通知证人出庭作证。

第一百零六条 对控诉方宣读的鉴定意见，要注意从以下方面质证：

（一）鉴定人不能出庭的原因及对本案的影响；

（二）鉴定意见的形式和来源是否合法，内容是否完整、准确；

（三）本规范第一百零二条规定的其他相关方面。

承办律师要综合以上方面，对鉴定意见的可信性及时发表意见并阐明理由，如有异议，要与控诉方展开辩论。必要时，承办律师可以建议法庭不予采信或者要求法庭延期审理，通知鉴定人出庭接受质证，也可以申请人民法院补充鉴定或者重新鉴定。

控诉方宣读证据目录以外的鉴定意见，承办律师可以建议法庭不予采信或要求法庭延期审理，通知鉴定人出庭接受质证，也可以申请人民法院补充鉴定或者重新鉴定。

第一百零七条 对控诉方提供并播放的视听资料，承办律师要从以下方面质证：

（一）视听资料的形成及时间、地点和周围的环境；

（二）视听资料的来源及提取过程是否合法，制作过程中当事人有无受到威胁、引诱等违反法律及有关规定的情形；

（三）是否为原件，制作人、原视听资料持有人是否签字或盖章；

（四）内容和制作过程是否真实、完整，有无伪造、变造、剪辑、增减等；

（五）内容与待证事实的关系；

（六）播放视听资料的设备是否影响播放效果等；

（七）视听资料为复制件的，是否附有无法调取原件的原因、复制件制作过程和原件存放地点的说明；

（八）需要质证的其他情形。

承办律师在视听资料播放后，通过上述各方面的质证如发现该材料不真实，或者其内容不是被告人自愿所为等，要及时提出不予采信的建议和理由，控辩双方可以就此展开辩论，承办律师可以要求法庭调查核实。

控诉方提供证据目录以外的视听资料，承办律师可以建议法庭不予采信或要求延期审理。

第一百零八条 对控诉方提供的电子证据，承办律师要从以下方面质证：

（一）原始存储介质是否随案移送；

（二）制作、储存、传递、获得、收集、出示等程序和环节是否符合技术规范、是否合法；

（三）内容是否真实、有无变造、伪造、删除、修改、增减等情形；

（四）电子证据与案件事实有无关联；

（五）与案件事实有关联的电子数据是否全面依法收集；

（六）需要质证的其他情形。

第一百零九条 对控诉方提供的勘验、检查笔录，承办律师要从以下方面质证：

（一）勘验、检查是否依法进行，笔录的制作是否符合法律及有关规定的要求；

（二）勘验、检查笔录的内容是否全面、详细、准确、规范；

（三）固定证据的形式、方法是否科学、规范；

（四）补充勘验、检查是否说明理由，前后有无矛盾；

（五）勘验、检查笔录中记载的情况与其他证据能否印证，有无矛盾；

（六）勘验、检查笔录是否经勘验、检查人员和见证人签名或盖章；

（七）需要质证的其他情形。

第一百一十条 对控诉方提供的辨认笔录，承办律师要从以下方面质证：

（一）辨认是否在侦查人员主持下进行；

（二）辨认人有无在辨认前见到辨认对象或详细询问辨认对象的具体特征；

（三）辨认活动是否单独进行；

（四）辨认对象或对象数量是否符合规定；

（五）有无给辨认人暗示或指认的情形；

（六）有无制作规范的辨认笔录；

（七）需要质证的其他情形。

对侦查实验笔录，应当重点从以下方面质证：

（一）实验的过程、方法、笔录的制作是否符合有关规定；

（二）侦查实验的条件与事件发生时的条件有无明显差异；

（三）是否存在影响实验科学结论的其他情形。

第一百一十一条 在控诉方举证完毕后，承办律师要向法庭申请对本方证据进行举证。

第一百一十二条 承办律师举证时，要向法庭说明证据的形式、内容、来源以及所要证明的问题，并特别注意以下方面：

（一）物证、书证、视听资料来源的合法性；

（二）证人证言、被告人供述、鉴定意见取得的程序的合法性；

（三）证据内容的真实性；

（四）证据与案件以及证据之间的联系。

对本方的举证，控诉方提出异议的，承办律师要有针对性地进行辩论，维护本方证据的可信性。

第一百一十三条 在法庭调查活动过程中，承办律师可以请求人民法院向人民检察院调取其收集的能够证明被告人无罪或者罪轻的证据材料。

第一百一十四条 在法庭审理过程中，承办律师可以申请通知新的证人到庭，调取新的物证、书证，申请重新鉴定或勘验。

第一百一十五条 案件每项事实的举证、质证完毕后，承办律师要发表综合性意见。

第一百一十六条 法庭调查活动，有不符合法律规定或不利于查明案件事实的，承办律师要及时提出建议或异议。

第八节 法庭辩论

第一百一十七条 法庭辩论阶段，承办律师要认真听取控诉方发表的控诉意见，记录要点，并做好辩论准备。

第一百一十八条 控诉方发表控诉意见后，经审判长许可，承办律师发表辩护意见。

第一百一十九条 辩护意见要针对控诉方的指控，从事实是否清楚、证据是否确实充分、适用法律是否准确无误、诉讼程序是否合法等不同方面进行分析论证，并提出关于案件定罪量刑的意见和理由。

第一百二十条 为被告人做无罪辩护，承办律师要从以下方面进行：

（一）被告人没有犯罪事实的意见；

（二）指控的事实不清，证据不足的意见；

（三）指控被告人的行为依法不构成犯罪的意见；

（四）被告人未达到法定刑事责任年龄的意见；

（五）被告人属于依法不负刑事责任的精神病人的意见；

（六）具有《刑事诉讼法》第十六条规定的情形，不应当追究刑事责任的意见：情节显著轻微、危害不大，不认为是犯罪的；犯罪已过追诉时效期限的；经特赦令免除刑罚的；依照刑法告诉才处理的犯罪，没有告诉或者撤回告诉的；犯罪嫌疑人、被告人死亡的；其他法律规定免予追究刑事责任的。

第一百二十一条 为被告人作有罪辩护，要着重从案件定性和对被告人从轻、减轻或者免除处罚等方面进行。

第一百二十二条 承办律师的辩护要围绕与定罪量刑有关的问题进行，抓住要害，重点突出。

第一百二十三条 承办律师发表辩护意见所引用的证据、法条一定要清楚准确，核对无误。

第一百二十四条 承办律师的辩护发言要观点明确，论据充分，论证有力，逻辑严谨，用词准确，语言简洁。

第一百二十五条 承办律师辩护要向法庭陈述自己的意见和观点，以期得到采纳，不要以旁听人员为发言对象，哗众取宠。

第一百二十六条 承办律师发表辩护意见要以理服人，尊重法庭，尊重对方，不能讽刺、挖苦、谩骂、嘲笑他人。

第一百二十七条 承办律师多次辩护发言要避免重复，突出重点，着重针对控诉方的新问题、新观点及时提出新的辩护意见。

第一百二十八条 在法庭辩论和被告人的最后陈述中，承办律师发现有新的或遗漏的事实、证据需要查证的，可以申请恢复法庭调查。

第一百二十九条 在法庭审理过程中，被告人当庭提出拒绝或更换承办律师的，要依法与之解除委托关系。

在法庭审理过程中出现承办律师拒绝辩护的法定事由，可以请求休庭，参照本规范十六条的规定解除委托手续。

第一百三十条 在庭审过程中发现审判程序违法，承办律师要向法庭指出并要求予以纠正。

第九节 休庭后的工作

第一百三十一条 休庭后，承办律师要就当庭出示、宣读的证据及时与法庭办理交接手续。

第一百三十二条 休庭后，承办律师要尽快整理辩护意见。对于在法庭上出示的证据，休庭后承办律师要及时与审判人员办理交接手续。及时阅读庭审笔录，认为记录有遗漏或差错的，应当要求书记员补充或者改正，确认无误后签名。

第一百三十三条 一审判决后，承办律师可以获得判决书。在上诉期间，承办律师可会见被告人，听取其对判决书内容及是否上诉的意见，并给予法律帮助。

第六章　担任公诉案件二审辩护人

第一百三十四条　承办律师承办二审公诉案件，办理委托手续与一审相同。二审与一审承办律师不同的，二审承办律师可向一审承办律师了解案件有关情况，请求提供有关的材料，一审承办律师要予以协助。

第一百三十五条　接受委托后，受被告人要求，承办律师可协助或代其书写上诉状。

第一百三十六条　二审承办律师阅卷、会见被告人或上诉人、调查取证等方面的要求与一审相同。

第一百三十七条　二审案件开庭审理的，承办律师参加庭审的要求与一审相同。

第一百三十八条　二审案件不开庭审理的，承办律师可以根据法庭的要求，提交书面辩护意见，提供新的证据。

第一百三十九条　承办律师认为一审判决事实不清或证据不足的，可以书面申请二审法院开庭审理。

第一百四十条　对于二审法院决定发回重审的案件，如果被告人继续委托承办律师的，要重新办理委托手续。

第七章　审判阶段担任公诉案件被害人的诉讼代理人

第一百四十一条　承办律师可以接受公诉案件被害人（包括公民、法人和其他组织）、已死亡被害人的近亲属，无行为能力或限制行为能力被害人的法定代理人的委托，担任其诉讼代理人。委托手续参见本规范第十三条的规定办理。

第一百四十二条　承办律师接受委托后，要向委托人提供法律咨询和其他法律帮助。

第一百四十三条　公诉案件被害人和承办律师在开庭前三日内收到出庭

通知的，承办律师可以要求法院更改开庭日期。

法院已决定开庭而不通知被害人及其承办律师出庭的，承办律师可以要求法院依法通知，保证被害人及其承办律师出庭。

第一百四十四条　承办律师收到法院开庭通知后因故不能按时出庭的，参照本规范第八十八条、第八十九条的规定办理。

第一百四十五条　承办律师要在开庭前向人民法院了解案件是否公开审理。如果案件涉及被害人的隐私、商业秘密，可以要求人民法院不公开审理。

第一百四十六条　承办律师要告知被害人可以对合议庭组成人员、书记员、公诉人、鉴定人和翻译人员申请回避，并协助被害人行使此项权利。

第一百四十七条　在法庭审理过程中，承办律师要依法指导、协助或代理委托人行使以下诉讼权利：

（一）申请召集、参加庭前会议；

（二）陈述案件事实；

（三）出示、宣读有关证据；

（四）请求法庭通知未到庭证人、鉴定人和勘验检查笔录制作人出庭作证；

（五）经审判长许可，向被告人、证人、鉴定人、勘验检查笔录制作人发问；

（六）对被告人及其辩护律师向被害人提出的威胁性、诱导性、有损人格或与本案无关的发问提出异议；

（七）对各项证据发表质证意见；

（八）发表辩论意见；

（九）申请通知新的证人到庭、调取新的证据、申请重新鉴定或者勘验；

（十）申请法庭通知有专门知识的人出庭，就鉴定人作出的鉴定意见提出意见；

（十一）必要时，请求法庭延期审理；

（十二）申请人民法院对以非法方法收集的证据依法予以排除等。

第一百四十八条 在法庭审理中，承办律师要与公诉人互相配合，依法行使控诉职能，与被告人及其辩护人展开辩论。代理意见与公诉意见不一致的，承办律师要从维护被害人的合法权益出发，独立发表代理意见，并可与公诉人展开辩论。

第一百四十九条 休庭后，承办律师要告知委托人核对庭审笔录，补充遗漏或修改差错，确认无误后再签名或盖章。

第一百五十条 被害人及其法定代理人不服一审判决的承办律师可协助或代理委托人，在其收到判决书后五日内，请求人民检察院抗诉。

第一百五十一条 公诉案件进入二审程序后，承办律师的代理工作参照一审相关规定进行。

第八章　担任自诉案件当事人的诉讼代理人或辩护人

第一节　担任自诉案件的诉讼代理人

第一百五十二条 承办律师可以接受自诉人及其法定代理人的委托，担任其诉讼代理人。接受委托前，要审查案件是否符合法定自诉案件范围和立案条件。委托手续参照本规范第十三条的规定办理。

第一百五十三条 承办律师要帮助自诉人分析案情，确定被告人和管辖法院，调查、了解有关事实和证据，代写刑事起诉状。起诉状要包括以下内容：

（一）自诉人、被告人的姓名、年龄、民族、籍贯、出生地、文化程度、职业、工作单位、住址等自然情况；

（二）被告人的犯罪事实，包括时间、地点、手段、危害后果等；

（三）被告人行为所触犯的罪名；

（四）具体的诉讼请求；

（五）致送人民法院的名称和具状时间；

（六）证人的姓名、住址；

（七）证据的名称、件数、来源等。

被告人是两人以上的，要按被告人的人数提供起诉状的副本。

第一百五十四条 自诉人同时要求民事赔偿的，承办律师可协助其制作刑事附带民事起诉状，写明被告人犯罪行为所造成的损害，具体的赔偿请求及计算依据。附带民事诉讼代理要办理相应委托手续。

第一百五十五条 承办律师代理提起自诉时，要携带下列材料和文件：

（一）自诉人身份证件；

（二）刑事起诉状；

（三）证据材料及目录；

（四）授权委托书；

（五）承办律师事务所介绍信；

（六）承办律师执业证。

同时提起附带民事诉讼的，要提交刑事附带民事起诉状。民事部分单独起诉的，要单独提交附带民事起诉状。

第一百五十六条 人民法院对自诉案件进行审查后，要求自诉人补充证据或撤回自诉的，承办律师要协助自诉人做好补充证据工作或与自诉人协商是否撤回自诉。

第一百五十七条 人民法院对自诉案件作出不予立案的，承办律师可以代理自诉人向人民法院申请复议。

第一百五十八条 人民法院决定开庭的，承办律师要做好开庭前准备工作。对于自己无法取得的证据，可申请人民法院依法调查取证。

第一百五十九条 刑事自诉案件，被告人提起反诉的，承办律师可接受自诉人委托，担任其反诉辩护人，但要办理相应委托手续。

第一百六十条 承办律师要向自诉人告知有关自诉案件开庭的法律规定，避免因自诉人拒不到庭或擅自中途退庭导致法院按自动撤诉处理的法律后果。自诉人因故不能委托承办律师出庭的，承办律师要按时出庭履行职责。

第一百六十一条 自诉案件开庭审理时，承办律师要协助自诉人充分行使控诉职能，运用证据证明自诉人的指控成立。

第一百六十二条 自诉案件依法可以适用简易程序的，承办律师可以代理自诉人要求人民法院适用简易程序。自诉案件依法不要适用简易程序的，承办律师可以代理自诉人对于法院适用简易程序的决定提出异议。

第一百六十三条 自诉案件法庭辩论结束后，承办律师可以根据委托人授权参加法庭调解。

第一百六十四条 承办律师要协助自诉人在法院宣告判决前决定是否与被告人和解或者撤回自诉。

第一百六十五条 承办律师办理二审自诉案件，参照本节有关规定进行。

第二节　担任自诉案件被告人的辩护人

第一百六十六条 承办律师可以接受自诉案件被告人的委托担任其辩护人，委托手续参见本规范第十三条的规定办理。

第一百六十七条 承办律师担任自诉案件被告人的委托担任其辩护人，要注意以下事项：

（一）自诉案件被告人可以提起反诉；

（二）自诉人经两次合法传唤无正当理由不到庭或者未经法庭许可中途退庭的，按撤诉处理；

（三）自诉案件可以调解；

（四）自诉人可以同被告人自行和解，或者撤回自诉。

第一百六十八条 对于被羁押的自诉案件被告人，承办律师可代其申请取保候审。具体办法参见本规范第三章第五节的相关规定。

第一百六十九条 自诉案件被告人的辩护人，在一审、二审及简易程序中的活动，参照本规范第五章、第六章及第十章的有关规定进行。

第九章 担任附带民事诉讼当事人的诉讼代理人

第一节 担任附带民事诉讼原告人的诉讼代理人

第一百七十条 承办律师可以接受公诉案件被害人、自诉案件自诉人及其法定代理人的委托，担任附带民事诉讼的诉讼代理人。可以授权委托承办律师提起附带民事诉讼的人包括因犯罪行为遭受物质损失的被害人（公民、法人和其他组织），已死亡被害人的近亲属，无行为能力或者限制行为能力被害人的法定代理人。委托手续参见本规范第十三条的规定办理。

第一百七十一条 承办律师接受委托前，要审查下列内容：

（一）作为提起附带民事诉讼前提的刑事诉讼是否已经提起；

（二）附带民事诉讼的被告人是否符合法定条件（附带民事诉讼的被告人除刑事被告人外，还包括未被追究刑事责任的其他共同致害人，未成年刑事被告人的监护人，已被执行死刑的罪犯的遗产继承人，审结前已死亡的被告人的遗产继承人，对刑事被告人的犯罪行为依法要承担民事赔偿责任的单位和个人等）；

（三）被害人的物质损失是否由被告人的犯罪行为所引起；

（四）附带民事诉讼提起的时间是否在刑事案件立案之后第一审判决宣告之前。

第一百七十二条 承办律师接受委托后，要代理委托人撰写附带民事起诉状，其基本内容包括：

（一）附带民事诉讼原告人、被告人的自然情况；

（二）具体诉讼请求；

（三）基本事实和理由；

（四）致送人民法院的名称和具状时间；

（五）相关的证据材料。

第一百七十三条 对人民法院决定不予立案的附带民事诉讼，可以建议委托人另行提起民事诉讼。

第一百七十四条 承办律师要指导、协助委托人收集证据，展开调查，申请鉴定。

第一百七十五条 在提起附带民事诉讼时，承办律师可以建议或协助委托人申请人民法院对被告人的财产予以扣押或查封。

第一百七十六条 承办律师要注意并告知委托人，经人民法院两次传唤无正当理由拒不到庭，或者未经法庭许可中途退庭，将导致自动撤诉的结果。

第一百七十七条 承办律师在庭审中享有以下权利：

（一）经委托人授权可以对本案合议庭组成人员、书记员、公诉人、鉴定人和翻译人员提出回避申请；

（二）陈述案件事实；

（三）出示、宣读本方证据；

（四）申请法庭通知本方证人出庭作证；

（五）经审判长许可对被告人、证人、鉴定人发问；

（六）对对方证据提出异议；

（七）对对方代理人的不当发问提出异议；

（八）发表代理意见。

第一百七十八条 承办律师要指导委托人参加调解，准备调解方案。

第一百七十九条 原告人对于一审判决、裁定中附带民事诉讼部分不服的，承办律师要协助其提起上诉。

第一百八十条 附带民事诉讼进入二审程序后，承办律师可以接受附带民事诉讼原告人的委托，担任二审诉讼代理人，具体委托手续参见本规范第十三条的规定。

第一百八十一条 承办律师代理参加二审附带民事诉讼的，参照一审程序的相关规定办理。

第二节 担任附带民事诉讼被告人的诉讼代理人

第一百八十二条 承办律师可以接受附带民事诉讼的被告人及其法定代

理人的委托，在一审、二审程序中，担任诉讼代理人。委托手续参见本规范第十三条的规定办理。

第一百八十三条 刑事诉讼被告人的承办律师也可接受委托，同时担任附带民事诉讼被告人的诉讼代理人。

第一百八十四条 承办律师要帮助被告人撰写答辩状，进行调查、取证，申请鉴定，参加庭审，举证质证，进行辩论，发表代理意见。其诉讼权利与附带民事诉讼原告人的承办律师相同。

第一百八十五条 附带民事诉讼被告人对于一审判决附带民事诉讼部分不服的，承办律师要协助其提起上诉。

第十章 简易程序的辩护与代理

第一百八十六条 适用简易程序审理的公诉案件被告人和自诉案件被告人均可委托承办律师担任辩护人；适用简易程序审理的公诉案件被害人和自诉案件的自诉人可以委托承办律师担任诉讼代理人。委托手续参见本规范第十三条的规定办理。

第一百八十七条 承办律师担任公诉案件、自诉案件被告人的辩护人，或者公诉案件被害人、自诉案件自诉人的诉讼代理人，均要向委托人阐明关于简易程序的法律规定。对于不符合《刑事诉讼法》第二百一十四条适用简易程序审理的案件，可以向人民法院提出异议，请求转为普通程序。

第一百八十八条 适用简易程序审理的公诉案件，公诉人不出庭的，在被告人就起诉书指控的犯罪进行陈述和辩护后，承办律师可以出示相关证据，并发表辩护意见。

第一百八十九条 适用简易程序审理的公诉案件，公诉人出庭时，承办律师可以与公诉人互相质证，申请法庭通知证人出庭作证；经法庭许可可以互相进行辩论。

第一百九十条 适用简易程序的自诉案件，自诉人的承办律师和被告人的承办律师可以依法陈述，举证质证，发表代理、辩护意见，互相进行辩论。

第一百九十一条 适用简易程序审理的案件，在法庭审理过程中发现以下情形时，承办律师要建议法庭中止审理，转为普通程序：

（一）被告人对适用简易程序有异议的；

（二）被告人的行为可能不构成犯罪的；

（三）案件事实不清、证据不足的；

（四）被告人可能不负刑事责任的；

（五）被告人是盲、聋、哑人，或者是尚未完全丧失辨认或者控制自己行为能力的精神病人的；

（六）被告人当庭对起诉书指控的犯罪事实予以否认的；

（七）共同犯罪案件中部分被告人不认罪的；

（八）有重大社会影响的；

（九）其他不应当适用简易程序的。

第十一章 速裁程序的辩护工作

第一百九十二条 适用刑事速裁程序的案件，辩护律师应当在接受委托或指派之日起三个工作日内会见犯罪嫌疑人、被告人；审查起诉、审判期间，辩护律师应当在接受委托或指派之日起三个工作日内完成阅卷。

第一百九十三条 辩护律师认为案件符合刑事速裁适用条件时，经犯罪嫌疑人同意，可以主动建议人民检察院按刑事速裁程序办理。

第一百九十四条 辩护律师在会见犯罪嫌疑人、被告人时，应当向犯罪嫌疑人、被告人详细解释刑事速裁程序的内容和要求，告知选择刑事速裁程序对其诉讼权利及实体权益带来的后果，包括承认指控的犯罪事实、同意人民检察院的量刑建议、签署具结书、起诉书简化、由审判员一人独任审判、开庭时不进行法庭调查和法庭辩论、审理期限及送达期限等缩短、开庭时被告人有最后陈述的权利等。

辩护律师应当全面了解犯罪嫌疑人、被告人的意愿，确保其真实、自愿认罪。

第一百九十五条　犯罪嫌疑人、被告人自愿认罪，同意适用刑事速裁程序，且辩护律师经全面审查后也同意适用刑事速裁程序时，辩护律师则不再做无罪辩护。

辩护律师认为犯罪嫌疑人、被告人无罪或犯罪嫌疑人、被告人认罪是因受威胁、引诱、欺骗或刑讯逼供等非法方式形成时，应当对刑事速裁程序提出异议，提交书面意见和相关的证据材料。

第一百九十六条　辩护律师发现案件有不宜适用速裁程序情形的，应当及时向办案机关提出，要求变更程序。

第一百九十七条　辩护律师办理适用刑事速裁程序案件时，应当积极为犯罪嫌疑人、被告人申请取保候审、监视居住，参与犯罪嫌疑人签署具结书的过程，参与同被害人及其亲属的和解过程。

第一百九十八条　在审查起诉期间，辩护律师在与犯罪嫌疑人、被告人充分沟通后，经犯罪嫌疑人、被告人同意，可以向检察机关提出量刑意见。

在审判阶段，辩护律师可以主要围绕量刑问题发表辩护意见。

第十二章　死刑复核案件的辩护工作

第一百九十九条　律师可以接受案件当事人及其近亲属的委托、法律援助机构的指派，担任死刑立即执行案件和死刑缓期执行案件的被告人的辩护人。

第二百条　辩护律师办理死刑复核案件，可以约见被告人的近亲属及其他人了解案件情况，可以要求被告人的近亲属提供相关的案件材料，可以到人民法院复制案卷材料，也可以向原承办律师请求提供案卷材料等，案件原承办律师应当给予工作上的便利和必要的协助。

第二百零一条　辩护律师办理死刑复核案件，应当按照下列情形分别开展工作：

（一）中级人民法院判处死刑缓期执行的第一审案件，被告人未上诉、人民检察院未抗诉的，辩护律师应当在上诉、抗诉期满后，高级人民法院核准期间内，向高级人民法院提交委托手续和书面辩护意见；

（二）中级人民法院判处死刑立即执行的第一审案件，被告人未上诉、人民检察院未抗诉的，辩护律师应当在上诉、抗诉期满后，高级人民法院复核期间内，向高级人民法院提交委托手续和书面辩护意见。高级人民法院同意判处死刑立即执行的，辩护律师应当在其作出裁定后，最高人民法院复核期间内，向最高人民法院提交委托手续和书面辩护意见；

（三）中级人民法院判处死刑立即执行的第一审案件，被告人上诉或者人民检察院抗诉，高级人民法院裁定维持的，辩护律师应当在收到裁定后、最高人民法院复核期间内，向最高人民法院提交委托手续和书面辩护意见；

（四）高级人民法院判处死刑立即执行的第一审案件，被告人未上诉、人民检察院未抗诉的，辩护律师应当在上诉、抗诉期满后向最高人民法院提交委托手续和书面辩护意见。

第二百零二条 辩护律师办理死刑复核案件，应当认真查阅案卷材料，重点审查以下内容并提出相应的辩护意见：

（一）被告人涉嫌犯罪时的年龄、被告人有无刑事责任能力、审判时是否系怀孕的妇女、审判时是否年满七十五周岁；

（二）原判认定的事实是否清楚，证据是否确实、充分，是否已经排除合理怀疑；

（三）犯罪情节、后果及危害程度；

（四）原判适用法律是否正确，是否必须判处死刑立即执行；

（五）有无法定、酌定从轻或者减轻处罚的情节，包括自首、立功、被害人有无过错、是否赔偿被害人、被害人是否表示谅解等；

（六）诉讼程序是否合法；

（七）其他应当审查的情况。

第二百零三条 在死刑复核期间，辩护律师除应当向合议庭提交书面辩护意见外，还可以依法约见合议庭成员当面陈述辩护意见。

第二百零四条 在死刑复核期间，辩护律师会见被告人时，除与被告人核实相关事实、证据外，还应当告知其如有检举、揭发重大案件等立功表现的，可以从轻或减轻处罚；辩护律师知悉被告人有检举、揭发的情形，应当及时形成书面材料，报请原审人民法院或复核人民法院调查核实。

第二百零五条 在死刑复核期间，辩护律师发现新的或者遗漏可能导致无罪、罪轻、从轻、减轻、免除处罚的事实或证据，应当及时形成书面材料，连同该证据向原审人民法院或复核人民法院提供并请求调查核实。

第十三章 担任申诉案件的代理人

第二百零六条 承办律师可以接受案件当事人及其法定代理人、近亲属的委托，对已经发生法律效力的判决、裁定向人民法院或者人民检察院提出申诉，委托手续参见本规范第十三条的规定。

第二百零七条 承办律师有理由认为申诉符合刑事诉讼法规定的下列情形之一的，可以依法要求人民法院重新审判，也可依法提请人民检察院抗诉：

（一）有新的证据证明原判决、裁定认定的事实有错误的；

（二）据以定罪量刑的证据不确实、不充分或者证明案件事实的主要证据之间存在矛盾的；

（三）原判决、裁定适用法律有错误的；

（四）审判人员在审理该案件的时候，有贪污受贿，徇私舞弊，枉法裁判行为的。

（五）违反法律规定的诉讼程序，可能影响公正审判的；

第二百零八条 人民法院对申诉案件决定再审的，承办律师按照原审程序进行辩护或代理，但要另行办理委托手续。

第十四章　附　　则

第二百零九条　本制度经律师事务所会议讨论通过，自 2023 年 3 月 1 日之日起施行。

第二百一十条　本制度由律师事务所合伙人会议解释。

谨以此书纪念付永盛律师

付永盛，三级律师，曾任贵达律师事务所刑辩团队负责人，执业二十余年，办理各类案件千余件，主要执业方向为刑事业务，曾获贵州省优秀律师称号。

生前曾任第十届全国律协刑事专业委员会委员、贵州省律师协会刑事专业委员会委员、贵阳市律师协会刑事专业委员会副主任、贵州省法学会诉讼法学研究会常务理事、贵州省法学会犯罪学研究会副会长、贵州省涉案企业合规第一批第三方监督评估机制专业人员。

主要业绩：为涉嫌（武装运输）毒品犯罪的嫌疑人令狐某某、涉嫌抢劫犯罪的犯罪嫌疑人杨某、涉嫌非法行医（致人死亡）犯罪的犯罪涉嫌人石某某、涉嫌诈骗的犯罪涉嫌人张某某与王某某、涉嫌故意伤害（致人死亡）犯罪涉嫌人王某某、黔东南州张某某涉黑案成功地作了无罪辩护。此外，办理了兴义学院原院长韦某某（正厅级）受贿、国有事业单位人员滥用职权案，贵州省农业厅原总畜牧师瓦某某（副厅级）受贿案，贵州省粮食厅原副厅长吴某受贿案，黔西南州林业局原局长姚某某受贿案，六盘水市人大常委会原秘书长、盘县原县长邓某某受贿案，金沙县原县长卢某受贿案，黔东南州凯里市原副市长陈某受贿案等具有影响的案件。热心公益，办理大量法律援助案件。

付永盛律师因病医治无效，于 2022 年 12 月 25 日不幸去世，其生前为贵达刑辩团队工作付出众多心血，贵达刑辩团队将永远铭记付永盛律师。